고려의 성물聖物, 불복장佛腹藏

정은우

홍익대학교 대학원에서 미술사를 전공하여 불교조각으로 박사학위를 받았다. 현재 동아대학교 고고미술사학과 교수로 재직하고 있으며 석당박물관장을 맡고 있다. 문화재청 문화재위원을 역임하였으며 현재는 사)한국미술사학회 회장, 미술사연구회 회장 그리고 조계종 총무원 성보문화재위원, 충청남도 문화재위원, 부산광역시 문화재위원, 경상남도 문화재위원으로 활동 중이다. 저서에『고려후기 불교조각연구』,『불상의 미소』등이 있으며『한국불교미술사』(공저)『서일본 지역 한국의 불상과 불화』(공저),『고려와 북방문화』(공저) 등 다수가 있다.

신은제

동아대학교 사학과를 졸업하고 같은 대학에서 고려시대 사회경제사를 전공하여 석사와 박사학위를 받았다. 동아대학교와 창원대학교 등지에서 강의하였으며 동아대학교 석당학술원 고려사역주사업단에서 연구교수로 재직하면서『국역 고려사』역주에 참여하였다. 주요 논문으로「14세기 전반 원의 정국동향과 고려의 정치도감」,「장곡사 금동약사여래좌상의 복장발원문과 발원자들」등이 있으며 저서로는『고려시대 전장의 구조와 경영』등이 있다.『국역 고려사』1~30을 역주하였으며,『중국 지주제의 역사』를 번역한 바 있다.

고려의 성물聖物, **불복장**佛腹藏

2017년 11월 25일 초판 인쇄 | 2017년 11월 30일 초판 발행

지은이 정은우 · 신은제
펴낸이 한정희

총괄이사 김환기
편집·디자인 김지선 한명진 박수진 유지혜
마케팅 김선규 유인순 하재일

펴낸곳 경인문화사
출판신고 제406 - 1973 - 000003호

주소 경기도 파주시 회동길 445 - 1 경인빌딩 B동 4층
대표전화 031 - 955 - 9300 | **팩스** 031 - 955 - 9310
홈페이지 www.kyunginp.co.kr | **전자우편** kyungin@kyunginp.co.kr

ISBN 978 - 89 - 499 - 4316 - 9 93910
값 29,000원

고려의 성물, 불복장
聖物　　佛腹藏

정은우·신은제 지음

景仁文化社

책을 출간하며

불교는 고유한 교리, 교단조직, 의례체계를 갖춘 종교로 오랜 전통을 지니며 발전하였다. 특히 불교의례는 불교가 유입된 삼국시대부터 시작하였으며, 신자들의 일상을 규제하고 그들의 종교적 염원을 현시한다는 점에서 중요하게 다루어졌다. 불복장 의례는 우리나라에서 행해진 다양한 불교 의례 중에서 특별하게 중요한 역사적 의미를 가진다. 불상을 조성한 뒤, 각종 물목들을 불상 내부에 안립安立하는 복장의례는 당시 불교 사회와 문화의 구체적 양상을 보여줄 뿐 아니라, 해당 시기에 사용된 각종 물목의 양상, 의례 참여자들의 구성과 종교적 염원을 알려 준다.

복장의례는 인도에서 처음 시작되어 중국을 거쳐 한반도로 유입된 것으로 알려졌지만 언제부터 시작되었는지는 확실하지 않다. 다만 각종 문헌자료와 복장물 조사를 통해 대략 고려중기에는 이미 시행되었으며 14세기가 되어 중요한 불교의례로 정착하였고 조선이 건국된 이후 규범화된 것으로 이해되고 있다.

즉 복장의례는 한국, 중국, 일본 등 동아시아 여러나라에서 시행되었고 한국에서는 중요한 불교의례 중 하나로, 고려시대 이후 본격적으로 발전하였다. 고려의 복장의례는 불교경전에 대한 이해와 해석을 거쳐 독창성을 지니고 있다는 점에서 중요하다. 이러한 특징은 복장물목과 발원에서 잘 드러난다. 안립된 복장물목은 매우 다양해 불교의례에 사용된 물목에 대한 이해 뿐만 아니라 안립이 이루어진 시기의 물질문화를 이해하는 데 중요한 자료로 활용되고 있다. 발원문 역시 당시 불교신앙에 대한 풍부한 정보와 조력자들에 대한 중요한 정보를 제공한다. 이처럼 복장물목과 발원문은 고려시대의 미술사, 복식사, 불교사 등을 재구성할 수 있을 정도로 다양하고 흥미로운 사실들을 제공해 준다. 고려시대 복장의례는 조선시대로 이어졌고, 조선시대에 『조상경』이 만들어진 이후에는 더욱 규범화되어 현재까지 계승되고 있다. 현재 복장의례는 불복장 작법으로 무형문화재로 등재되었으며 이는 세계무형유산으로 논해 질 정도로 한국적 독창성을 지니고 있는 것으로 평가되고 있다.

고려시대의 복장의례와 발원문 내용을 검토한 이 책은 총 3부로 구성되었다. 1부는 복장물이 안립된 고려시대의 불상과 복장물의 시작과 유래, 구성 그리고 밀교경전과의 연관성 등을 서술하였다. 2부에서는 복장물이 안립된 불상별 목록을 정리하고 발원문의 내용을 분석하여, 발원자의 계급구성과 종교적 염원을 확인하고자 한다. 3부는 발원문의 형태를 분류하고 그 내용을 종합하여 복장의례에 참여한 구성원들에 대한 계급과 불교신앙의 양상을 다루었다.

이 책은 오랫동안 계획되었지만 원래의 계획과 의도대로 진행되지 못한 부분도 있다. 그럼에도 고려후기 복장물과 발원문을 종합적으로 분석한 이 시도가 우리나라 불복장물, 복장의례, 그리고 불교신앙의 양상과 주체에 대한 연구의 첫걸음이 되기를 기대한다.

14세기 복장물과 발원문을 정리한 이 책의 출간은 많은 분들의 도움 없이는 불가능하였다. 도와주신 모든 분들께 감사의 마음을 전한다. 특히 자료를 기꺼이 공개해 주시고 아낌없이 도와주신 청량사 지현 회주

스님, 장곡사 서호주지스님, 수덕사 근역성보관 정암관장스님께 감사드린다. 공개되지 않은 불상 조사를 허락해 주신 삼성미술관 리움의 관계자 분에게도 고마움을 전한다. 불복장의 세계에 들어갈 기회와 흥미를 제공해 주신 장춘사 경암주지스님 그리고 조사는 물론 오랫동안 학자로 성장하는 모습을 지켜 봐주신 온양민속박물관 신탁근 고문님께 고마움을 표하고 싶다. 마지막으로 이 책의 출판을 기꺼이 맡아준 경인문화사 한정희 사장님과 편집부에게도 감사의 마음을 전한다.

2017년 11월 정은우

차례

제3부 고려후기 발원문 내용과 발원자

부록 원문

제1부
고려의 불상과 복장물

I. 복장을 지닌 고려시대의 불상

　고려시대에는 동, 철, 돌, 나무, 칠 등 이전 시기에 비해 다양한 재질의 불상이 제작되었는데 이 가운데 복장물이 나온 불상은 나무, 금동 그리고 건칠불 등이다. 복장물은 기본적으로 불상의 제작과 더불어 납입되어 해당 시대의 불교의례와 신앙의 양상을 확인하는 척도로서 중요하지만, 개금이나 중수불사때 복장물을 꺼내거나 다시 넣는 경우도 많다. 복장물 가운데 발원문은 해당 불상과 복장물에 대한 자세한 정보를 제공해 주는 점에서 더욱 중요한데, 불상의 제작연대, 정확한 봉안사찰 등은 물론 여기에 참여한 인물들에 대한 다양한 정보를 제공하기 때문이다.

　현재까지 복장물이 나온 고려시대의 불상은 약 15점 정도이다〈표1-1〉. 이 가운데 고려시대의 불상으로 불상과 복장물, 조성발원문이 모두 남아 있는 완전한 사례는 1330년 서산 부석사 금동관음보살좌상, 1346년 청양 장곡사 금동약사여래좌상, 1383년 삼성미술관 리움소장 은제아미타여래삼존좌상 3점 뿐이다. 보광사 목조관음보살좌상과 안정사 금동여래좌상은 발원문이 없으며, 수국사 목조여래좌상에서는 1389년의 개금기改金記와 1562년 개금발원문만 발견되었다. 자운사 목조아미타여래좌상은 1388년의 중수원문과 1611년 중수기만 남아 있으며, 봉림사 목조아미타여래좌상은 1362년과 1583년의 개금기가 남아 있다. 봉화 청량사 건칠약사여래좌상은 불상 제작 당시 보다는 이후에 복장물을 넣은 사례로 판단되며, 서산 문수사 금동아미타여래좌상은 제작 당시 그대로의 모습으로 복장물이 발견되었지만 불상은 현재 도난된 상태이다. 개심사 목조아미타여래좌상의 경우 복장물이 남아 있음은 확인되었지만 내부는 개봉되지 않은 상태이다. 최근 개봉되어 13세기로 판명된 국립중앙박물관소장의 목조보살좌상은 가장 이른 복장물 사례가 될 가능성이 있지만 아쉽게도 완전한 상태는 아니며, 청원사 건칠아미타여래좌상과 개운사 목조아미타여래좌상도 복장물의 일부만 남아 있다. 문수사 금동아미

〈표1-1〉 복장물이 있는 고려시대 불상 목록

번호	명칭	제작시기	규격cm	복장물개봉시기	봉안지역
1	청량사 건칠약사여래좌상	9 - 10세기	92.5	2008년	경북 봉화
2	수국사 목조여래좌상	1389개금	106	2006년	서울
3	보광사 목조관음보살좌상	13세기	118	2007년	경북 안동
4	개심사 목조아미타여래좌상	1280년중수	120.5	미개봉 (2004 봉함목 개봉)	충남 해미
5	개운사 목조아미타여래좌상	1274년중수	115.8	1996년	충남 아산
6	대승사 금동아미타여래좌상	1301년경	87.5	2008년	경북 문경
7	부석사 금동관음보살좌상	1330년	50.5	1951년	충남 서산
8	문수사 금동아미타여래좌상	1346년	69	1970년대	충남 서산
9	장곡사 금동약사여래좌상	1346년	90.2	1950년대	충남 청양
10	봉림사 목조아미타여래좌상	1346개금	88.5	1978년	경기도 화성
11	자운사 목조아미타여래좌상	1388중수	85	2000년	전남 광주
12	리움 은제아미타여래삼존좌상	1383년	15.6	2010경	미상
13	안정사 금동여래좌상	고려	22	2009년	경남 통영
14	국립중앙박물관 목조관음보살좌상	고려	67.65	2014년	미상
15	청원사 건칠아미타여래좌상	고려	120.0	1973년	경기도 안성

1-1 건칠약사여래좌상, 통일신라~고려, 92.5cm, 경북 봉화 청량사

타여래좌상과 안정사 금동여래좌상만이 처음
봉안 당시 그대로의 모습이며 나머지 불상은
훼손되거나 이미 열려진 상태에서 복장물이
수거되었다.

　복장물이 나온 불상과 복장물을 시대순으
로 소개하면 다음과 같다. 봉화 청량사 건칠
약사여래좌상은 통일신라시대 석굴암 본존불
의 형태를 계승하여 이를 건칠이라는 재료로
만든 불상으로 8~10세기경 제작 되었을 가
능성이 높다. 따라서 우리나라에서 제작된 가
장 이른 건칠불로 판단되며 불상 내부에서 고
려시대의 복장물도 발견되었다. 복장물은 약
사여래좌상 제작 당시 봉안된 것은 아니며 개
금불사 때 다시 넣은 것으로 추정된다. 발원
문은 모두 3종이 나왔는데 1560년 천인동발
원문千人同發願文과 결원문, 1715년 발원문結願
文 등 중수발원문 3건이다. 그 중 조선 명종明宗 15(1560)년 약사여래藥師
如來, 일광보살日光菩薩과 월광보살月光菩薩을 개금중수改金重修하면서 보경
寶鏡이 쓴 연대사蓮臺寺의 천인동발원문이 주목된다. 여기에는 중수 이전
의 상황도 간략하게 적혀 있다. 즉 "약사여래藥師如來 조성 연대는 알 수
없을 정도로 오래되었으며 지원至元 5년 10월 파색破色 개금한 후 245년"
이라 기록되어 있다. 연대사는 청량사의 이전 명칭으로 추정되며, 지원
5년은 원종 9(1268)년일 가능성이 높다. 즉 1268년에서 245년 후인 1513
년 약사여래상을 중수한 것으로 판단된다. 그런데 이 불상 복장물 가운
데 '삼십칠존종자만다라팔엽일륜三十七尊種子曼陀羅八葉一輪', '일체여래전

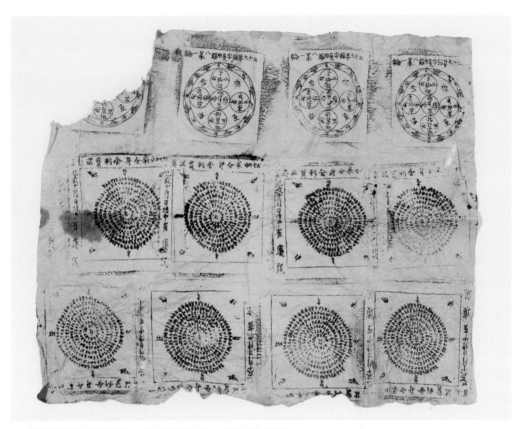

1-2 일체여래전신사리보협진언, 고려 1239년, 66x54.5cm, 경북 봉화 청량사

신사리보협진언一切如來全身舍利寶篋眞言'의 간기刊記에 '기해己亥(1239) 10
월十月 일日 시중최종준인시侍中崔宗峻印施'(13.3×16.5cm)가 있다.(1-2) 시중
은 고려 문종 때 설치된 중서문하성의 최고 관직(종1품)으로서 수상직이
었다. 특히 최종준崔宗峻은 고종년간에 시중을 지냈으므로 여기서의 기
해년은 고종 26(1239)년이 된다.

　이상의 개금중수문을 통해 청량사 건칠약사여래좌상은 명종明宗
15(1560)년의 결원문結願文, 숙종41(1715)년의 발원문을 통해 개금하면서
복장물을 넣었을 가능성이 확인된다.

복장이 있는 13세기의 대표적인 불상으로는 경북 안동 보광사 목조
관음보살좌상, 충남 해미 개심사 목조아미타여래좌상, 개운사 목조아미
타여래좌상을 들 수 있다. 경북 안동 보광사는 안동댐이 담수를 시작한
1977년 현재의 위치로 이전한 사찰로 고려시대 목조관음보살좌상이 봉
안되어 있다. 이 보살상은 정교하고 아름다운 보관을 갖추었으며 화려
한 영락과 기품있는 얼굴 모습을 지닌 이 시대 최고의 수작이다(1-3-①).
또한 1199년에 조성된 안동 봉정사 목조관음보살좌상(보물 1620호, 1-3-
②)과 더불어 중국 남송대의 불상 양식의 영향을 받아 제작되어 양감과
당당함이 강조된 우수한 보살상이다. 보광사 보살상의 복장물은 2007년
불교문화재연구소에 의해 개봉되었는데, 고려시대 인쇄사에 중요한 복
장물이 대거 발견되었지만 발원문은 없었다. 복장물 가운데 1007년에

1-3-① 목조관음보살좌상, 고려, 118cm, 경북 안동 보광사　　　1-3-② 목조관음보살좌상, 고려 1199년, 106cm, 경북 안동 봉정사

개판된 보협인다라니는 장정裝訂 되지 않은 채 발견된 국내 유일의 다라
니로 권수에 '고려국 총지사 주지 광제대사 홍철弘哲이 불탑에 봉안하여
공양하기 위함'이라는 내용이 있고, 섬세한 변상도도 남아 있다. 보협인
다라니는 40구의 공덕을 설한 것으로, 이를 독송하면 일체여래의 위신
력과 서원력으로 모든 번뇌에서 해탈하고, 지옥에 떨어진 사람도 극락
에 갈 수 있고, 질병을 가진 자는 생명을 연장하고, 모든 공포와 저주를
물리칠 수 있다고 한다. 이외에도 평양에서 선사 사원思遠이 교정하여
간행한 범서총지집, 금강반야바라밀경 범자다라니 등의 복장물이 출토
되었다.

충청남도 서산시 운산면에 위치한 개심사 대웅보전의 목조아미타여
래좌상은 앞으로 숙인 자세에 자연스러운 옷주름이 돋보이는 고려 13세

1-4-① 목조아미타여래좌상, 고려, 120.5cm, 충남 서산 개심사   1-4-② 목조아미타여래좌상 봉함목과 묵서, 고려

기의 대표적인 여래상이다(1-4-①). 이 불상은 복장공을 닫은 봉함목이 빠지면서 복장물의 일부가 확인된 상태이지만 전체적인 내부 유물은 아직 개봉되지 않은 상태이다. 그러나 조사 중 고려시대 다라니가 확인되어 불상 제작 당시의 복장물이 있을 가능성이 높아졌는데, 특히 봉함목의 안쪽에서 지원至元 17(1280)년 묵서가 확인되면서(1-4-②) 중수시기가 밝혀져 불상의 제작시기도 13세기 이전으로 확인되었다. 따라서 가장 이른 시기의 완전한 복장물이 나올 가능성이 높아져 복장물에 대한 관심이 높은 상황이다. 개심사 목조아미타여래좌상과 가장 유사한 불상은 서울 개운사 소장의 목조아미타여래좌상이다(1-5). 옷주름이 간략해지고 양감이 더 풍부해진 얼굴과 신체 표현이 특징이다. 여러 장의 중수발원문이 불상 내부에서 발견되었는데, 특히 1274년 중수발원문을 통해

1-5 목조아미타여래좌상, 고려, 115.8cm, 서울 성북 개운사

1-6-① 금동아미타여래좌상, 고려 1301~1302년경, 87.5cm, 경북 문경 대승사

불상 제작 하한연대가 확인되었고 원래의 봉안사찰도 아주(아산)에 위치했음이 밝혀졌다. 복장물은 고려시대에 안립安立한 것부터 조선시대를 거쳐 최근에 다시 넣은 것까지 매우 다양하다.

14세기가 되면 복장물이 안립된 불상은 더욱 늘어난다. 1301년경의 문경 대승사 금동아미타여래좌상, 1330년 부석사 금동관음보살좌상, 1346년 장곡사 금동약사여래좌상, 1346년 문수사 금동아미타여래좌상은 복장물이 발견된 14세기의 대표적 불상들이다. 1301~1302년경에 조성된 것으로 추정되는 문경 대승사 금동아미타여래좌상은(1-6-①) 2008년 불교문화재연구소에서 그 내부를 조사하면서 복장물의 일부가 공개되었다. 불상의 머리 부분에서 다라니와 직물류 6건 26점이 수습되었는데,(1-6-②·③) 그 중 다라니에서 1301년의 묵서가 발견되면서 대략의 제작연대가 밝혀졌다(1-6-④). 묵서는 '대덕오년신축오월이십일大德五年辛丑五月二十日'이며, 이외에도 지원至元 29(1292)년 4월일四月日 승제색개판改版이라는 내용이 적힌 다라니도 발견되었다. 이러한 내용은 현재 온양민속박물관에 소장된 1302년명 복장물과 시대는

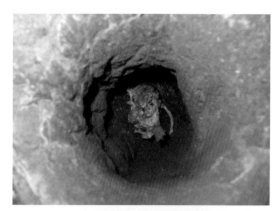

1-6-② 금동아미타여래좌상 내부, 고려, 경북 문경 대승사

1-6-③ 금동아미타여래좌상 복장물, 고려, 경북 문경 대승사

1-6-④ 금동아미타여래좌상 복장다라니, 고려, 경북 문경 대승사

1-7-① 부석사 금동관음보살좌상, 고려 1330년, 50.5cm   1-7-② 간논지 금동보살두, 17.5cm, 일본 쓰시마 간논지

물론 다라니의 내용까지 같은 점에서 이를 대승사 금동아미타여래좌상
의 복장물로 보기도 한다.

부석사 금동관음보살좌상은 대마도 간논지觀音寺에 봉안된 보살상으로
1951년 복장물이 확인되면서 1330년에 제작된 내력이 밝혀졌다(1-7-①).
이 보살좌상은 또렷한 이목구비에 부드러운 미소를 띤 온화한 얼굴 모습
과 대의 착의법, 묵직한 영락 처리 등에서 부드러우면서도 안정된 느낌을
주는 작품이다. 그러나 2012년에 일어난 도난 사건으로 세간의 관심이 집
중되었으며, 약탈 여부에 대한 논란이 현재까지도 이어지고 있다. 이 보
살상은 언제인가 충청남도 서산 부석사에서 일본 쓰시마의 간논지로 옮
겨져 본존불로 봉안되었는데, 일본으로 건너 간 이유나 배경, 경로 등은

전혀 알 수 없다. 사찰에 남아 있는 기록을 통해 1526년경 현재의 대마도 간논지 법당에 있는 동조 보살두와 함께 봉안된 사실만 확인될 뿐이다(1-7-②). 1351~1382년 사이 5번에 걸쳐 왜구가 서산을 침략한 『고려사』 기록을 통해 왜구가 약탈해 간 불상으로 추정하기도 하지만 시대적 상황을 고려하여 추정한 것일 뿐 일본으로 건너가게 된 정확한 배경은 확실하지 않다.

부석사 금동관음보살좌상에서는 1950년대 확인한 복장물에서 상에 대한 내력이 적힌 불상결연문이 확인되었다. 그 내용은 1330년 충청남도 서산 부석사에서 돌아가신 부모를 대신하여 승려 계진이 승속 32명 등 서로 인연있는 중생들과 힘을 합쳐 불상을 주조하였다는 것이다. 이 보살상은 일본에 남아 있는 많은 불상 가운데 봉안처가 충청도로 확인된 유일한 작품이며, 제작년대가 확인되어 14세기 보살상의 편년 기준작으로서 중요한 작품이다.

서산 문수사와 청양 장곡사 금동여래좌상은 조성발원문이 발견되어 제작시기가 1346년임이 확인되었고 발원자들의 내력도 파악된다(1-8·9). 이 두 불상은 우수한 조형성과 제작기법을 보여줄 뿐만 아니라 이웃한 지역에서 제작된 점 그리고 최고의 복장물이 발견된 점에서도 주목된다. 문수사 금동아미타여래좌상은 1970년대 경에 불상

1-8 금동아미타여래좌상, 고려 1346년, 69cm, 충남 서산 문수사(현재 도난)

1-9 금동약사여래좌상, 고려 1346년, 90.2cm, 충남 청양 장곡사

1-10-① 은제아미타여래삼존불상, 고려 1383년, 15.6cm, 삼성미술관 리움

이 도난 되면서 복장물만 보물로 지정되었으며 현재 수덕사 근역성보
관에 보관되어 있다. 청양 장곡사 금동약사여래좌상은 최근 복장물이
국립중앙박물관에서 확인되면서 그 중요성이 새롭게 조명되고 있는 작
품이다.

삼성미술관 리움소장의 은제아미타여래삼존좌상(1-10-①)은 15cm정
도의 소형불상이지만 은이라는 재질, 1383년이라는 제작연대, 발원자에
이성계가 포함된 점, 그리고 5백여명에 이르는 승려와 재가신도들이 함
께 발원한 불상이라는 점에서 흥미롭다. 또한 제작 당시 넣은 원래 상태
의 복장물이 발견된 점도 중요한데, 아미타불상과 관음보살상에서만 복
장물이 수거되었다. 그러나 이 과정이 체계적으로 이루어지지 않은 아쉬

움을 있지만, 지장보살상의 내부가 아직 공개되지 않아 앞으로 물목은 물론 복장물의 위치와 순서가 처음으로 소개될 가능성은 남아 있다. 한지에 묵서된 발원문은 관음보살상에서 나왔으며, 아미타불에서 발견된 목합 안에서 후령과 금, 수정, 오곡 등이, 오방색 직물안에서도 볍씨, 향목 등 별도의 물목들이 안립된 채 발견되었다(1-10-②·③). 이는 일반적인 고려시대 안치방식과 다른데 앞으로 지장보살좌상의 내부조사를 통해 좀 더 자세하게 밝혀질 것으로 기대된다.

1-10-② 은제관음보살좌상 내부복장물, 고려 1383년, 삼성미술관 리움

이외에 발원문은 없지만 복장물을 동반한 고려시대 불상으로는 광주 자운사 목조아미타여래좌상, 수국사 목조여래좌상, 화성 봉림사 목조여래좌상, 안성 청원사 건칠아미타여래좌상 그리고 통영 안정사 금동여래좌상 등이 있다. 광주 자운사 목조아미타여래좌상은(1-11) 87cm의 크기로 신체와 얼굴 등은 일부 보수된 상태이다. 복장물은 2004년 조사하면서 발견되

1-10-③ 은제관음보살좌상 복장물, 고려 1383년, 삼성미술관 리움

었는데, 현재 송광사 성보박물관에 소장되어 있다. 복장물 가운데에는 19.1×19.8cm 크기의 홍무 21(1388)년 개금발원문이 있는데, '나주지접비구羅州止接比丘'라는 글귀에서 불상이 나주에서 제작되었거나 봉안되었을 가능성이 있다. 그 밖의 복장물로는 만력 39(1611)년의 중수발원문을 비롯해서 1184년 수구다라니판본, 묘법연화경, 금강경, 목제후령통 등이 발견되었지만 완전한 상태는 아니다. 이에 자운사 목조여래좌상의 복장물에 대한 자세한 설명은 2장에서는 제외하였다.

1-11 목조아미타여래좌상, 고려, 85cm, 광주 자운사   1-12-① 목조여래좌상, 고려, 106cm, 서울 은평 수
국사

　　서울 수국사 목조여래좌상(1-12-①)은 앞으로 숙인 자세에 방형의 긴
얼굴이 특징인 고려후기의 작품이다. 눈동자에는 수정을 감입하여 생
신生身여래의 모습을 표현하였는데 이는 개심사 목조아미타여래좌상을
비롯하여 고려시대부터 조선초기 불상에 나타나는 특징이다. 복장물은
고려에서 조선시대에 걸친 유물 45건 159점이 나왔으며, 홍무 22(1389)
년 개금기가 포함되어 1389년 이전에 불상이 제작되었음을 알 수 있다.
1299년 전신사리보협인다라니를 제외한 대부분의 복장물은 조선시대
에 다시 안립한 것이며 불상 제작 당시의 복장물은 확인되지 않는다. 전
신사리보협인다라니는 청량사 약사여래좌상과 같이 '기해10월일己亥十月
日 시중최종준인시侍中崔宗峻印施'가 적혀 있어 같은 본이 당시 유행했음을
알 수 있지만 언제 복장된 것인지는 알 수 없다(1-12-③). 이외에 가정
42(1562)년의 개금기가 나와 조선시대에 다시 개금하면서 안립한 복장
물이 확인된다.
　　경기도 화성 봉림사 목조아미타여래좌상(도13)은 앞으로 숙인 자세에

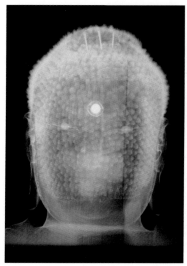

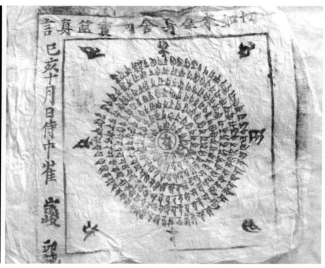

1-12-② 수국사 목조여래좌상 X-ray　　1-12-③ 목조여래좌상 복장 다라니, 고려, 서울 은평 수국사

당당한 신체를 가진 고려시대의 불상이다. 고려시대에 간행된 사경과 경전류 등의 복장물이 발견되었으며 불상 조성 당시의 발원문은 없지만 지정 22(1362)년과 만력 11(1583)년의 개금기가 나와 불상의 하한연대 정도는 확인된다. 복장물 중에는 1311년 판각되고 1339년에 인출된 '금강반야바라밀경'과 1213~1259년의 '불정심관세음보살대다라니경', 1228년의 소자본 '범총지집' 등 중요 유물이 다수 포함되어 있다. 안성 청원사 건칠아미타여래좌상은 현재 원래의 모습은 거의 찾을 수 없을 정도로 보수가 잘못 이루어진 대표적인 불상이다. 특히 지원 17(1280)년 충렬왕이 발원한 『감지은니보살선계경』 제8권과 태정 원년(1324)『감지은니대방광불화엄경』 등 중요한 사경과 전적류가 발견되어 현재의 훼손된 불상의 모습이 더욱 아쉽게 느껴진다.

1-13 목조아미타여래좌상, 고려, 88.5cm,
경기 화성 봉림사

1-14 금동여래좌상, 고려, 22cm, 경남 통영 안정사

경상남도 통영 안정사 금동여래좌상은 작은 크기지만 완전한 복장물이 정확한 위치와 순서대로 확인된 점에서 중요한 작품이다(1-14). 마지막으로 불상은 없어지고 현재 발원문만 남아 있는 1322년명 천수관음주성원문이 있다. 이 발원문은 고려시대 천수관음 신앙과 제작에 대한 중요한 단서가 된다는 측면에서 주목된다. 현재 고려시대 천수관음상은 제작연대가 정확하지 않은 3점이 남아 있다. 서울 흥천사, 프랑스 파리 국립기메박물관(1-15-①·②) 그리고 국립중앙박물관 소장의 금동천수관음상이다. 국립기메박물관 소장의 천수관음상의 나무로 마감된 밑면에는 "발원문자생견불문법, 우가아지, 지연, 동원인도 묘선, 강씨녀, 청공, 지여, 동방사암주, 원순(發願文此生見佛

聞法/ 于加阿止, 智延/ 同願人道 妙宣/ 江氏女, 靑工/止如/ 東方寺庵主/ 遠順)"이라고 적혀 있다(1-10-③). 동방사는 경상북도 상주에 있었던 사찰로서 현재 동방사지 석조여래좌상(현재 부석사 자인당)과 탑 등이 남아 있다. 현재는 없어진 1322년명 천수관음주성문이 안립된 천수관음상은 경상도 지역에서 제작된 불상으로 추정된다. 고려시대의 천수관음신앙은 남아 있는 천수관음상, 천수경, 각종 기록을 통해 질병의 퇴치나 환란, 외란 방어 등의 호국적인 성격 아래 제작되고 신앙된 것으로 이해된다.

1-15-① 금동천수관음보살좌상, 고려, 71.5cm, 서울 성북 흥천사

1-15-② 금동천수관음보살 좌상, 고려, 60.0cm, 프랑스 파리
　　　국립기메동양박물관

1-15-③ 천수관음보살 좌상 밑면, 고려, 프랑스 파리
　　　국립기메동양박물관

II. 고려시대 불복장의 특징과 형성배경

1. 복장물의 시원과 명칭

복장물이란 불상의 몸 안에 저장된 물건을 뜻하며, 복장물의 안립은 불상의 육계 안에 사리를 넣었던 인도에서 유래되어 중국에 전해진 것으로 추정된다. 중국의 경우, 불상의 내부에서 확인된 정확한 의미의 복장물은 북송대인 985년에 제작된 교토京都 세이료지淸凉寺소장의 목조여래입상에서 나온 사례가 가장 이르다(1-16-①). 비단으로 제작된 인간의 오장육부는 중국식 복장 안립의 시원과 전통을 알 수 있는 점에서 중요하다(1-16-②·③). 우리나라의 경우, 성격은 다소 다르지만, 766년 경남 산청의 석남암수 석조여래좌상의 대좌 내부에서 발견된 것으로 알려진 사리장엄구를 복장물의 시원적 형태로 보는 시각도 있다(1-17-①·②). 그러나 복장물 관련 문헌기록은 고려시대부터 등장하며 복장물이 등장하는 시점도 현재로서는 고려시대부터이다. 그리고 조선시대에는 이전부터 있었던 모든 의궤와 문

1-16-① 목조여래입상, 북송 985년, 160cm,
일본 교토 세이료지

헌을 종합한『조상경造像經』이 편찬된다.

복장과 관련된 문헌기록은 고려시대 이규보李奎報
(1168~1241)의 '낙산관음복장 수보문병송洛山觀音腹藏修
補文幷頌', 민지閔漬(1248-1326)의 '국청사 금당주불 석가
여래사리영이기國淸寺金堂主佛釋迦如來舍利靈異記', 권근權近
(1352~1409)의 '석왕사 당주비로자나좌우보처 문수보현복
장釋王寺堂主毗盧遮那左右補處文殊普賢腹藏' 등 3건이 전한다. 가
장 잘 알려져 있고 이른 기록은『동국이상국집』의 '낙산관
음복장수보문병송'이다. 이는 낙산관음상洛山觀音像의 복장
腹藏에 대한 내용으로[1] 이규보가 진양후晉陽侯 최상국崔相國
(최우)을 대신하여 지은 글이다. 그 내용은 낙산사의 관음
보살상에 복장이 있었는데 오랑캐에 의해 진기한 복장물
이 없어졌다는 사실과 이에 옛 소장에 미루어 삼가 심원경
心圓鏡 두 개와 오향五香, 오약五藥, 색사色絲, 금낭錦囊 등을
갖추어 넣었다는 것으로, 복장물목의 내용이 처음으로 언
급된 중요한 기록이다.

'국청사 금당주불 석가여래사리영이기'는 석가여래에
오색사리와 불복장물을 안치하였는데 큰 영험이 있었으
며,[2] 금상金像에 복장을 안치하려고 할 때 사리를 구하려 했
다는 내용이다. 더불어 '청靑·백白·현玄·황黃·적赤'의 오방색
을 언급하면서 이를 팔엽통에 나누어 담아 주존과 협시상
의 복중에 안치하였으며 연우延祐 원년(1314) 겨울 11월 12
일에 절에 봉안하였다는 비교적 정확한 내용이 적혀 있다.[3]
『양촌집陽村集』 제33권에 수록된 '석왕사 당주비로자나좌
우보처 문수보현복장'은 석왕사釋王寺의 당주堂主 비로자나

1-16-② 세이료지 목조여래입상 복장물 중 오장
육부. 북송 935년, 일본 교토 세이료지

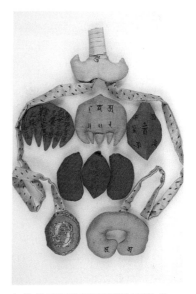

1-16-③ 세이료지 목조여래입상 복장물 중
오장육부(재현품)

1-17-① 석조비로자나여래좌상, 통일신라,
108cm, 경남 산청 내원사

1-17-② 영태2년명 납석제사리호, 통일신라
766년, 부산시립박물관

毗盧遮那와 좌우보처左右補處인 문수文殊·보현普賢에 발원문
을 복장腹藏하는 내용이다.

"안변安邊에 석왕사釋王寺가 있는데 … 옛날 지었던 당주堂主 비로자
나만이 홀로 모셔지고 좌우의 보처補處가 없으므로 이에 다시 문수
文殊와 보현普賢의 두 보살존상을 목조木造하였습니다. 외식外飾이 이
미 장엄하니 중장中藏 또한 근엄해야 하므로 발원하는 생각을 적어
복중腹中에 넣습니다."

석왕사는 함경남도 안변군 문산면에 있는 절로서 1377
년 이성계가 석왕사에 대장경을 봉안하였다는 점과 고려
시대 건축의 특징을 가진 응진전의 존재 등으로 미루어 고
려시대에 창건된 사찰로 추정된다. 이성계에 의해 크게 중
창된 사찰로 유명하지만 현재 비로자나삼존불은 없어진
상태이다. 이 글을 통해 발원 목적과 발원문을 적어 불상에
복장하는 전통이 있었음을 알 수 있다.

복장과 안립한 목록에 대한 내용은 조선시대의 기록에도
계속 등장한다. 태종 9(1409)년 이천룡의 사노비가 동불을
도둑질하여 기명器皿을 만들면서 동불의 복장에서 나온 채
단綵段과 진주眞珠를 이천룡에게 바친 기록[4], 세조 6(1460)년
도적이 대자암에 들어 두 불상 속에 넣어둔 금·은·칠보 등을
훔쳐갔다는 기록,[5] 그리고 성종 18(1487)년 불상 등을 도둑
질한 것에 대한 처벌을 정하는 목록에 포함된 '복장 은편 진
주 명박 산호수腹藏銀片眞珠明珀珊瑚樹' 등의 기록은 조선시대 복
장에 대한 사례와 물목의 종류를 알려준다.[6]

이상에서 고려시대부터 조선초기까지 문헌을 통해 복장물 납입의 전통이 13~14세기에는 정립되었음을 확인하였다. 문헌에서는 복장과 복장물에 대한 명칭이 정확하게 확인될 뿐 아니라, 매우 정확하게 구분하여 사용하였음도 알 수 있다. 불상의 몸 안에 물건을 넣는 것은 '복장腹藏', 들어가는 물목은 '복장제물腹藏諸物' 그리고 안에 안치하는 행위는 '중장中藏'이라는 명칭을 사용하였던 것이다.

한편 불공不空(705-774)이 번역한 『금강정일체여래진보섭대승현증대교왕경金剛頂一切如來眞實攝大乘現證大敎王經』(이하 『금강정경』) '대만다라광대의궤품大漫茶羅廣大儀軌品'에는 다음과 같은 기록이 있다.

> '금강형金剛形의 장藏에 머묾을 마음속에서 관해야 하느니라. 관하고 나서
> 지地에 머물면 곧바로 복장伏藏을 보게 되리라. 금강저의 모습을 관하고
> 나서 허공을 두루 관찰하라. 만약 떨어지는 곳에 따라가 보면 그 곳에 바
> 로 복장伏藏이 있느니라. 금강저 모습의 모든 것을 자신으로 관해야 하느
> 니라. 편입해서 그 곳에 떨어지면 그 곳이 바로 복장伏藏이니라'

이 경전에서는 감추어 저장하고 숨긴다는 의미가 함축된 복장伏藏이라는 용어가 계속해서 등장하는데 이는 현재 사용하고 있는 복장腹藏이라는 용어와 같은 의미를 지니고 있다. 따라서 우리나라에서 사용하고 있는 복장은 경전상의 복장伏藏에서 나온 단어가 아닐까 생각된다. 마음속에 관하여 복장을 본다는 이 숨은 뜻은 감추고 숨는 곳이 부처님의 배 안이므로 구체적인 성소인 복腹을 지칭하여 복장腹藏이라는 용어를 사용한 것으로 짐작된다. 이게 맞다면 고려는 장장裝藏, 납입納入이라는 단어를 사용하는 중국이나 일본 보다 경전에 입각한 복장이라는 정확한 명칭을 사용한 나라가 된다.

문헌기록을 통해 확인되는 가장 중요한 것은 복장물의 내용과 종류이다. 즉 복장발원문과 심원경心圓鏡, 오향五香, 오약五藥, 색사色絲, 금낭錦囊 그리고 청·백·현·황·적의 오방색과 사리를 담은 팔엽통八葉筒 등이 중요하게 간주되었으며, 은편銀片, 진주眞珠, 명박明珀, 산호수珊瑚樹 등도 포함되어 있다. 더불어 문헌기록에서는 복장물에 대한 당시 사람들의 생각도 읽을 수 있다. '외식外飾이 이미 장엄하니 중장中藏 또한 근엄해야 한다'든지 '석가여래에 오색사리와 불복장물을 안치하여 큰 영험이 있었다'라는 글을 통해 고려인들이 복장의식의 장엄함과 복장물 안립의 전통을 중요하게 인지하고 있었음을 알 수 있다. 또한 복장 안치에 영험이 있다는 내용을 통해 복장물을 넣는 행위에 거는 당시 사람들의 목적과 심리도 이해된다. 영험에 대한 구체적인 내용이 없는 점은 아쉽지만 복장물을 훔쳐갔다는 점에서 그 가치를 인지하고 있었음도 짐작된다.

2. 고려시대 복장물 사례와 특징

① 복장물 사례

앞에서 살펴본 고려시대 불상에서 나온 복장물 가운데 가장 잘 남아있는 몇 사례를 통해 특징을 정리하보고자 한다. 대표적인 사례는 온양민속박물관, 문수사, 장곡사, 안정사 불상의 복장물들이다. 첫번째 온양민속박물관 소장의 복장물은 물목과 수준에서 단연 압도적이다. 불상 없이 복장물만 남아있지만 경상북도 상주지역의 불상에 안립되었을 가능성과 대덕大德 5·6년(1301·2)의 발원문을 통해 1302년에 조성되었음을 알 수 있다. 복장물은 대덕大德 5년 창녕군부인昌寧郡夫人 장씨張氏의 '주성미타복장입안발원문鑄成彌陀腹藏入安發願文'을 비롯하여,[7] 총 265건이며 크

1-18-① 은제합, 고려, 4.3cm, 충남 아산 온양민속박물관

게 은제합, 발원문, 다라니, 복식과 직물류,
곡물류 등으로 구분된다. 은제합과 후령喉
鈴이 함께 나왔으며, 은제합 외부에는 사
방에 주서로 쓴 범자가 쓰여 있고 안에도
범자가 적혀 있는 백색천, 청색천 등이 붙
어 있으며, 뚜껑에도 오방을 상징하는 범
자가 적혀 있는 등 진심종자와 오륜종자가
잘 남아 있다. 다라니는 크게 금강계만다
라와 태장계만다라, 일체여래심비밀전신
사리보협인다라니 등이 있었다. 일체여래
심비밀전신사리보협인다라니는 지원至元
29(1292)년에 개판되었으며, 태장계만다라
중에는 '대덕 5(1301)년11월일大德五年十一
月日', '산인소구도山人小丘刀'라는 조성연대
와 각수가 적힌 예도 있다(1-18-②). 이외

1-18-② 복장만다라(태장계), 고려, 42×39cm, 충남 아산 온양민속박물관

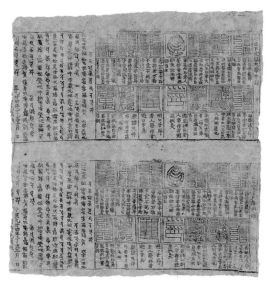

1-19 사저교직답호, 고려 1346년, 111×62cm, 수덕사
근역성보관

1-20 차인출불공역대화수경, 고려 1346년, 38.1×38.2cm, 수덕사근역성
보관

에 다수를 차지하는 직물류는 옷 3점, 주머니 5개, 오색실과 220여편의 직물조각이다. 3점의 옷은 자의紫衣, 중의中衣, 상의上衣로 그 형태를 통해 고려시대 복식의 종류와 유행을 살필 수 있는 귀중한 유물로 평가된다. 직물 조각은 크게 마직물과 견직물로 나뉘며, 꼬임방식에 따라 세분화된다. 직물조각은 크기가 다양하며, 대부분 소원형만다라小圓形曼茶羅가 찍혀있다.[8]

두 번째는 서산 문수사 금동아미타여래좌상의 복장물로서 현재 불상은 도난되고 복장물만 남아 있지만 1973년 금동아미타여래좌상을 조사하면서 처음 봉안 당시 그대로 발견된 최초의 복장물이다. 불상 밑에서부터 직물(견사류)이 나왔고 그 위에 발원문 등 문서류(배), 그리고 목합(가슴, 7×6.5cm), 후령(목) 순서로 출토되었으며 빈 공간은 다라니로 메워진 상태였다. 목합에는 오보병과 사리통, 사리, 건반, 심주 등이 들어 있었으며, 외부에 팔엽연화, 상부에는 주사朱砂로 연밥이 그려져 있다. 목

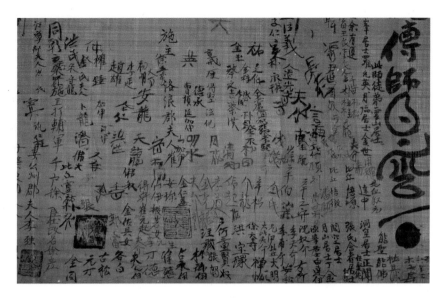

1-21-① 금동약사여래좌상 복장발원문, 고려 1346년, 1058x47.8cm, 충남 청양 장곡사

합은 황색주(55.7×27.9cm), 황백색운요문라, 녹황색소문라(47.5×48.7), 남색주(52×51), 황백색생초(53.6×49.5)에 싸여 있었다. 이 목합은 금속제인 온양민속박물관의 후령통과 재료나 그 표현에 있어 차이를 보인다. 안에 시주자 이름이 적힌 사저교직답호도 함께 나왔는데 1302년명 온양민속박물관 복장물의 자의, 중의, 상의와 더불어 고려시대의 중요한 복식 자료이다(1-19). 경전류에는 고왕관세음경과 각종 진언들이 포함되어 있는데, 오대진언(목판본, 18.2×54.7), 연화판다라니, 범자원권다라니, 단온진언, 불정방무구광명다라니, 차인출불공역대화수경此印出不空譯大華手經(1-20) 등이다. 복장물 가운데 나온 '미타복장입물색기彌陀腹藏入物色記'는 한지에 묵서로 복장물목에 대한 자세한 목록을 나열한 것으로 우리나라에서는 처음 나온 사례이다(1-24-②).

세번째 1346년명 장곡사 금동약사여래좌상의 복장물은 1960년대에 조사되면서 현재는 발견 당시 그대로 남아있지는 않다.[9] 그러나 거의

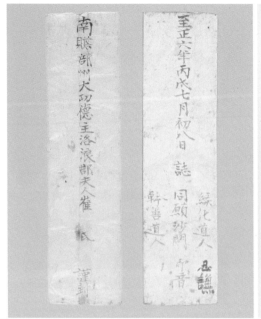

1-21-② 한지주서봉서, 고려 1346년, 30.9cm, 충남 청양 장곡사   1-21-③ 황초폭자, 고려 1346년, 55x39.5cm, 충남 청양 장곡사

10m에 이르는 홍견묵서발원문(48×1058cm)에는 천여명의 시주자 이름이 열기되어 있으며(1-21-①), 한지에는 '지정6년병술7월초팔일지근서至正六年丙戌七月初八日誌謹書'라는 조성일이 주서朱書되어 있다(1-21-②). 조사 당시에는 은합(상부구경 9cm, 저부5.5cm, 높이 6.5cm)이 황초폭자와 다섯가지 색의 초백綃帛에 싸여 있었고 190cm 길이의 오색사에 묶여져 있었다고 한다. 황초폭자에는 '약사동원藥師同願'이라는 묵서와 시주자의 이름이 적혀 있어 독특하다(1-21-③). 현재는 없어진 은합의 외면 사방에는 방위를 나타내는 범자가 주사로 쓰여 있으며 뚜껑 윗면에는 진심종자가 쓰여졌다고 한다. 뚜껑을 열면 그 아래 양면원경이 있었으며, 은합의 안쪽 면에는 2cm 정도의 흑색 초綃를 붙이고 그 위에 함唅자를 주서하여 각 면에 오륜종자를 표시하였다. 은합의 내부에서는 찹쌀을 쪄서 말

1-22 금동여래좌상 밑면, 고려, 경남 통영 안정사   1-23 목조관음보살좌상(좌)과 오보병, 고려, 67.6cm, 국립중앙박물관

린 건반과 그 밑으로 무공수정1, 적황록 3조, 황, 적, 감, 백, 녹색의 오색
초백絹帛을 접어 만든 주머니 5개 즉 오보병(크기 약3.5, 너비 2cm)이 있었
다고 한다. 현재 황초폭자를 제외한 은합과 그 내부의 오보병 그리고 납
입된 경전류 등은 모두 없어진 상태이다. 그런데 장곡사 복장에서 나왔
다는 은합은 온양민속박물관 소장의 은합과 그 형상에서 매우 비슷하다.
은합이라는 재질은 물론 오색의 천에 쓰인 오륜종자, 뚜껑에 쓰인 진심
종자의 표시까지 유사하다(1-18-①). 따라서 현재는 없지만 전체적인 형
태의 유추는 가능하다고 할 수 있다.

　가장 최근에 공개된 통영 안정사 금동여래좌상의 복장물은 불교문화
재연구소의 사찰문화재 조사과정에서 발견되었다.[10] 이 불상은 22cm의
크기로 밑면에 "사십이혜위등광불四十二惠威燈光佛"이라는 묵서와 한지
에 주서朱書로 '불제자 참은 선원 혜윤 혜침 해채 황천보 유운仏弟子旵隱善
元惠論 惠沉行采黃天保 刘雲'라고 쓰여진 발원문이 불상 내부에서 발견되었
다(1-22). 비교적 작은 불상이지만 복장물의 순서와 배치가 정확하게 조

사된 자료로서 중요한데, 순서는 목합을 싼 다라니 뭉치-발원문-직물-합을 싼 다라니-후령을 싼 견직물-목합은-뚜껑-중방원경-색사 등으로 놓여 있었다고 한다.[11] 후령통인 목합의 내부도 완벽하며 양면원경도 함께 발견되었다.

이외에 고려 13세기경의 작품으로 추정하고 있는 국립중앙박물관 소장 목조보살좌상의 복장물에서는 황초폭자에 쌓인 오보병이 발견되었는데,[12] 색채가 일부 남아 있어 방위색과 관련해서 중요한 정보를 제공해 준다(1-23). 그리고 머리부분에서는 실뭉치와 금속제를 싸고 있던 '대수구다라니경'이 발견되었다. 그리고 1388년의 중수기문과 1611년의 중수원문이 나온 자운사 목조여래좌상의 복장물에서는 목제후령통, '여의보인대수구다라니범자군다라상'(1184년 2월 중원부에서 간행)과 '삼신진언다라니' 등이 함께 발견되었다.

② 복장물의 특징

이상에서 살펴본 고려시대 복장물의 특징을 정리하면 다음과 같다.

먼저 복장물의 납입순서이다. 고려시대 불상 복장물 가운데 납입순서가 정확하게 나온 사례는 가장 최근에 불교문화재연구소에서 개봉한 안정사 금동여래좌상이다. 불상의 바닥면을 통해 내부가 공개되었는데, 복장물의 순서는 맨 밑에 다라니, 그 위에 발원문, 오색직물, 한지에 쌓인 목합이 위치했고, 목에서는 천에 싸인 후령이 놓여 있었다(1-24-①). 불상의 심장부에 놓인 목합은 한 장의 다라니에 싸여진 채 나왔는데 목합 표면에 팔엽과 사방주(범자)가 그려져 있고 내면에도 범자와 더불어 방형의 청색 직물, 삼각형 주황색 직물, 원형의 백색 직물, 반원형 남색 직물 등 오륜종자가 선명하게 남아 있다. 그 안에서 원경과 오색사 그리고 오보병이 발견되었다. 현재 오방색의 천은 많이 퇴색된 상태이며 벼가

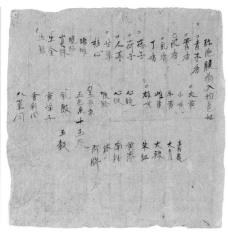

1-24-① 금동여래좌상과 복장물, 고려, 경남 통영 안정사

1-24-② 문수사 금동아미타미래좌상 복장 입물색기, 고려 1346년, 35.1x35.9cm, 수덕사 근역성보관

따로 발견되었고 오보병은 해체하지 않은 상황이다. 무공심주일 가능성이 있는 물질도 발견되었다. 이러한 물목들은 안정사 불상뿐만 아니라 문수사, 장곡사 불상에서도 대체로 유사한 형식이 나온 점에서 복장물의 방위와 색채, 납입 방식과 순서 등은 고려시대에 이미 정형화된 것으로 추정된다.[13]

불상의 심장부에 오보병을 넣은 팔엽통(사리합)을 안립安立하는 행위를 통해 불상은 영원한 생명력을 얻게 되고 진상眞像으로 변화되는 중요한 의미를 가진다. 여기에 오륜종자와 진심종자를 그리거나 적으며, 합의 안이나 바깥에는 1302년 온양민속박물관 복장물이나, 1346년 문수사와 장곡사 불상, 안정사 불상과 같이 방형(동), 원형(서, 중앙), 삼각형(남), 반달형(북)의 오보경을 오방색과 함께 직물로 만들어 붙이거나 국립중앙박물관 목조보살상과 같이 금속으로 만들어 납입하기도 한다. 이 형식은 조선시대에도 계속 이어지고 일반화된다.

두번째는 복장물목의 형성과 성립이다. 복장물에 대해서는 1346년 제

작된 문수사 금동아미타여래좌상에서 나온 '미타복장입물색기彌陀腹藏入物色記'에 자세하게 적혀 있어 이를 통해 어느 정도 분석이 가능하다. 입물색기에 적힌 물목은 다음과 같다.

∘청목향靑木香 ∘곽향藿香 ∘침향沈香 ∘부향乳香 정향丁香 ∘부자苻子 ∘하자荷子 ∘인삼人蔘 ∘감초甘草 계심桂心 유리瑠璃 호박琥珀 진주眞珠 생금生金 생은生銀

∘대황大黃 소황小黃 우황牛黃 자황雌黃 ∘웅황雄黃 심경心鏡 심주心珠 후령喉鈴 ∘오색금五色帛 오색사십오척五色糸十五尺 건반乾飯 오곡五穀 화폭자黃幅子 사리동舍利同 팔엽통八葉同 청화靑花 대청大靑 대록大綠 주홍朱紅 황칠黃漆 남분南粉 칠漆 아교阿膠

입물색기에는 한지에 묵서로 각 물목이 쓰여 있는데 목록 위에 동그라미표기가 있는 것과 없는 것이 혼재되어 있는데 이것이 무엇을 의미하는지는 알 수 없다. 목록에는 오향(靑木香 藿香 枕向 乳香 丁香), 오약(苻子 荷子 人蔘 甘草 桂心), 오보(琉璃 琥珀 眞珠 生金 生銀), 오황(大黃 小黃 牛黃 雌黃 雄黃), 건반과 오곡 그리고 심경과 심주, 후령 등의 이름, 다섯가지 비단과 실, 안료와 접착제의 명칭이 적혀 있다. 이 중 다섯가지 향, 약, 황, 보석, 그리고 오곡 등은 모두 오방위로 구성되어 있는데 현재 위의 물목이 완전하게 나온 고려시대의 복장물은 없다. 다만 조선시대 흑석사 목조여래좌상 불상에, 같은 이름이 명기된 한지에 싸인 물목이 발견되어 이 전통이 그대로 조선으로 계승되었음을 알 수 있다〈표1-2〉. 입물색기의 가장 앞에 쓰여져있는 것은 오향으로 향은 당시 매우 귀한 물품이었다. 고려 성종 8년 최승로가 죽자 성종은 유향乳香 200냥을 부賻하였는데 유향은 국왕이 아끼던 신하에게 부의할 정도의 귀중품이었다.[14] '입물색기'에 의하면

<표 1-2> 고려와 조선의 복장물목 비교

작품명(연대)	오향五香	오약五藥	오황五黃	오보五寶	오곡五穀
문수사 금동아미타여래좌상(1346)	靑木香, 藿香, 沈香, 乳香, 丁香	符子, 荷子, 人蔘, 甘草, 桂心	大黃, 小黃, 牛黃, 雌黃, 雄黃	琉璃, 琥珀, 眞珠, 生金, 生銀	乾飯, 五穀
흑석사 목조여래좌상(1458)	木香, 藿香, 沈香, 乳香, 丁香	符子, 荷子, 人蔘, 甘草, 桂皮(桂心)	大黃, 雌黃, 雄黃		五穀
관음사 목조보살좌상(1502)	白檀香	人蔘		琉璃, 水晶	麻子, 稻穀豆, 靑介子

오보는 '유리琉璃 호박琥珀 진주眞珠 생금生金 생은生銀'이다. 오보에 대해 『불설다라니집경佛說陀羅尼集經』에는 수정과 산호를 포함하여 칠보로 언급하였으며, 오곡에 대해서는 '대맥, 소맥, 도곡, 소두, 호마', 『금강정경』 4권에는 '도곡稻穀, 녹두綠豆, 두豆, 유마油麻, 소맥小麥'으로 명시하고 있다. 그러나 흑석사 불상복장에서도 오곡으로만 표기하고 있어 1575년 용천사본 『조상경』이 편찬되는 시기 즈음 오곡의 종류가 정해진 것으로 이해된다.

'입물색기'의 마지막은 청화靑花, 대청大靑, 대녹大綠, 주홍朱紅, 황칠黃漆, 남분南粉, 칠漆, 아교阿膠이다. 즉 청색(청화, 대청), 붉은색(주홍), 녹색(대록), 흰색(남분)이며 황칠은 황색, 칠은 검은색으로 추정된다. 그렇다면 채색안료는 오방색에 해당되며 아교는 접착제를 말한다. 현재 국립중앙박물관의 목조보살상에서 나온 오보병은 중앙에 황색의 금이 칠해져 있고 동서남북은 모두 칠이 칠해져 있다. 그런데 동쪽 병에서는 녹색이, 남쪽은 붉은색으로 칠해졌던 흔적이 발견되었다고 한다.[15] 즉 오보병 중 사방의 4병이 모두 흑칠이 되어 있는 점이 주목된다. 또한 중앙의 황색에 사용되는 색채는 금을 대신해 황칠을 사용했을 가능성이 높다.

'입물색기'에는 팔엽통, 후령, 사리통이라는 명칭이 등장한다. 팔엽통은 '국청사 금당주불석가여래사리영이기'에도 등장한다. 고려시대 복장

1-25-① 목함. 고려. 경남 통영 안정사

1-25-② 목합(전체, 상면). 고려. 수덕사 근역성보관

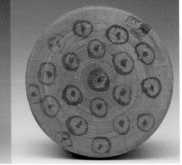

1-26 복장후형. 고려. 경남 통영 안정사

1-27 후령통. 조선. 경남 합천 해인사 목조
비로자나불좌상

1-28 후령통. 조선. 충북 보은 법주사

물에 나오는 팔엽이 그려진 목합을 보면 주사로 팔엽을 그리거나 채색
하는 등 다양한 형태로 나타난다(1-25-①·②). 후령은 목구멍이 있는 방
울이라는 뜻으로 안정사 불상의 경우 목에서 발견되었으며(1-26), 고려
후기에서 조선초기 까지만 등장한다. 15세기말 해인사 목조비로자나불
상에서 나온 후령통은 후혈이 등장하면서 후령이 따로 나온 사례이며(1-
27), 17세기 법주사 불상에서는 합 형태에 후혈이 나왔다(1-28). 조선후
기 이후 후혈이 있는 후령통으로 변하면서 목에 있던 후령은 더 이상 나
오지 않아, 후령이 후혈로 대체 되었음을 알 수 있다. 즉 조선시대『조상

경』에 등장하는 후령통은 전면에 후혈이 있고 원통형 기물 위에 팔엽연화가 올려진 형태를 가지는데, 17세기 『조상경』이 출간되면서 후령통으로 규범화되어 현재에 이른 것으로 해석된다.

세번째는 복장발원문의 등장이다. 복장물에는 많은 정보를 제공해 주는 발원문이 포함되는데 권근의 '석왕사 비로자나삼존불발원문'에 이미 발원문에 대한 언급이 있어 일찍부터 복장에 발원문을 넣기 시작한 것으로 보인다. 고려시대에 발원문은 직물에 묵서로 쓴 경우가 많으며 장곡사 불상의 예처럼 길게는 10m에 이르는 경우도 있다. 장곡사 발원문은 비단 위에 서원을 넣고 그 아래 시주자의 이름을 쓰거나 수결하였다. 고려시대에는 복장과 관련된 내용 보다는 시주자의 이름을 쓰는 행위가 우선되는 반면 조선시대에는 복장과 관련된 시주질, 화원질 등이 정례화 됨에 따라 화원·증명 등 불상조성과 관련된 인물 그리고 시주자와 시주품목 등을 정확하게 표기하는 점이 특징이다. 그리고 발원문의 재질도 한지가 많아지며 왕실 불사의 경우에는 견직물에 발원문을 쓰는 경우도 많다.

네번째, 복장에는 다양한 종류의 다라니가 안립된다. 모든 복장에는 거의 예외 없이 다라니가 수십장에서 수백장에 걸쳐 안립되어 있어 우리나라 복장물의 특징으로 인식된다. 가장 많이 나오는 다라니는 '대수구다라니', '보협인다라니경', '범서총지집', '범자군다라상(1184년)' 등으로 종류도 매우 다양하다. 불복장에 다라니를 안립한 이유는 다양하겠지만 경전에는 다음과 같이 묘사되어 있다. 예를 들어 탑공덕경으로 보협인다라니의 공덕을 설한 『일체여래보협인다라니경一切如來寶印陀羅尼經』(이하 『보협인다라니경寶印陀羅尼經』)에는 "이 법요와 다라니를 탑상 속에 안치하면 우리들 시방의 모든 부처님은 그 방처를 항상 따라 다니면서 모든 때에 신통력과 서원력으로 가지하고 호념될 것입니다"라고 하였다. 즉 다라니의 영험과 공덕에 대해 설하고 있으며 또한 불탑만이 아니라 불상에도 안치할 수 있음을 밝히고 있다. 실제 발견된 안동 보광사 목조관음보살좌상의 1007년 보협인다라니경의 권수에는 '불탑중공양佛塔中供養'이라고 쓰여 있는데 실제로도 같은 경전이 월정사탑에서 나온 바 있다. 다라니에 대해서는 밀교경전에 많이 언급되고 있다. 『대법거다라니경大法炬陀羅尼經』은 다라니의 뜻과 그 공덕을 설한 경전이며, 같은 계통인 『다라니집경』은 모두 12권 21품으로 구성되어 있는데 모두 다라니를 설하는 내용이다. 즉 1, 2권은 부처에 관계된 다라니, 3권은 반야바라밀다대심경을 통해 반야바라밀다보살에 설한 다라니, 4~6권은 관세음보살에 대한 다라니, 7~9권은 금강신들과 관계된 다라니, 10권은 천신, 12권은 의식과 수반되는 다라니이다. 고려시대에 성행했던 모든 의식에는 진언이 송해져 많은 다라니가 의식에 사용되었을 것으로 추정된다. 따라서 복장물목에 다라니가 안립되는 것은 당연하다고 여겨진다.

3. 경전과 복장물의 구성 요소

이상에서 살펴 본 복장과 그 물목들의 형성과 구성을 밀교계 경전의 내용과 비교하여 살펴보고자 한다. 앞에서 살펴 본 문헌기록과 현존 사례들을 검토해 보면, 후령, 팔엽통, 사리통과 그 안에 안립하는 오향, 오약, 오황 그리고 오보병 등이 중요한 복장물이다. 이 물목들은 경전에 등장하는 사찰도량의식에서 사용하는 물목과 유사성을 보인다. 『대비로자나성불신변가지경大毘盧遮那成佛神變加持經』(이하 『대일경』) 제2권 '입만다라구연진언품入漫荼羅具緣眞言品'에는[16] 만다라를 중심으로 한 실천수행법이 기재되어 있다. 내용 가운데 7일작단법으로 지니고 봉헌해야하는 향은 도향塗香(정향丁香), 목숙향苜蓿香, 침수향沈水香, 송향松香, 백단향白檀香, 교향膠香이며, 음식과 과일, 등촉, 번개를 바쳤고 가라사迦羅奢를 갖추었는데 그것은 만다라의 제존에 공양하는데 사용하는 병瓶이었다. 또한 보배와 약을 준비하도록 이르고 있다. 이어서 "중앙에는 법계의 불가사의 색을 나타내고 네 가지 보배로 만든 병에는 수많은 약과 보배로 채워라"라고 설하고 있다. 비슷한 내용이 금강지金剛智 번역의『금강정유가중략출염송경金剛頂瑜伽中略出念誦經』(이하『금강정경』) 3권에도 등장한다. 3권은 만다라를 건립하는 방법과 작법에 관련된 내용인데, 만다라의 건립방법을 이렇게 설명했다.

> "――전략――다음에 수승하고 묘한 금병金瓶을 사용하거나 또는 은병銀瓶에 온갖 보배와 묘향약妙香藥을 채우고 물에 섞어서 가득 담는다. 좋은 나뭇가지로 병 가운데를 누르고 그 입구 위를 갖가지 과자와 온갖 이름난 꽃으로 엄식한다. 다시 도향으로 바르고 다양한 색깔의 비단으로 그 병의 목을 묶고 갖가지로 장엄하고 나서 마음을 전일하게 하고 이 병을 보호해야 한다. 네 모퉁이와 들어가는 문에 각각 한 병을 둔다."

즉 중앙과 네 가지 보배로 만든 병은 오보병으로 생각해 볼 수 있으며『조상경』에 등장하는 백색수정보병(중앙, 백색, 원형), 청색마유보병(동, 청색, 방형), 홍색산호보병(서, 홍색), 황색마니보병(남, 황색, 삼각), 녹색유리보병(북, 녹색, 반원)과 비교된다. 그리고 병 안에 수 많은 약과 보배로 채우라는 내용 역시 오보병 안에서 발견되는 오곡, 오향, 오보, 오약 등과의 유사성을 짐작할 수 있다.

사찰 도량의식과 관련되어 의식에 사용하는 많은 물목들을 좀 더 자세하게 설한 경전은『불설다라니집경佛說陀羅尼集經』12품 '불설제불대다라니도회도량인품佛說諸佛大陀羅尼都會道場印品'으로 도량 의식과 물목에 대해 구체적으로 설명하고 있다.

"작법할 때는 각각 오곡과 일곱가지색의 향과 대추크기만한 웅황을 넣은 다음에 다섯 개의 병 가운데에 각각 --하략--". "--전략-- 점을 찍은 곳에 깊이가 일걸쯤 되게 작은 구멍을 하나씩 파야하니, 7보와 오곡을 묻을 것이다. 칠보란 금, 은, 진주, 산호, 호박, 수정, 유리이니 이들을 칠보라고 이름한다. 오곡이란 대맥, 소맥, 도곡, 소두, 호마이니 이를 오곡이라 이름한다. 그 보배 등을 부수어서 오곡과 섞은 다음 비단조각으로 싸서 오색줄로 끝을 묶고 다섯 개의 구멍 속에 묻는다. 그리고 땅 밖에 그 줄 끝을 5지쯤 내 놓아라 이 보물 등은 한번 넣은 다음에는 영원히 꺼낼 수 없다. 이어서 다시 결계를 한다. 다섯째날 진언을 송한 동아줄을 만들고 비단조각으로 7보와 오곡을 한 곳에 싸서 오색줄로 그 꼭대기를 단단히 묶되 또한 사람 수에 맞춘다. --중략-- 그리고 아사리는 단에 들어간 두 세명의 제자들과 한밤중에 오색가루를 단 안에 뿌려서 그 땅을 장엄하는데 그 법용은 다음과 같이 한다. 먼저 안으로부터 백색가루를 뿌리고 차례로 황색가루, 적색가루, 청색가루, 흑색가루를 뿌린다. 다음 곧 외원에 이르러 동북 모서리로부터 오른쪽으로 돌면서 오색가루를 앞에서의 작법과 같이 뿌린다."

이상에서 열거한 내용은 도량결계 방식을 설명하는 것으로, 의식에서 칠보와 오곡을 비단에 싸서 오색줄로 묶는 방식은 황초폭자에 후령통을 싸고 오색줄로 묶는 복장의식과 비슷하다. 오색줄은 '입물색기'의 오색사를 의미하며 이는 후령통의 오방색으로 구성되는 비단천과 같다.

오방색은 '국청사 금당주불 석가여래사리영이기'에도 '청·백·현·황색'

에 대한 언급이 있는데 그 색상은 대체로 위의 내용과 같이 『불설다라니
집경』이나 『대일경』 등 밀교경전을 따른 것으로 보인다.[17] 『대일경』 3권
'전자륜만다라행품'에 의하면 흰색은 비로자나이며 그 다음에 붉은색,
황색, 청색 마지막은 흑색을 운포하라고 명기하고 있다. 또한 흰색은 대
일여래의 색이며, 붉은 색은 보당여래가 보리심을 내어 도를 밝힌 것으
로 제이第二가 된다. 제삼第三은 황색 , 제사第四 푸른색은 무량수불의 색,
검은 색은 곡음성여래鼓音聲如來로 명기하고 있다. 불부를 상징하는 백색
을 중심으로 붉은색의 금강부, 황색의 연화부, 청색의 검은색(분노부) 순
으로 설명하고 있으며 제5권의 '입비밀만다라위품入秘密漫茶羅位品'에도
'오보五寶'로서 다섯 가지 방위와 색을 설명하고 있다.

고려시대에는 오방과 색채에 대한 개념이 정착되어 원구圜丘 친사의
親祀儀에도 이를 적용하고 있다. "생방牲牓은 동쪽 담의 문 바깥에 설치하
는데 문을 마주보고 서쪽을 향하게 한다. 창생蒼牲 1마리를 앞에 세우고
청생靑牲 1마리는 북쪽에서 조금 비켜 남쪽을 위로 하게 둔다. 다음으로
적생赤牲 1마리, 황생黃牲 1마리, 백생白牲 1마리, 현생玄牲 1마리의 순서로
매어둔다. 그리고 창생蒼牲 1마리는 남쪽에서 조금 비켜 북쪽으로 머리
를 두게 한다"[18] 라고 색과 방위를 규정하였다. 즉 창은 검은색에 가까운
진한 남색, 청은 녹색으로 짐작되는 점에서 국가의 원구례 때 희생에 쓰
이는 동물에도 백색-홍색-황색-청색-검은색으로 구성된 철저한 색채
와 방위개념이 적용되고 있음을 알 수 있다. 그런데 길례에 명시된 채색
은 오방색만 명시했을 뿐 방위는 없다. 『불설다라니집경』에는 길례와 같
은 오방색에 방위가 명시되어 있어 참고된다. 즉 깃발을 달면서 "동쪽에
는 한쌍의 푸른색 번자, 남쪽에는 붉은색 번자, 서쪽에는 한쌍의 흰색 번
자, 북쪽에는 짙은 청색 번자, 중앙에는 황색 번자를 매단다."[19] 라고 하였
는데 짙은 청색을 검은색으로 본다면 길례에서의 채색과 동일하다.

이 오방색은 실제 복장물에서 나오는 색채와도 거의 부합된다. 완전하게 개장되어 방위가 정확하게 남아 있는 안정사 금동여래좌상의 경우 청색천(방형), 주황색천(적색, 삼각형), 백색천(원형), 남색천(검정,반월형)으로 이루어져 있다. 이는 현재 복장물에서 나온 1302년의 온양민속박물관의 은합이나 문수사의 목합에서 나온 색채방위와 일치하며 이는 1490년의 해인사 비로자나불상의 은제후령통과도 정확하게 부합된다(삽도1).

이상에서 살펴 본 바와 같이, 고려에서는 오방과 오색에 대해 정확하게 이해하고 있었으며,『다라니집경』에 의거한 색채와 방위 개념이 고려적으로 성립되었고 방위 개념은 그대로 복장물 의식에 적용되었음을 알 수 있다. 또한 방위를 상징하는 도형의 오보경(방형, 삼각형, 반월형, 원형 등)과 결합되면서 한국화 되었던 것으로 추정된다. 그러나 이러한 방위와 색채는『대일경』이나『조상경』에서 언급된『묘길상평등비빌최상관문대교왕경』권1 등 밀교경전에 등장하는 방위와 색채 그리고 이를 따른 것으로 이해되는『조상경』의 그것과 확연하게 구분된다.〈표1-3〉

마지막은 팔엽통에 대한 검토이다. 팔엽통이라는 명칭은 고려시대 문

〈삽도1〉 고려와 조선초기 오보병과 오방색의 방위

  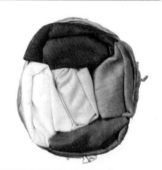

| 안정사 금동여래좌상(고려) | 온양민속박물관소장(고려) | 해인사 목조비로자나불좌상(조선) |

〈표1-3〉 경전과 작품에 나타난 오방색

경전/작품 \ 방위	동	남	서	북	중
大毘盧遮那成佛神變加持經(대일경)	적 보당여래	황 연화부	청 무량수불	흑 곡음성여래	백 비로자나불
妙吉祥平等祕密最上觀門大教王經	청 금강바라밀보살	황 보생바라밀보살	홍 연화바라밀보살	녹 갈마바라밀보살	백 근본바라밀보살
『고려사』 권59, 길례 원구, 親祀儀	청	적	백	흑	황
佛說陀羅尼集經	청	적	백	남	황
온양민속박물관(1302) 문수사 금동아미타여래(1346)	청 방향	적 삼각형	백 원형	흑 반월형	황 원형
안정사 불좌상(고려시대)	청 방향	적 역삼각형	백 원형	흑 반월형	
해인사 비로자나불상(1406)	청 방향	적 삼각형	백 원형	흑 반월형	황 원형

헌과 '입물색기', 1322년 천수관음상의 복장원문에만 등장하는 용어이
다. 현재 팔엽통으로 추정되는 유물이 무엇인지 정확하게 알 수 없다. 문
수사 불상이나 안정사 불상에서 나온 목합에 팔엽연화를 주서하고 위에
는 연밥이 그려져 있는 모양의 합이 비교적 팔엽통에 제일 가까운 유물
이다. 또한 동국대학교박물관 소장의 팔엽연화형 받침에 은제합이 올려
져 있고 합 뚜껑에 새겨진 진심종자와 팔엽에 범자가 새겨져 있는 모양
도 이를 의식한 것으로 짐작된다.[20]

그런데 『대일경』 2권 입만다라구연진언품入漫茶羅具緣眞言品'에서는 관
정에 대해 설하는 가운데 "내심의 대연화는 여덟개의 꽃잎에 꽃술과 수
염이 있으며 사방의 잎 가운데에……하략"라고 팔엽을 설명하면서 "네
분의 반려보살과 네 봉교자를 안치하며 이는 총지자재, 염지, 이익심, 비
자보살, 잡색의, 만원, 무애, 해탈을 의미한다"고 팔엽을 설명하였다. 『대
일경』 5권 「입비밀만다라위품」에도 만다라를 설명하면서 "팔엽대연화

왕八葉大蓮華王을 나타내야 하고 줄기가 움트고 꽃술을 편 비단무늬의 단아하고 묘한 곳 가운데에 계신 여래는 모든 세간에서 가장 존귀하고 특별하신 몸"이라고 설명하고 있다.[21] 즉 팔엽대연화는 꽃술이 있는 아름다운 모습으로 표현해야 하는데 이는 주존인 대일여래가 그 중앙에 앉기 때문이다. 이 여덟잎의 연화는 고려시대 복장물의 팔엽통으로 형상화되어 불상 안에 안립된 것으로 이해된다.

4. 복장물의 형성과 의미

우리나라 복장물의 시원과 형성에 대한 문제는 정확하게 밝히기 어렵다. 그러나 복장물에 등장하는 물목들은 사실 고려시대 이전부터 사찰에서 행해지는 모든 의식에 포함된 물건들이다. 예를 들어 사찰의 진단구에 향과 오곡이 포함되며, 754~755년의 『대방광불화엄경』 사경제작의식에는 향이 등장하는데 이는 사리공양구에도 들어 있는 물목이다. 즉 766년 석남암수 비로자나불좌상의 대좌에서 나온 사리구라든지 동화사 비로암 석조비로자나불좌상과 탑에서 출토된 사리장엄구는 발원문과 같은 기록을 적거나 사리, 경전류, 곡식 등의 물목 구성에서 복장물과 유사성이 있다고 할 수 있다(1-29-①). 실제 광주 신용리와 문경 봉서리鳳棲里탑의 사리장엄구에는 목합 안에 수정제 구멍을 뚫어 그 안에 사리를 넣는 사리병이 나왔으며 감색천과 문양천 등의 직물과 수정구슬, 활석제, 향목 등이 공양물로 들어가 있다(1-29-②).[22] 그리고 안동 보광사 목조관음보살좌상에서는 '보협인다라니경'이 나왔는데 이는 고려초기 월정사 구층석탑에서도 나온 것으로 불탑공덕경으로서의 의미가 강한 경전이다.[23] 즉 탑에 들어가는 사리장엄구는 탑에서 불상으로 그 성격이 변

1-29-① 광주 신룡리 오층석탑 출토 사리구, 고려, 국립광주박물관   1-29-② 문경 봉서리탑 출토 사리구, 고려, 국립중앙박물관

화되고 사리장엄구 형식은 복장물로 합쳐지면서 복장물목이 형성되었을 것으로 짐작된다. 불탑과 불상에 넣는 복장물목이 서로 결합되어 있음도 알 수 있는데 석남암수 석조비로자나불상의 대좌에서 사리기가 나온 것이 그 한 예이다. 이는 불탑에서 불상으로 의례적 공간이 옮겨간 것은 아닌가 생각되며, 불탑에서의 사리기 납입이 복장물이 안립되는 고려 중기 이후 다소 사례가 적어지는 점도 참고된다.

이러한 전통 위에 복장물은 고려시대에 성행했던 각종 도량들 그리고 도량의식 등과 결합하고 고려만의 독창적인 복장의식과 복장물목으로 형성되었다. 대체로 도량의식에 대해서는『대일경』,『금강정경』,『불설다라니집경』 등에 자세히 언급되어 있다. 복장물은 복장의식에서 시작되며, 복장의식은 도량결계와 같은 의례에서부터 시작되기 때문이다. 도량결계 의식에는 승려의 진언, 염송과 함께 많은 다라니가 주요 역할을 하게 되는데 이 다라니는 복장물의 주요 물목이다.

『범자총지집』에는 '대비로자나성불경등일대성교중일승제경소설일체비밀다라니大毘盧遮那成佛經等一代聖教中一乘諸經所說一切秘密多羅尼'라고 쓰여 있다. 이는『대일경』에 언급된 비밀다라니 즉 진언이다. 봉림사 목조아미타불좌상에서도 1228년(고종15) 판각된 '범총지집'일부가 나왔으며 조선시대의 1490년에 납입된 해인사 비로자나불의 복장물에도 포함되어 있다.『대비로자나성불신변가지경大毘盧遮那成佛神變加持經』즉『대일경』은 중기밀교의 근본 경전으로 의천의『교장총록敎藏總錄』에도 수록되어 있다. 이 경전에 보이는 7일작단법의 의식에 사용된 물목과 복장물 물목과의 유사성에 대해서는 앞에서 이미 언급한 바 있다.

『불설다라니집경』의 마지막에는 '불설장엄도량금공양구지료탁법'이 첨부되어 있다. 이는 도량의식에 사용되는 공양구 목록으로 여기에는 큰 거울 28면, 작은 거울 40면, 유리포화 4백매, 오색줄 20냥, 금 2냥, 은 2냥, 산호 2냥, 호박 2냥, 진주 2냥, 도곡, 소두, 소맥, 대맥, 청과 오곡 등이 열거되어 있다.[24] 그리고 '이 물건들은 구걸하여서 한 되를 얻어야하며 사서는 안된다' 라고 하여 공양과 시주에 의해 안립해야 된다는 점이 강조되어 있다. 이는 복장발원문에 등장하는 시주질에 시주자 이름과 함께 시주 품목을 적는 행위와 부합된다. 예를 들어 광주 자운사 아미타불의 1611년 시주자 목록 가운데 '유학幼學 임득지林得智, 유학幼學 임륜林崙, 흰쌀 1말, 헝겊 2조각', '진사進士 임득신林得信 흰색비단 1조각, 헝겊 5조각, 유씨兪氏 헝겊 4조각, 촉한쌍燭一雙' 등이 등장하는 것과 맥락을 같이 한다(1-30).[25] 더불어 ○○시주, ○○시주 등 품목과 시주자들의 이름을 같이 명기한 것과도 동일하다.

공양구 가운데는 도량의식에 사용되었던 거울이 주목된다. 거울은 복장물에서 간혹 발견되는데 의람사 불상에서는 여러 개의 거울이 나왔고 청량사 건칠보살좌상, 동학사 목조석가여래삼불좌상에서도 나온 바 있다(1-31).[26] 이에 대해『금강정경』4권에는 "다음에 다시 거울을 잡고 그로 하여금 관조하게 한다. 제법의 성상性相을 설하기 위하여 이 게송을 읊는다"라고 하여 제자로 하여금 거울을 마주보게 하였다. 이처럼『금

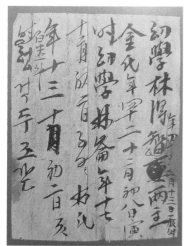

1-30 목조아미타여래좌상 복장 시주자 물목,
조선, 광주 자운사

1-31 목조석가여래삼존좌상 복장 동경,
조선후기, 충남 공주 동학사

강정경』에서는 의례용구로 거울이 사용되고 있으며, 의례의 마지막에는
관상의 용도로도 사용되었다.

『불설다라니집경』 도량입품의 마지막 부분에는 황제에서부터 아사
리, 일반민에 이르기까지 모든 의례참여자들을 위해 공양하고 진언으로
축원을 하는 대목이 있다.

> "국주인 황제와 황후를 위하여 향과 꽃 등의 모든 물건을 태워 공양하고
> 그들을 위하여 진언을 49번 송하여 채운다. 이어 태자와 모든 왕비주를
> 위하여 이와 같이 공양하고 또한 진언을 만아흔아홉번을 송하라. 그리고
> 대신과 문무백관을 위하여 이와 같이 공양하고 역시 진언을 49번 송하여
> 채운다. 또한 역겁과 과거와 현재 동안의 모든 스승과 부모들을 위하여
> 공양하고 진언을 49번 송하라. 이어 사방의 모든 시주를 위하여 공양하
> 고 ――하략――"[27]

그런데 이『다라니집경』에 쓰여진 축원의 순서와 내용은 복장발원문에 등장하는 관용구와 비슷하다〈표1-4〉. 1322년 천수관음상의 발원문이라든지 1346년 장곡사 금동여래좌상 등에는 황제부터 왕, 문관들을 서열에 따라 축원을 하고 있으며 원이 망하는 1368년 이후에는 주상전하가 맨 앞에 등장하여 이전시기와 차이를 보인다. 특히 발원문의 '문호백료文虎百僚' '만국문무증첨록위滿國文武增添祿位', '문무관료文武官僚' '양부백관兩府百官' 즉 대신과 문무백관까지 축원하는 이 어귀는 고려시대에만 등장하고, 조선시대에는 '주상전하만만세主上殿下萬萬歲 왕비전하수만세王妃殿下壽萬歲 세자저하수제년世子邸下壽齊年' 같은 관용구로 정착하면서 규범화된다.

1388년 8월 작성된 자운사 불상 발원문의 경우 주상전하主上殿下와 양대전하兩大殿下 두 명을 표기하고 있는데 이는 이성계 등에 의해 우왕이 폐위되고 창왕이 즉위한 상황의 반영으로 이해된다. 창왕은 주상전하, 1388년 6월에 물러난 상왕인 우왕과 우왕의 왕비이자 창왕의 어머니인 근비이씨는 양대 전하로 지칭된 것이다. 이렇듯, 고려시대 발원문에는

〈표1-4〉 14세기 관용구가 등장하는 불상 발원문

연대	불상 명칭	내용
1322	천수관음상	皇帝陛下統御萬年 大尉王殿下壽千秋 當今王主上保位天長文虎百僚各疆齡干戈
1322	개운사 목조여래좌상	皇帝陛下萬歲
1346	장곡사 금동여래좌상	皇帝萬歲國王千秋 滿國文武增添祿位
14세기	자운사 목조여래좌상	主上殿下壽千秋 兩大殿下壽無疆 文武官僚忠貞奉國
1395이전	장륙사 보살상	主上殿下壽萬歲 賢妃殿下壽齊年 世子殿下壽千秋 諸王家 室各保天年兩府百官福壽無疆干戈永息四海波安

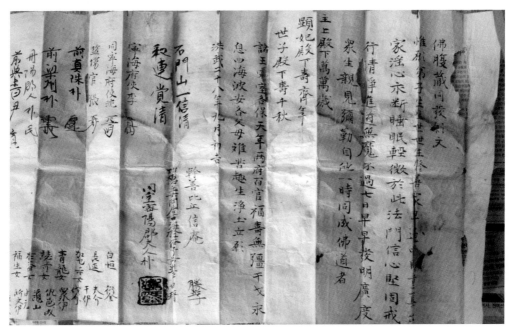

1-32 건칠관음보살좌상 복장발원문, 조선 1395년, 경북 영덕 장륙사

당시의 정치적 상황도 반영되었다. 영덕 장륙사 발원문은 세자저하가 아닌 세자전하로 표기된 독특한 사례이다.(1-32)

　『불설다라니집경』에는 도량이 끝난 후의 행위에 대해서도 엄격하게 규정짓고 있다.

> "도량을 해산하는 날 그 불전 앞에 놓았던 물건은 부처님을 조성하는데 사용하고 반야 앞에 놓았던 물건은 반야경과 그 밖의 모든 경들을 베껴 쓰는데 사용하며 모든 보살 앞에 놓았던 물건은 보살상에 관계되는데 사용하라."

　다시 말하면 불전 앞에 있었던 모든 물건은 부처님을 조성하는데 사

용하고 보살 앞에 있었던 물건은 보살상에 사용하라는 뜻은 그대로 복
장해야 된다는 의미로 생각해 볼 수 있다. 즉 도량의식에 사용한 모든 물
건은 다른 곳에 이용하면 안 되며 반드시 불상에 넣으라는 뜻으로 해석
이 가능한 것이다. 이는 오방에 진언게송과 의식 등 청정한 도량의식을
통해 성물로 변화된 물목들을 다시 불상 안에 넣음으로서 그 신앙이
이어짐은 물론 불상은 또 다른 신적 존재로 거듭나는 것을 의미하는
것이다.

5. 복장물의 중요성과 가치

이상으로 우리나라 복장물 관련 문헌기록과 대표적인 복장물 그리고
경전과 비교하여 물목의 형성과 그 의미를 살펴보았다. 우리나라 복장물
의 시원은 통일신라시대부터 이어진 탑 사리장엄구에서 나온 물목들과
유사성을 보이는 점에서 탑 사리장엄구에서 발전했을 가능성이 크다고
생각된다. 더불어 사찰에서 행해졌던 도량의식과도 결합하였을 것이다.
복장물과 안립의식은 이후 조선시대에는 거의 정례화된 것으로 이해되
며 우리나라만의 독창적인 의식으로 발전되면서 현대까지 전해졌다.

고려 사람들은 불상에 복장물을 넣는 의식을 중요하게 여겼으며 불상
의 장엄함과 더불어 그 내부에 넣는 복장물에 대한 공덕과 영험의 중요
성에 대해 문헌기록에 남겼다. 그리고 이로서 얻어지는 공덕이 큰 것으
로 이해하면서도 영험에 대한 구체적인 내용은 남기지 않았다. 이에 대
해 경전에는 '공양하면 3업의 묵은 재앙을 없애고 항상 안락을 얻게 되
며 지은 모든 죄를 소멸시킨다', '지은 모든 나쁜 죄를 없애어 모두 소멸
시킬 것이니 아무도 능히 악업의 과보를 받게 할 수 없다', '의복과, 7보,

1-33 복장단 의식 전경. 수원 봉녕사 (경암스님 제공)

오곡, 음악을 공양하면 시주가 3업의 묵은 재앙을 모두 없애고 항상 안락을 얻게 된다'라고 하여 시주를 통해 얻을 수 있는 공덕에 대해 설하고 있다.[28] 이러한 개념은 당시 사람들도 믿고 있었던 듯 1330년의 서산 부석사 금동관음보살좌상의 결연문에는 '재앙을 소멸하고 복을 부르는 것이며 후세에서는 함께 극락에 태어나기를 원하는 바람 때문이다' 라고 불상조성의 목적을 밝히고 있다.

불복장은 불상의 몸 안에 들어 있는 물건이라는 뜻이지만 그 시대의 신앙과 사상 그리고 종교 의례 등의 모든 요소들을 포함한 타임캡슐 같은 의미를 지닌다. 그리고 그 모든 것은 경전을 정확하게 해석하고 이해한 바탕 위에서 이루어졌음도 알 수 있었다. 즉 도량을 청정하게 하는 결계의식에서 시작하여 이를 주도한 아사리에 의한 주문과 염송, 장엄한 의식 속에서 불상은 생명력 있는 영적인 종교적 신앙물로 거듭나는 것으로 부처의 몸 속에 안립된 복장물은 당대 신앙의 완성체라 할 수 있다 (1-33).

1 『동국이상국집東國李相國集』권25, 잡저雜著, 洛山觀音腹藏修補文幷頌, "代崔相國行今晉陽侯也云云, 洪惟東海之濱洛山之上, 有一勝境, 淸淨無塵, 水月睟相, 於是乎寄焉. 嗟乎! 憬彼頑戎, 無知莫甚, 方其橫行寇掠也. 至於佛宇梵相, 無不被其殘毁者, 我大聖尊軀亦爾. 雖形體僅存, 而腹中之珍藏, 盡爲搜露散頓, 枵然其空矣.……逎金聞腹藏遺散之事, 能不倍痛於人而勇爲之補理耶? 是用挨舊所藏, 謹備心圓鏡二事及伍香伍藥色絲錦囊等衆緣, 以充其腹, 完而復之, 與昔無損. (후략)"

2 『동문선東文選』권68, 기記, 國淸寺金堂主佛釋迦如來舍利靈異記.

3 腹藏諸物欲安置一物最難求舍利...收拾分盛八葉筒 納安主件三腹中.

4 『태종실록』권18 태종9년 10월 병진일.

5 『세조실록』권7 세조6년 12월 정유일. "도적이 대자암大慈庵의 두 불상의 복장腹藏을 훔쳤으므로, 명하여 도성문都城門을 닫고 수색하여 잡게 하였다."

6 1487년(성종18) 12월 22일(정해일)의 기록에는 지경·박귀원·박은손 등이 불상 등을 도둑질한 것에 대한 처벌을 정하는 목록에 '복장은편진주명박산호수服藏銀片眞珠明珀珊瑚樹 1'가 포함되어 있다.

7 온양민속박물관편, 『1302年 阿彌陀佛腹藏物의 調査硏究』, 온양민속박물관 학술총서 2, 계몽사, 1991.

8 이 직물들은 문양과 제작방식에서 송, 원대의 요소가 나타나는데, 이는 단순히 수입품으로 볼 수 있으나 이를 모방한 국내품일 가능성도 있다고 한다. 온양민속박물관편, 위의 책, 온양민속박물관 학술총서 2, 계몽사, 1991; 온양민속박물관편, 『高麗의 佛腹藏과 染織』, 계몽사, 1999.

9 민영규, 「장곡사 고려철불 복장유물」, 『인문과학』14, 연세대학교 인문과학연구소, 1966, 237~247쪽.

10 통영 안정사 불상은 밑면의 복장공을 막았던 나무 안쪽 면에서 1976년의 문광부 소인이 발견되었다. 따라서 당시 밑면을 개봉했던 것으로 추정되지만 현재의 복장물 상태로 보면 복장물은 꺼내지 않았던 것으로 짐작된

다. 이용윤, 「불상봉안의식의 정수복장」, 『불복장의식 현황조사보고서』, 대한불교조계종, 불교문화재연구소, 2012, 20~21쪽.

11 정은우, 「고려중기 불교조각에 보이는 북방적 요소」, 『미술사학연구』 265, 2010.3, 47-48쪽; 이용윤, 위의 논문, 『불복장의식 현황조사보고서』, 대한불교조계종, 불교문화재연구소, 2012, 20~21쪽.

12 국립중앙박물관편, 『국립중앙박물관 소장 불교조각 조사보고』, 국립중앙박물관 2014, 78~107쪽.

13 이용윤, 「불상봉안의식의 정수 복장」, 『불복장의식현황조사보고서』, 대한불교조계종 총무원 문화부, 2012, 16~28쪽.

14 『고려사』 93 열전 06, 제신 최승로崔承老

15 국립중앙박물관편, 『국립중앙박물관소장 불교조각 조사보고 I』불교미술연구 조사보고 제4집, 국립중앙박물관, 2014, 78~94쪽.

16 경전 내용은 동국대학교 전자불전문화콘텐츠연구소 한글대장경을 이용하였다.

17 태경스님, 『조상경』, 운주사, 2006, 64~68쪽.

18 『고려사』 권 59지 13, 예지, 길례대사, 원구, 친사의親祀儀

19 東懸一雙碧色幡子 南懸一雙緋色幡子 西懸一雙白色幡子 北懸一雙深靑幡子 中懸四口黃色幡子

20 김순아, 「동국대학교박물관 소장 은제사리합. 팔엽연화형 받침 고찰」, 『불교미술』20, 2009, 37~67쪽.

21 『대일경』6권 「백자위성품百字位成品」에도 '여덟잎은 마음으로부터 생하며 연꽃은 지극히 화려하다. 원만한 월륜 가운데 더러움 없는 것이 마치 맑은 거울과 같다'라고 하였다.

22 『불사리장엄』, 국립중앙박물관, 1991, 79쪽.

23 김추연, 「한국 탑내 봉안 불상 연구」, 『미술사연구』30, 미술사연구회, 2016.

24 金銅鈴帶四十八道(各長七尺) 大珮二十八道(各長六尺) 小珮二十八道(各長四尺) 大鏡二十八面(各闊一尺) 小鏡四十面 琉璃泡華四百枚(各方圓一尺者) 綵色大幡一百尺者二十四口(四十九尺亦得新好者) 雜

綵幡二百二十口(長一丈新好者)　真珠二百條(各長伍尺)　朱網闊四尺長一丈(八扇)　金銀瓶四十六枚(受一升者)　大銅楪四百枚(一尺伍寸面者)　小銅楪二百枚(各七寸者)　銀盤四面(各二尺伍寸者)　雜金銀器八十枚　金盤四面(闊二尺伍寸者)　金銀砂羅四十八枚(闊一尺以上者)　金杓一枚　銀杓一枚　銅香鑪寶子六具　金香鑪寶子一具　金銀娑羅二枚(受一升者一金一銀)　七寶金銀蓮華伍樹(各高四尺新好嚴飾)　雜綵假華樹一百(各新好者)　銅燭檠十二枚　金銀盞屈巵等四十八枚　伍色蠟燭十條　銅澡罐二十六枚(各受伍升已上)　淨布手巾三　澡豆一升　皂莢四十枚　炭灰一升　楊枝一束『다라니집경』0893b07.

25　수덕사 근역성보관,『지심귀명례至心歸命禮 – 韓國의 佛腹藏』, 2004, 105쪽.

26　『동학사 대웅전 삼세불상』, 동학사 공주시·(재) 불교문화재연구소, 2012, 12쪽.

27　如是次第總周遍竟次爲國主皇帝皇后 燒香華等諸物供養 爲誦呪滿四十九遍次爲太子諸王妃主 如是供養 亦誦呪滿四十九遍 次爲大臣文武百官 如是供養 亦誦呪滿四十九遍 次爲歷劫過現諸師一切父母 供養誦呪四十九遍 次爲一切業道諸官 供養誦呪四十九遍 次爲十方一切施主 供養誦呪四十九遍 次爲十方盡空法界六道四生八難八苦一切衆生 供養誦呪四十九遍 次爲阿闍梨自身 供養誦呪 滿足二十一遍 次爲道場處主人合家.『다라니집경』0891c 24.

28　'將諸衣服及以七寶伍穀音樂施用供養悉除施主三業宿殃常得安樂'『불설다라니집경』, 0893c21.

제2부
고려시대 복장물 현황과 발원문

Ⅰ. 개운사 목조아미타여래좌상

2-1 목조아미타여래좌상, 고려, 115.8cm, 서울 성북 개운사

개운사 목조아미타여래좌상은 고려 13세기의 불상 양식을 대표하는 불상으로 복장에서 3종의 발원문이 발견되었다. 발원문에 따르면, 충청남도 아산 지역에 봉안된 이 불상은 1274년에 한 차례 수리되었고 1322년에 다시 개금되었다. 복장물은 41건 58점으로, 1274년 중간대사中幹大師가 작성한 발원문을 비롯하여 고려시대 발원문 3점, 고려시대 경전 23건, 조선시대 경전과 다라니 17건, 근대에 납입한 것으로 보이는 복장물 15건 등이다. 고려시대의 경전은『화엄경』19건, 조선시대 복장물은 다량의 다라니와 만다라, 경전은『영보경』, 『불설아미타경』, 『화엄경』, 『금강경』 4건이다.

〈표2-1〉 개운사 목조아미타여래좌상 복장물 목록

번호	명칭	규격(cm)	수량	재질	시대	특징	사진
1	중간대사 원문	53.5x54.5	1	한지	1274년	종류 : 원문願文 형태 : 낱장	
2	최춘원문	56x54	1	한지	1322년	종류 : 원문願文 형태 : 낱장	
3	천정 혜흥 발원문	36.5x272	1	한지	1322년	종류 : 원문願文 형태 : 낱장	
4	화엄경 권24	27.7x880	1	한지	고려	종류 : 사경寫經 형태 : 권자본	
5	화엄경 권26	28x720	1	한지	고려	종류 : 사경寫經 형태 : 권자본	
6	화엄경 권33	29.7x710	1	한지	고려	종류 : 사경寫經 형태 : 권자본	
7	화엄경 권36	28.5 x1115	1	한지	고려	종류 : 사경寫經 형태 : 권자본	

번호	명칭	규격 (cm)	수량	재질	시대	특징	사진
8	화엄경 권39	29.5 x1178	1	한지	고려	종류 : 사경寫經 형태 : 권자본	
9	화엄경 권56	29.5x900	1	한지	고려	종류 : 사경寫經 형태 : 권자본	
10	보살 본행품 권 중	29x700	1	한지	고려	종류 : 사경寫經 형태 : 권자본	
11	화엄경 권2	28.9x800	1	한지	고려	종류 : 판경板經 형태 : 권자본	
12	화엄경 권2	29.5x870	1	한지	고려	종류 : 판경板經 형태 : 권자본	
13	화엄경 권10	30.0x810	1	한지	고려	종류 : 판경板經 형태 : 권자본	
14	화엄경 권16	27.5x700	1	한지	고려	종류 : 판경板經 형태 : 권자본	

번호	명칭	규격(㎝)	수량	재질	시대	특징	사진
15	화엄경 권18	29.0×250	1	한지	고려	종류 : 판경板經 형태 : 권자본	
16	화엄경 권20	28.3×170	1	한지	고려	종류 : 판경板經 형태 : 권자본	
17	화엄경 권35	30.7×860	1	한지	고려	종류 : 판경板經 형태 : 권자본	
18	화엄경 권48	30.7×860	1	한지	고려	종류 : 판경板經 형태 : 권자본	
19	화엄경 권49	30.6×460	1	한지	고려	종류 : 판경板經 형태 : 권자본	
20	화엄경 권78	28.0×910	1	한지	고려	종류 : 판경板經 형태 : 권자본	
21	화엄경 권31·33	27.5×900	1	한지	고려	종류 : 판경板經 형태 : 권자본	

번호	명칭	규격 (cm)	수량	재질	시대	특징	사진
22	화엄경 권28변상	29.2x59.0	1	한지	고려	종류 : 판경板經 형태 : 권자본	
23	미상	27.8x?	1	한지	고려	종류 : 판경板經 형태 : 권자본	
24	미상	27.9 x388.5	1	한지	고려	종류 : 판경板經 형태 : 권자본	
25	미상	27.8x233	1	한지	고려	종류 : 판경板經 형태 : 권자본	
26	영보경 권4	30.2x54.0	1	한지	고려	종류 : 판경板經 형태 : 절첩본 낱장	
27	원돈성불론	17.2x13.1	1	한지	조선	종류 : 판경외 板經外 형태 : 선장線裝	

번호	명칭	규격 (cm)	수량	재질	시대	특징	사진
28	대방광불 화엄경소 초권51지1	21.2×15.4	1	한지	조선	종류 : 판경板經 형태 : 선장線裝	
29	금강경 천노송	19.7×13.0	1	한지	조선	종류 : 판경외 板經外 형태 : 선장線裝	
30	불설 아미타경 요해	21.4×15.6	3	한지	조선	종류 : 판경板經 형태 : 선장線裝	
31	불설 아미타경	96.2×64.5	1	한지	1871년	종류 : 판경板經 형태 : 독자簇子	
32	미상	36.4×37.7	1	한지	1272년	종류 : 탁본拓本 형태 : 낱장	
33	팔엽심연 삼십칠존 만다라	24.5×27.2	1	한지	조선	종류 : 다라니 陀羅尼 형태 : 낱장	

번호	명칭	규격 (cm)	수량	재질	시대	특징	사진
34	여의보인 심무능승 대수구다 라니	39.5x43.2	1	한지	조선	종류 : 다라니 陀羅尼 형태 : 낱장	
35	태장계 만다라 다라니	32.7x37.0	1	한지	조선	종류 : 다라니 陀羅尼 형태 : 낱장	
36	연화판 다라니	39.0x40.2	1	한지	조선	종류 : 다라니 陀羅尼 형태 : 낱장	
37	오륜종자 비밀실지 진언 외	43.6x33.5	1	한지	조선	종류 : 다라니 陀羅尼 형태 : 낱장	
38	수구진언	39.5x43.2	1	한지	조선	종류 : 다라니 陀羅尼 형태 : 낱장	
39	범자원권 다라니	18.5x17	1	한지	조선	종류 : 다라니 陀羅尼 형태 : 낱장	

번호	명칭	규격 (cm)	수량	재질	시대	특징	사진
40	다라니 대련	30.5x58.5	2		1867년	종류 : 다라니 陀羅尼	
계	총 40건 43점						

*근대 복장물은 표에서 제외

개운사 소장 목조아미타여래좌상에서는 복장에서 3건의 발원문이 나왔다. 이 발원문들은 불상과 당시 불교 신앙을 이해하는데 중요한 정보를 제공한다. 1274년의 '중간대사十幹大師 발원문', 1322년의 '최춘崔椿 발원문', 1322년의 '천정天正과 혜흥惠興 발원문'에는 불상의 중수重修 경위와 발원자들의 발원내용이 기록되어 있다.〈표2-2〉

〈표2-2〉 개운사소장 목조아미타여래좌상 복장 발원문

순번	명칭	재질	연대	크기 (세로×가로cm)
1	중간대사원문	한지	1274년	54×56
2	최춘원문	한지	1322년	56×55.5
3	천정발원문	한지	1322년	37×270

발원문을 근거로 이 불상이 아주牙州 축봉사鷲鳳寺에서 중수되었거나[1] 동심접桐深接을 새롭게 해석하여 아주의 동심사桐深寺에서 중수되었다[2]고 해석하기도 한다. 그러나 개운사 소장 목조 아미타여래좌상 발원문에 대한 면밀한 분석은 본격적으로 이루어지지 않았다. 여기서는 발원문 내용의 분석을 통해, 불상의 수리 장소와 발원문에 드러난 당시의 정치적 상황을 살펴보려 한다.

1. 발원문 내용

1) 중간대사 발원문中幹大師 發願文

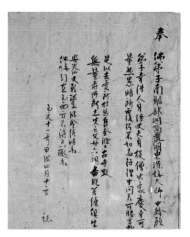

2-2 중간대사 발원문, 고려 1274년,
53.5x54.5cm, 불교중앙박물관

삼가 불제자 남섬부주 고려국 동심접東深接[3]의 대사大師 중간中幹이 발원하옵니다.

제자는 요행히 사람이 되고 대장부로 태어나 몸을 던져 출가하였으니 그 복을 가히 헤아릴 수 있습니다. 그러나, 제가 아둔하여 거듭[覆行] 뜻과는 달리 중간을 방황한 것을 말로 다할 수 있겠습니까? 이에 아낌없이 가지고 있던 말로 금을 구입해 옛 절의 훼손된 무량수불을 칠합니다. 바라는 바는 돌아가신 부모님과 육친六親들이 고통의 근원에서 벗어나 서방정토[安養]에서 태어나는 것입니다. 또 바라건대 제자가 죽을 때 부처님을 맞이하여 곧장 서방 극락에 이르러 6도[六趣]에 떨어지지 않게 해 주소서.

지원至元 11년(원종 15, 1274) 갑술년 4월 12일 지음

2) 최춘崔椿 발원문

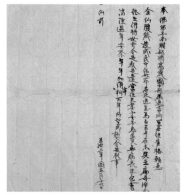

2-3 최춘 발원문, 고려 1322년,
56x54cm, 불교중앙박물관

삼가 불제자 남섬부주 고려국 중부소속 진사정동進士井洞 1리에 거주하는 최춘崔椿은 자원하여 금불복장 조성에 오승포五升布 1필을 바칩니다. 돌아가신 홀어머니께서는 정토에서 영원히 살아가도록 해주소서. 현재 살고 있는 부부와 나이 어린 딸과 자식, 아울러 형도 무병장수하도록 해주소서. 지난 잘못[包會]을 없애주고 해가 지날수록 평안하며, 해마다 더하여 전해진 안녕은 만년토록 이어져 바라는 바가 성취되게 해 주소서.

금불의 앞에서

지치至治 2년(충숙왕 9년, 1322) 윤5월 9일.

3) 천정天正 혜흥惠興 발원문發願文

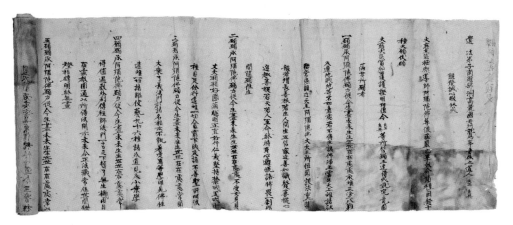

2-4 천정 혜흥 발원문, 고려 1322년, 36.5x272cm, 불교중앙박물관

유법제자(遺法弟子 불제자) 남섬부주 고려국 아주 축봉사 의지도인依止道人 천정天正
과 혜흥惠興* 은 간절히 성심을 내어 삼가 대자대비하시어 극락으로 인도하시는 아
미타불존상을 조성하였습니다. 장엄이 이미 완결되어 머리를 조아리는 예를 행하
면서 10가지 대원 내었습니다. 엎드려 바라건대, 대자대비하시고 은밀히 도와주며
[冥加] 복호覆護하시는 부처님, 천정 혜흥 등이 발원한 원왕을 속히 성취하여 끝내는
발원한 바를 이룰 수 있게[圓滿] 해 주소서.

첫 번째 서원

바라건대, 아미타불의 구제력[願力]을 이어받아 지금의 생에서부터 미래가 끝날 때
까지 태어나는 시대와 장소마다, 모두 삼도팔란 및 변방, 척박한 땅 등 뜻하지 않은
곳을 벗어나게 해주소서. 만약 제불이 계시는 정토에 태어나지 못한다면, 마땅히 천

---

* 원문은 단지 작은 글씨로 '천정혜흥天正 惠興'으로만 기재되어 있어 1명인지 2명인지 판독
하기 어렵다. 특히 시주로 천정의 이름만 나와 1인으로 간주할 여지가 있다. 그러나 본문에
서 '령천정혜흥令天正惠興'으로 기재되어 있어 2명으로 파악하는 것이 타당할 듯하다.

상에서 태어나 모든 욕망과 즐거움에서 벗어나 천주아미타불대천왕이 계신 곳 가까이에서, 항상 설법을 듣고 거듭 반야를 익히며 선근善根을 증장하게 해 주소서. 만약 인간계에 태어난다면 참되고 올바른 믿음이 있는 집안[正信家]에서 태어나 선지식善知識을 가까이 하며 보리심을 발하여 깨달음[菩提]으로 나아갈 수 있도록 해 주소서. 천상계든 인간계든 생명이 다하는 때가 되면 몸과 마음이 적열適悅하게 해 주소서. 두려워해야 할 모든 것[諸怖畏]은 한 순간이니 원에 따라 왕생하도록 해 주소서.

두 번째 서원
바라건대, 아미타불의 구제력을 이어받아 지금의 생에서부터 미래가 끝날 때까지 태어나는 시대와 장소마다, 여자가 아니라 대장부의 모습을 가지게 해 주소서. 형상[相好]은 원만하며 총명하고 정직하여 인의를 널리 행하게 해 주소서. 금계禁戒인 5계를 굳게 지키고 10가지 염불[十種]을 갖추어 수행하여, 일체의 빈궁하고 천한 것들과 모든 불선한 것들[諸不善]과 성인들이 꾸짖어 온 법[聖所呵法]들을 영원히 멀리 하게 해 주소서.

세 번째 서원
바라건대, 아미타불의 구제력을 이어받아 지금의 생에서부터 미래가 끝날 때까지 태어나는 시대와 장소마다, 항상 대승大乘의 올바른 법문[了義法門]을 들으며, 모든 명상[諸名相]에 집착하지 않으며, 정定과 혜惠를 똑같이 배워 불성을 명백히 보게 해 주소서. 일체 모든 잡스러운 기예와 96종류의 외도의 견해 및 소승학을 멀리 하게 해 주소서.

네 번째 서원
바라건대, 아미타불의 구제력을 이어받아 지금의 생에서부터 미래가 끝날 때까지 태어나는 시대와 장소마다, 항상 교외별전敎外別傳하는 조사의 법문을 만나 한마디의 말로도 무생기용無生機用을 단박에 깨닫기를 바랍니다. 눈은 종교宗教의 깨달음[圓通]에 두어 얻은 법으로 미래를 열고 정법장正法藏으로 하여금 항상 세간에 머무르며 밝은 빛을 이어가도록 하여 그 밝음이 끝내 다하지 않도록 해 주소서.

다섯 번째 서원

바라건대, 아미타불의 구제력을 이어받아 지금의 생에서부터 미래가 끝날 때까지 태어나는 시대와 장소마다, 항상 금金, 은銀, 칠漆, 베[布], 나무[木], 돌[石]로 여러 부처와 보살상을 그리고 만들어서 장소마다 안치하기를 기원합니다. 널리 논소論疏를 만들고 법문을 유통시키고, 마땅함에 따라 돌아다니며 가르침[演設]을 열고, 가람과 수행처[蘭若處]를 널리 만들어 승려들을 불러들여 수행하고 도를 행하게 하여, 불·법·승 삼보가 영원히 끊어지지 않기를 바랍니다.

여섯 번째 서원

바라건대, 아미타불의 구제력을 이어받아 지금의 생에서부터 미래가 끝날 때까지 태어나는 시대와 머무르는 장소마다, 여러 중생들이 불법을 보고 들어 보리심을 내어, 여러 가지 공양에 소요되는 물건을 삼보에 공양하며, 여러 가지 재물을 빈궁한 이들에게 보시하며, 여러 가지 약품으로 여러 병자를 치료하며, 여러 가지 방편으로 교화하여 악을 굴복시켜 함께 최고 경지에 이른 부처[無上佛果]의 지혜를 기약하려 합니다.

일곱 번째 서원

바라건대, 아미타불의 구제력을 이어받아 지금 생에서부터 미래가 끝날 때까지 태어나는 시대와 머무르는 장소마다, 제가 닦은 여상공덕如上功德은 모두 삼세의 부모, 사장師長, 권속眷屬, 좋은 친구와 나쁜 친구, 원한이 있거나 친분이 있는 자, 원한과 친분은 없으나 면식이 있어 인연을 맺은 모든 자에게 회향廻向하여 이로써 똑같이 그 이익을 넉넉히 누리기 바랍니다. 현재 3도와 8난 가운데 있는 자들이 먼저 해탈을 얻어 함께 최고 경지에 이른 부처[無上佛果]의 지혜로 나아가기를 기원합니다.

여덟 번째 서원

바라건대, 아미타불의 구제력을 이어받아 지금의 생에서부터 미래가 끝날 때까지 태어나는 시대와 장소마다, 보현보살의 광대한 행원行願을 수련하여 경전에서 설한 것처럼, 예경禮敬·칭찬稱讚·공양供養·참회懺悔·수선隨善·청전請轉·청주請住·수학隨學·항순恒順·회향迴向의 열가지 업*이 모두 순조롭게 될 수 있으며, 신身·구口·의意의 업이 거리낌 없게 되기를 기원합니다.

아홉 번째 서원

바라건대, 아미타불의 구제력을 이어받아 지금의 생에서부터 미래가 끝날 때까지 태어나는 시대와 장소마다, 제가 닦은 보현행원이 빨리 성취할 수 있도록 해주소서. 깨달음[圓滿]을 두루 갖춘 보현보살께서 시방세계의 수많은 불국토[刹土]에서 끝없이 넓게 국토를 장엄하시고 중생들을 성숙시킨 것처럼, 함께 보살의 크고 자비로운 빛 속으로 들어가며, 함께 최고 경지에 이른 부처[無上佛果]의 지혜를 이루도록 해주소서.

열 번째 서원

바라건대, 일체의 중생들이 모두 저의 서원과 함께 하면, 허공계가 다하고 중생의

---

* 10가지 업(業)은 화엄경 보현행원품에 기재된 보현행원의 각 분分에 해당한다. 보현보살은 여기서 ① 모든 부처님께 예배하고 공경하는 것[禮敬], ② 부처를 찬탄하는 것[稱讚], ③ 널리 공양하는 것[供養], ④ 업장業障을 참회하는 것[懺悔], ⑤ 남이 만든 공덕을 기뻐하는 것[隨善], ⑥ 설법하여 주기를 청하는 것[請法], ⑦ 부처님께 이 세상에 오래 계시기를 청하는 것[請住], ⑧ 항상 부처님을 따라 배우는 것[隨學], ⑨ 항상 중생을 수순隨順하는 것[恒順], ⑩ 지은 바 모든 공덕을 회향하는 것[迴向]임을 밝힌다.

업이 다하고 중생의 번뇌가 다하고 나의 서원도 이내 다할 것입니다.

위와 같은 10가지 원왕顯王으로 최고 경지에 이른 부처[無上佛果]의 지혜를 장엄하니

이에 축문을 올립니다.

황제폐하 만세

대위왕 전하께서는 재난이 소멸되고 복이 모여 속히 본국으로 돌아오소서.

대가大駕(충숙왕)[4]의 여정이 순조로워 편안하며

천체天遞[*]하여 뜻한 것처럼 속히 환국하게 해 주소서.

심왕전하께서는 복과 수명이 늘어나시고, 여러 종실은 각각 강녕하며, 문무백관들

은 정충보국하게 해 주소서.

하늘의 변화 땅의 변괴가 적당한 때에 소멸하고, 백곡이 무르익어[登揚] 만민이 그

업을 즐기게 해 주소서.

불일이 더욱 빛나고 많은 조사들의 법등[祖燈]은 영원히 찬란하니 법계의 모든 이들

이 함께 그 이익 입음을 즐기도록 하소서.

지치 2년 임술년 8월 13일

금을 바친 이는 비구比丘 화광和光, 글쓴이 선부選部 서원령동정書員令同正인 맹자충孟自冲.

동원同願 선사禪師 화광和光

　　시주[化主] 천정天正

　　계현戒玄 최칠崔七

비구니比丘尼 성금性金 시주施主 보월普月

　　동원同願 이인계李仁桂

　　수결(?)　　이씨李氏

　　만고万古 부승大僧 천일千一 및 자삼自三

---

* 천순체임天順遞任의 준말로 보이며 황제의 명에 따라 직임을 맡는 것을 말한다.

2. 불상의 조성시기와 중수처

   목조아미타여래좌상에서 나온 3건의 발원문 가운데 불상의 조성시기와 조상처에 대한 정보는 충렬왕 즉위년(1274) 작성된 중간대사의 발원문(이하 중간대사 발원문)과 충숙왕 9년(1322) 작성된 천정天正과 혜흥惠興의 발원문(이하 천정 발원문)에 담겨 있다. 중간대사 발원문을 분석하여 불상이 1274년 조성되었고 천정 발원문을 근거로 불상이 아주의 축봉사에서 중수되었다고 이해하거나, 중간대사 발원문의 '고려국 동심접東深接'이라는 기록에 주목하여 이 불상은 동심사 혹은 동심산을 지역적 거점으로 삼은 신앙조직에 의해 중수되었고 아산 인근 축봉사의 승려가 동심사 불상의 보수에 참여하였다고 이해되기도 한다.

   중간대사 발원문에 의하면, 개운사 목조아미타불좌상은 1274년 이전에 조성되어 1274년 한차례 중수되었다. "이에 아낌없이 가지고 있던 말로 금을 구입해 옛 절의 훼손된 무량수불을 칠합니다. 바라는 바는 돌아가신 부모님과 형제가ㅡ하략ㅡㅡ(是以去愛所持馬售金塗古寺毁/無量壽佛所志先亡父母六親ㅡㅡ하략ㅡㅡ)"라는 구절에서, '옛 절의 훼손된 무량수불'을 개금하면서 발원문이 작성되었음을 확인할 수 있다. 따라서 개운사 목조아미타여래좌상은 1274년 이전에 조성되었고 1274년에 1차례 개금되었다.

   불상의 조성시기에 비해, 중수처의 위치배정은 간단치 않다. 중간 대사 발원문에 의하면, 동심접의 중간 대사는 자신이 가지고 있던 말을 판매해 그 대금으로 옛 절의 훼손된 무량수불을 개금하였다. "접接"은 하나의 향도조직 혹은 동일한 향도조직의 지역적 명칭으로 이해될 수 있으므로[5] 동심접은 동심산에서 형성된 독자적 향도조직이거나, 아주 향도조직 내에 있는 소지역 모임일 수 있다. 전자일 경우, 아미타여래상의 중수처는 동심접이 있는 곳이고, 후자일 경우 다른 장소일 가능성이 있다. 고려후기에는 자연촌규모의 향도조직이 출현하고 있었다는 연구[6]를 참고하면, 동심접이 독자적인 향도일 가능성은 있다.

한편, 『신증동국여지승람』에 의하면 아주에는 동심산東深山과 동심사桐深寺가 있다. 문제는 동심사가 동심산이 아니라 연암산鷰巖山에 위치해 있다는 『신증동국여지승람』의 기록이다. 연암산은 현에서 동쪽으로 29리 지점 떨어진 먼 곳에 있어 동심산과는 다른 산이다. 그렇다면 동심접은 연암산에 위치한 동심사이거나 동심산을 근거로 한 향도조직으로 추정할 수 있다. 그런데 『여지도서』는 동심사가 동림산에 표기되어 있다.(2-5) 따라서 동심사가 연암산에 있다는 기록은 『신증동국여지승람』의 오류로 짐작된다. 『여지도서』에 근거하면 동심사는 동림산에 있었으

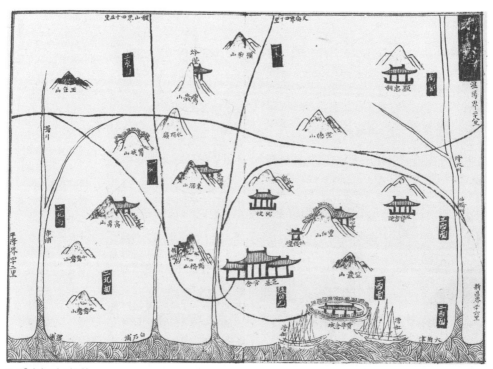

2-5 「여지도서」 아주현

므로 동심점은 동림산에 위치한 동심사를 근거로 한 향도조직이거나 동심산을 근거로 한 향도조직으로 생각된다. 동림산은 현재 영인산 남쪽의 영인산 수목원 일원으로 판단되고 동심산은 영인산 남쪽의 동림산 자락으로 판단되므로 동림산과 동심산은 지리적으로 매우 가까웠다. 따라서 동심접은 현재 영인산에 위치한 동심사를 중심으로 활동한 향도 조직이라 판단된다.

1274년 경 동심사는 이 지역에서 그 위상이 제고提高되었던 것으로 보인다. 충렬왕 5년(1279) 왕의 장남으로 제국대장공주의 소생이 아니었던 왕자王子 왕자王滋를 동심사로 보냈다는 기록에서[7] 동심사가 아주牙州의 주요 사찰이었음을 짐작할 수 있다. 따라서 당시 동심사의 위상을 고려하면, 동심접의 중간대사가 아미타불을 중수했을 가능성이 높다.

그러나 이 불상이 동심사에 있었다고 단언하기는 어렵다. 중간대사가 중수한 불상은 '고사古寺의 훼손된 무량수불'이다. 동심사에 불상이 안치되어있다면 고사는 동심사일 것이다. 그러나 동심점 소속 중간 대사가 '본사의 훼손된 불상'이 아니라 '고사의 훼손된 불상'이라 기술하고 있어 '고사'의 존재는 검토를 요한다.

당시 아주 지역에는 '고사'라 불릴 만한 유서 깊은 사찰로서 동림사東林寺(桐林寺)도 있었다. 1819년 간행된 『아주지牙州誌』[8]에는 "당나라 고종 현경顯慶 연간(656~660)에 창건되었다고 전해지며, 이후 천여년을 지나서까지 이어져 왔다. 만력萬曆 연간(1573~1619) 이 사찰의 승려가 불전을 보수하면서 오동나무 기둥을 얻었는데, 호사가들이 그 나무를 잘라 거문고를 만들었다. 거문고 소리는 맑고 고와 거문고를 신라금이라 이름지었다"라고 동림사에 대해 쓰여 있다.[9]

또한 17세기 정두경鄭斗卿의 시에 의하면, 아산군 서쪽에는 동림사라는 절이 있는데, 신라 때 창건한 사찰로 알려졌다. 만력 연간 절의 용마루가 부서졌는데 용마루 위에는 당나라 선종 황제의 연호인 대중大中 (847~859)이 쓰여 있었다고 한다.[10] 『아주지』의 기록을 참고하면 동림사는 9세기 즈음에 창건되었을 가능성이 높은 유서 깊은 사찰이었다.

동림사와 관련하여 주목되는 또 다른 기록은 『태종실록』이다. 태종은 종파에 따라 여러 고을의 자복사資福寺 즉 복을 비는 사찰을 정했는데, 중신종中神宗 사찰로는 아주의 동림사가 지정되었다.[11] 중신종은 중도종中道宗과 신인종神印宗을 통칭한 말이므로, 동림사는 중도종 혹은 신인종 사찰이었을 가능성이 높다. 비록 중소교파이긴 하나, 아산의 동림사가 태종대 자복사 가운데 하나로 선정되었다는 사실은 동림사의 위상을 짐작하게 한다.

개운사 소장 목조아미타여래상의 중수처로서 동림사와 관련하여 1322년 '천정발원문'에 나오는 축봉사가 주목된다. 천정이 소속된 축봉사鷲峯寺는 『신증동국여지승람』에 기재된 동림산 축봉사縮鳳寺[12]와 동일한 사찰로 이해하고 있다.[13] 그렇다면 동림산에 위치한 축봉사의 승려가 불상의 중수에 참여했음을 유추해 볼 수 있다. 앞서 언급한 것처럼, 동림산에 동심사가 있었으므로 동림사·축봉사·동심사는 지리적으로 매우 가까웠을 것이다. 동심점 소속 중간대사가 '옛 절의 훼손된 무량수불'이라 기술한 점, 동림사가 아주 지역의 유서 깊은 사찰인 점, 동림사와 인접한 축봉사의 승려가 불상의 중수에 참여한 점 등을 고려하면 아미타불의 중수처는 동림사일 가능성이 높다.

3. 발원자

　개운사 소장 목조아미타여래좌상 복장에서는 총 3종의 발원문과 다수의 경전이 발견되었다. 3종의 발원문 가운데 1274년 중간대사 발원문과 1322년 최춘 발원문의 내용은 간단하다. 1274년 발원문에서 중간대사는 자신의 말을 팔아 금을 구입해 불상을 개금하면서 먼저 사망한 부모와 친족들 그리고 자신의 극락왕생을 기원하였다. 1322년 최춘崔椿은 금불의 복장 때 오승포五升布 1필을 시납하면서 죽은 부모의 극락왕생, 자기 부부와 자식들의 무병장수를 기원했다.

　중간대사의 경우 불상의 개금에 시주한 반면, 최춘은 복장물 안립시 오승포 1필을 시주하였다. 최춘은 개경의 증부中部에 속한 진사동정進士井洞 1리에 거주하면서 복장물 납입에 시주하였던 것으로 보인다.[14] 비록 무인집권기의 사례이지만, 학주學珠라는 승려는 묘향산妙香山의 보현사普賢寺의 비로자나여래를 조성하면서 개경으로 와서 시주자를 모은 사례가 있다.[15] 따라서 지방에 있는 사찰의 중창에 개경 거주자들의 참여는 불가능한 일은 아니었다.

　현전하는 기록에서 최춘의 행적은 확인되지 않지만, 오승포 1필을 시납한 점을 고려해 보면, 그가 동심사 불상의 복장에 많은 재물을 시납한 것으로 이해되지는 않는다. 포는 불상의 개금과정에서 필요한 재료이기도 하였으나, 당시 오승포는 쇄은碎銀의 보조화폐로 사용되었다. 공민왕은 5년 9월 화폐제도의 개혁을 논의하면서 간관이 바친 글에 의하면, 고려는 쇄은의 무게를 달아 화폐로 사용하고 오승포를 보조화폐로 이용하고 있었다.[16] 문제는 오승포 1필의 가치인데, 당연히 이는 물가에 따라 변동했다. 다만 목은牧隱 이색李穡이 그의 부인의 말을 듣고 지은 시에 의하면, 침석寢席 1장張을 마련하려고 오승포 3필匹로 생견生絹 24척尺을 사고 또 5필로 견絹 1필을 샀다.[17] 이색이 비단을 구입할 당시 오승포 1필의 값은 생견 8척尺이었던 것이다. 고려후기 특히 이 시기 1척의 길이를 확언하기란 쉽지 않으나, 대략 30~31㎝ 정도로 이해되므로,[18] 당시 오승포 1필의 값은 생견 240·248㎝정도로 생각된다.

개운사 소장 목조아미타불 복장 발원문 가운데 발원자가 가장 많고 발원의 내용이 구체적이며 발원 당시의 정치적 상황까지 담고 있는 것은, 천정과 혜홍의 발원문이다. 이 발원문의 주요 발원자는 천정과 혜홍이고, 선부選部의 서원령동정書員令同正인 맹자충孟自冲이 발원문을 썼다. 주요 시주자는 금을 바친 비구 화광和光이었다. 한편 발원문의 말미에 다른 종이를 이접한 뒤, 본문과는 다른 서체書體로 발원자들이 기재되어 있다. 이접된 종이에는 선사禪師 화광和光, 화주化主 천정天正의 이름이 먼저 나오고, 그 뒤에 '계현戒玄', '최칠崔七', '비구니 성금性金', '시주施主 보월普月', '이인계李仁桂', '이씨李氏', '만고万古', '부승夫僧' '천일千一', '자삼自三'의 이름이 순서대로 쓰여 있다. 따라서 '천정 발원문'의 전체 발원자는 13명[19]이다. 발원자 가운데 천정, 혜홍, 화광, 성금, 천일, 자삼 등 6명은 승려로 보인다. 맹자충, 이인계는 성씨를 소유하였다는 점에서 향리층 이상의 상층계급 구성원으로, 이씨는 상층계급 여성으로 보인다. 계현, 최칠, 보월은 하층민으로 판단할 수도 있으나 이름으로 보아 계현과 보월은 승려일 가능성이 높다. 이렇게 보면 '천정 발원문'에 기재된 발원자의 대부분은 승려이고, 맹자충, 이인계, 이씨는 상층계급 구성원이었다.

'천정 발원문'의 서두에는, 천정과 혜홍이 아미타불상의 장엄을 마친 것을 계기로 10가지 서원을 하면서 아미타여래가 자신들의 서원을 이루어 주기를 기원하였다. 이어 본문에서는 10가지 서원을 구체적으로 서술하고 있다.

① 삼도팔란 및 변방, 척박한 땅 등 뜻하지 않은 곳을 벗어나 아미타불대천왕이 계신 곳 가까이에 있으면서 깨달음으로 나아가게 해 줄 것

② 여자가 아니라 대장부의 모습을 갖게 해 줄 것

③ 대승의 법문을 들어 잡기와 외도와 소승학을 멀리하게 해 줄 것

④ 교외별전 하는 조사의 법문을 만나 돈오하게 해 줄 것

⑤ 여러 부처와 보살상을 그리고 만들어서 장소마다 안치하도록 해 줄 것

⑥ 여러 중생들이 보리심을 내어 삼보에 여러 물품을 공양하며, 빈궁한 이들에게 재물을 보시하며, 여러 병자를 치료하며, 악을 굴복시켜 함께 부처의 지혜를 이루게 해 줄 것

⑦ 삼세의 부모 등 자신과 유관한 모든 이들에게 이익이 있게 해 줄 것

⑧ 보현보살의 10가지 행원을 이루도록 해 줄 것

⑨ 자신들의 보현행원이 빨리 성취하여 부처의 지혜에 이르도록 해 줄 것

⑩ 허공계, 중생의 업, 중생의 번뇌가 다하면 자신의 서원도 다하게 될 것

이상 10가지 서원은 부분적으로 경전에 기재된 서원으로부터 영향을 받았다. 서원을 10가지로 제시한 것은 보현보살의 10행원에 영향을 받은 것이며, 특히 8번째와 9번째 서원은 보현보살의 10행원과 유사하다. 여인이 아니라 대장부로 태어나기를 바라는 것은 아미타불의 48가지 서원과 유사하며, 마지막에 허공계, 중생의 업, 중생의 번뇌가 다한다는 표현 역시 아미타불의 서원에 등장하는 표현이다. 그러나 부분적 유사성에도 불구하고 서원은 실제 발원자들의 기원을 구체적으로 표현하고 있다. 특히 교외별전의 조사를 만나 돈오를 기원한 점, 대승의 교학을 배워 잡기와 외도와 소승학을 멀리하려 한 점은 당시 승려들의 서원을 구체적으로 표현한 것이라 생각된다. 승려들의 서원이 발원문에 명기된 것은 발원에 승려들이 다수 참여하였기 때문으로 이해된다.

10가지 서원을 서술한 이후에는 당시 황제와 국왕에 대한 축수, 천하의 평안을 기원하는 문구가 기재되어 있다. 황제와 국왕 등에 대한 축수는 14세기 복장 발원문에서 규범화 된 것으로 보이며, 이러한 규범화는 『다라니집경』에 기재된 형식에 준거한 것이다.[20] 그러나 황제와 국왕의 축수가 단지 관용적 표현에만 머무른 것은 아니다. 발원문의 축수에는 당시의 미묘한 정치상황이 반영되어 있다.

> 황제폐하 만세.
> 대위왕 전하께서는 재난이 소멸되고 복이 모여 속히 본국으로 돌아오소서.
> 대가(大駕：충숙왕, 당시 원나라에 유폐되어 있었음)의 여정이 순조로워 편안하며
> 황제의 명에 따라 직임을 맡으시고[天圖] 뜻한 것처럼 속히 환국하게 해 주소서.
> 심왕전하께서는 복과 수명이 늘어나시고 여러 종실은 각각 강녕하며, 문무백관들은 정충보국하게 해 주소서.

발원문에서는 우선 원나라 황제를 축수하고, 이어 대위왕인 충선왕의 환국을 기원하고 있다. 충선왕은 충선왕 5년(1313) 3월 고려국왕위를 아들에게 선위하였고, 충숙왕 3년에는 자신이 가지고 있던 심왕瀋王의 위位를 조카인 왕호王暠에게 선위한 뒤 자신은 대위왕大尉王이라 칭하며 원에 머무르고 있었다.[21] 이후 원나라 인종仁宗이 사망하고 그의 아들 영종英宗이 즉위하였는데, '천정 발원문'이 작성된 지치至治 2년은 영종 2년이었다. 영종은 인종의 아들로 조모인 흥성태후의 후원에 힘입어 황제가 되었으나, 즉위 후 흥성태후 세력의 분열을 이용하여 그들에 대한 대대적인 숙청을 단행했고 그 과정에서 연우 7년(1320) 12월 충선왕 역시 토

번으로 유배되었다.[22] 때문에 '천정 발원문'에서 대위왕의 조속한 환국을 기원했던 것이다. 그런데 환국의 기원은 충선왕만을 대상으로 한 것은 아니었다. 원 조정은 충선왕을 토번으로 유배한 뒤, 충숙왕의 입조를 명했고[23] 입조의 명령이 있은 3개월 뒤 충숙왕은 원으로 출발했다.[24] 때문에 '천정 발원문'에서는 충숙왕 행렬의 평안과 빠른 환국도 기원한 것이다.

이어 천정은 심왕의 만수무강도 기원하고 있다. 당시 심왕은 충선왕의 조카인 왕호王暠로 그의 몽고식 이름은 올제이투[完澤禿]였으며, 부친은 충렬왕의 맏아들인 강양공江陽公 왕자王滋였다. 왕자는 충렬왕의 장자였으나 원나라 공주의 소생所生이 아니었으므로 왕위를 계승할 수 없었고 때문에 왕호 역시 자신의 형제들처럼 권력에서 멀어진 종실이었다. 하지만 왕호는 여느 종실과 달리 강력한 권력을 가지고 있었는데 이는 충선왕에 기인한 것이었다. 충선왕은 이복형 왕자의 아들 "왕호를 자기 아들처럼 사랑하여 궁중에서 양육하고 연안군延安君으로 책봉하였으며"[25] 이후 자신의 심왕작위도 물려주었다. 또 왕호를 원나라 황녀와 혼인시켰는데, 왕호의 장인은 진왕晋王 카마라[甘麻剌]의 아들인 양왕梁王 송산松山이었다. 당시 왕호의 처가는 충숙왕의 처가인 영왕營王 에센테무르[也先帖木兒] 집안[26]보다 혈통상으로 우위에 있었다. 진왕 카마라는 세조 쿠빌라이의 적장자였던 반면, 에센테무르는 쿠빌라이의 5째 아들 쿠가치[忽哥赤]의 아들이었기 때문이다.[27] 충선왕의 총애와 처가의 우위 때문인지, '친정 발원문'에서는 고려의 왕이 아닌 심왕의 장수를 빌고 있고, 심왕에 대한 축수는 고려국왕과 심왕을 동격으로 간주할 여지가 있기 때문에 이례적인 것으로 간주될 수 있다. 발원문의 작성자 선부選部의 서원령동정書員令同正 맹자충이 그런 우려를 몰랐을리 없다. 그럼에도 맹자충은 심왕의 장수를 기원하는 발원문을 작성했다.

'천정 발원문'에 심왕의 축수가 기재된 이유는 2가지 사정에 기인한 것으로 이해된다. 우선 주목되는 점은 당시 정국의 동향이다. 충숙왕 7년 12월 실질적인 고려의 통치자 충선왕이 토번으로 유배되자, 고려 정국은 요동쳤다. 고려왕 왕도王燾(충숙왕)와 심왕 왕호王暠 사이에 극심한 권력투쟁이 시작된 것이다. 당시 충숙왕은 부친 충선왕에 의해 실질적으로 행사되던 고려의 왕권을 자신에게 귀속시키려 했다. 이러한 의지는 충숙왕 5년 설치되었으나 곧 무력화되었던 찰리변위도감拶理辨違都監의 재설치에서 확인된다. 하지만 찰리변위도감의 설치 한 달 뒤인 충숙왕 8(1321)년 4월 원으로 떠난 충숙왕은 12(1325)년 5월까지 약 4년가량 원에 억류되어야 했다.[28]

　충숙왕이 원에 억류된 직후, 고려의 관료들은 충숙왕파와 심왕파로 대립하였다. 이는 충숙왕의 환국을 요청하는 글의 작성을 둘러싼 일련의 대립에서 잘 확인된다. "대언代言 경사만慶斯萬 등이 왕명을 칭탁해 대녕군大寧君 최유엄崔有渰 이하 신료들에게 왕의 복위와 환국을 요청하는 글을 만들자고 제안"하여 글이 작성되었으나, "심왕藩王편에 붙은 자가 많아 그 글을 묘각사妙覺寺에 두고 순군巡軍 임송任松에게 지키게 했는데, 경사만 등이 그 글을 훔쳐 김지경金之鏡과 조석견趙石堅편에 직접 원나라 중서성中書省에 바치게 했다."[29] 충숙왕 세력들은 충숙왕을 조속히 환국시키려 했고, 심왕파들은 그것을 저지하면서 심왕을 고려왕으로 옹립하려 했던 것이다.[30]

　심왕 옹립운동은 충숙왕 9년 8월 가시화되기 시작하였다. 즉, 병술일(22일)에 "전 찬성사贊成事 권한공權漢功 등이 심왕藩王 왕호王暠의 옹립을 원나라에 청하고자 자운사慈雲寺에 백관들을 모아놓고 중서성에 올릴 글을 쓰게 했다."[31] 충숙왕 9년 8월은 고려에서 본격적으로 심왕옹립 운동이 시작된 시기로, 이 때 선부의 서원영동정 맹자충이 '천정발원문'을 쓴 것이다. 맹자충이 '천정발원문'을 쓴 날은 8월 13일이긴 하나, 불과 9일 뒤 자운사에서 백관들이 심왕옹립을 위해 모였다면, 이미 8월 들어 고려 조정에서 심왕 옹립의 분위기는 고조되었을 것이다. 비록 실직자實職者는 아니었으나, 출사出仕가 예상되는 맹자충이 이러한 분위기를 몰랐을리 없다. 따라서 충숙왕의 폐위와 심왕 옹립의 분위기가 맹자충에게 심왕의 축수를 발원문 말미에 기재하도록 하였을 가능성이 높다.

이와 더불어, 아미타여래가 봉안된 지역과 심왕과의 연관성도 주목된다. 즉 심왕 왕호의 부친 강양공 왕자가 일찍이 동심사로 유배를 갔던 사실로서,[32] 이 지역 승려들과 심왕 왕호 집안과 밀착되었을 가능성도 추정해볼 수 있다. 강양공 왕자와 동심사의 관계는 '천정 발원문'에 기재된 심왕에 대한 축수와 무관하지는 않았을 것이다. 그렇다면 충숙왕 9년의 심왕 옹립운동, 아미타불좌상의 중수에 참여한 동심사와 강양공 왕자의 관계 등이 '천정 발원문'의 심왕 왕호에 대한 축수로 이어졌을 것이다.

다만 심왕의 영향력이 컸더라도 발원문 작성 당시 고려국왕은 무시될수는 없었다. 고려국왕의 위상은 축수의 순서에서 분명히 확인된다. 발원문은 황제, 대위왕, 충숙왕, 심왕, 종실, 백관의 순서로 축수하였다. 그러므로 심왕의 영향력이 컸다하더라도 현 고려국왕이었던 충숙왕의 위상이 무시되지 않았다.

개운사 소장 목조아미타여래좌상은 1274년 이전 조성되었다가 1274년과 1322년에 중수되었다. 중수처는 아산 축봉사와 동심사로 지목되기도 했으나 훼손된 '고사古寺'의 아미타불을 중수했다는 표현, 동림사가 동심사와 축봉사 인근에 위치하면서 신라시대부터 이름난 고찰이었다는 점을 고려하면 중수처는 동림사일 가능성이 높다. 아미타여래좌상의 복장에서는 3건의 복장발원문이 발견되었다. 1274년 작성된 중간대사의 발원문과 1322년에 작성된 최춘발원문, 천정발원문이다. 중간대사의 발원문과 최춘 발원문은 자신과 가족의 극락왕생을 기원하며 불상의 개금에 시주하였다. 천정과 혜홍은 보현보살의 10행원을 모방하여 자신의 10가지 서원을 발원문에 썼다. 한편 천정 발원문의 말미에는 원나라 황제와 대위왕인 충선왕, 당시 고려국왕인 충숙왕 그리고 심왕 왕호의 안녕이 기재되어 있다. 고려의 종실이긴 하나 심왕의 안녕에 대한 기원은 다른 발원문에서는 찾아보기 어려운 일인데, 이는 발원문이 작성될 당시 고려에서 심왕옹립운동이 한창 진행되고 있었고, 특히 왕호의 부친 왕자가 동심사로 유폐된 적이 있어 이 지역과 밀접한 관련이 있었기 때문이다. 이렇듯, 개운사 소장 목조아미타여래좌상의 발원에는 당시의 민감한 정치적 문제가 개입되어 있었다.

1 문명대, 「고려 13세기 조각양식과 개운사장 축봉사목아미타불상의 연구」, 『강좌미술사』 8호, 1996.12.

2 최성은, 「13세기 고려 목조아미타불상과 복장묵서명」, 『한국사학보』 30호, 2008.

3 동심접은 아산 동심산 혹은 동심사를 중심으로 형성된 신앙조직으로 이해된다. 여기에 대해서는 최성은, 앞의 논문, 122쪽을 참조.

4 당시 충숙왕은 원나라에 유폐되어 있었다.

5 구산우, 『고려전기 향촌지배체제 연구』, 혜안, 2003, 508쪽.

6 채웅석, 『고려시대 국가와 지방사회』, 서울대학교 출판부, 2000, 299~313쪽.

7 『고려사』 권 29, 세가, 충렬왕 5년 4월 을미일.

8 아주읍지는 1984년 아시아문화사에서 영인하여 출간한 '『읍지』 7 충청도 1'에 수록되어 있다.

9 唐顯慶中, 僧人廣心創焉, 亦伍季宋元皇明千餘年不廢, 有二浮屠, 萬曆中寺僧改搆佛殿, 得桐柱. 好事者斷爲琴. 其聲淸越, 名之曰, 新羅琴(사찰, 「신정아주지新定牙州誌」).

10 鄭東溟斗卿詩曰, 忠淸之道牙州郡, 郡西有寺名桐林, 古老不知創寺歲, 新羅所創傳至今, 萬曆年中寺棟絶, 棟上刻有唐年月, 年月分明記大中, 此號乃是唐宣宗, 宣宗皇帝帝大唐, 我國正當新羅王, 屈指于今八百年　(사찰, 「신정아주지新定牙州誌」).

11 『태종실록』 권14, 7년 12월 신사일.

12 축봉사는 동림산에 위치한 사찰로, 『여지도서』가 간행될 즈음에는 폐사되었다(『여지도서』 충청도 아산 사찰).

13 문명대, 앞의 논문.

14 최춘이 개경 거주자였다는 점은 이미 추론된 바 있다. 최성은, 앞의 논문, 122쪽.

15 『동국이상국집』 권24, 기記, 묘향산보현사당주비로자나여래장륙소상

기妙香山普賢寺堂主毗盧遮那如來丈六塑像記.

16   『고려사』 권79, 식화 2, 화폐, 공민왕 5년 9월.

17   『목은집』 권30, 시詩, 녹부언병서錄婦言幷書.

18   이종봉, 『한국중세도량형제연구』, 혜안, 2001, 85~86쪽.

19   '만고부万古夫'를 이름으로 볼 수 있을지가 모호하고, '이인계李仁桂' 뒤
      에 나오는 수결은 별도의 사람으로 볼 수도 있어 전체 발원자를 13명으
      로 확증할 수는 없다.

20   정은우, 「고려시대 불복장의 특징과 형성배경」, 『미술사학연구』 286,
      2015, 6, 49~51.

21   『고려사』 권34, 충선왕 세가 5년 3월.

22   당시 원의 정국동향과 충선왕의 재원활동에 대해서는 김광철의 논문(「14
      세기 초 원의 정국동향과 충선왕의 토번유배」, 『한국중세사연구』3, 1996.)
      을 참조.

23   『고려사』 권35, 충숙왕세가 8년 정월 기해일.

24   『고려사』 권35, 충숙왕세가 8년 4월 정묘일.

25   『고려사』 권91, 열전 종실 충렬왕 왕호.

26   『고려사』 권89, 열전 후비 충숙왕 복국장공주.

27   『원사元史』 권107, 종실세계표.

28   당시 고려의 정국동향에 대해서는 김광철의 논문(「고려 충숙왕 12년의
      개혁안과 그 성격」, 『고고역사학지』5 6, 1989, 184~189쪽)을 참조.

29   『고려사』 권35 충숙왕세가 9년 정월.

30   김당택, 『원간섭하 고려정치사』, 일조각, 1998, 83~98쪽.

31   『고려사』 권35 충숙왕세가 충숙왕 9년 8월 병술일.

32   『고려사』 권91, 열전 종실 충렬왕 왕자.

Ⅱ. 온양민속박물관

  온양민속박물관 소장 복장물은 충렬왕 27~28년(1301~2) 경상북도 지역에서 조성된 아미타불상의 내부에서 나온 것으로 추정된다. 복장물은 발원문, 인경다라니, 묵서한지, 각종 직물류(의류포함), 은제합銀制盒, 후령喉鈴, 향과 곡물류 등 267점으로 구성되어 있으며 그 중 직물류가 220점이다. 특히 복장물 가운데 5점의 발원문은 불상의 제작시기와 발원자의 정보와 더불어, 각자의 발원을 적은 여러 장의 발원문 안립과 발원자들의 사회적 지위가 높다는 점에서 중요하다. 아래 목록에서는 오약과 오곡을 각각 한 점으로 분류하여 전체를 255점으로 파악하였으며 직물류는 목록에서 제외하였다.

번호	명칭	규격(㎝)	수량	재질	시대	특징	사진
1	주성미타복장 입안발원문	93×34.5	1	한지	1301년	대덕 5년에 창녕군 부인 장씨.	
2	법영 발원문	106×25	1	한지	1301년	대덕5년, 제자 법영 法英 발원. 뒷면에 는 금강계만다라 8 개 찍혀 있음	
3	창녕군부인 장씨 발원문	125.8 ×19.5	1	한지	1302년	대덕 6년에 창녕군 부인 장(씨)이 발원. 광정대부 지도지첨 의치사 수결 있음.	
4	김도 발원문	41.5×44	1	한지	1302년	정승대부판비서사 사지내지 김도金瑫 입원立願	
5	영가군부인 김씨 발원문	42.5×47.5	1	한지	고려	영가군부인 김씨永 嘉郡夫人金氏를 비 롯하여 10인의 명 단이 있음	
6	유시우 등 명부	39×39.5	1	한지	고려	유시우俞時遇를 비 롯한 13인의 이름 이 있음	

번호	명칭	규격(cm)	수량	재질	시대	특징	사진
7	은제합	높이 4.3	1	은	고려	뚜껑에는 붉은색 범어 5자. 외면에 오방색 천이 있음	
8	후령	2.25×1.83	1		고려	구리, 아연, 납	
9	은제합 원경	4.8×4.7	1	은	고려	뒷면에 연노랑색 천을 붙이고 가운데 금분으로 범자 씀.	
10	오곡		1		고려	건반 (보자기에 포장), 벼, 콩, 조 등	
11	오약		1		고려	소량의 정향丁香, 호초胡椒, 단향檀香, 기타 1가지로 구성. 별도 8조각의 약재	

번호	명칭	규격(cm)	수량	재질	시대	특징	사진
12	오향		1		고려	대회향大茴香, 정향丁香, 백단향白檀香 등	
13	육규 肉圭		1		고려	11조각	
14	오보		1		고려	수정, 호박 등 광물질	
15	오황		1		고려	석웅황石雄黃으로 보임.8조각	
16	오색사, 삼색사 등	오색사 길이 65 삼색사 길이 388	3		고려	오색사는 노랑, 초록, 주홍, 흑갈, 흰색의 실을 몇 올씩 한데 뭉쳐 놓음. 연록색, 주황색, 군청색 실을 한데 뭉쳐 놓았음.	
17	주머니	8x22.3 23.8x10.4, 15.5x4.9, 32.2x7.3	5		고려	약재 등을 담은 자루식 주머니와 귀주머니 등이 있음. 시령군부인 유씨始寧郡夫人柳氏라 묵서.	

번호	명칭	규격(cm)	수량	재질	시대	특징	사진
18	①자색포 [紫衣] ②흰 저고리 [中衣] ③초적삼 [上衣]	①화장 128.5/ 앞길이 110/ 뒷길이 133 ②화장 142/ 길이 110 ③길이 56	3	직물	고려	자색포는 오른쪽 반만 있고 흰 저고리는 왼쪽 반만 있으며 초적삼은 왼쪽 반만 있음. 모든 옷의 옷깃에는 시주자가 묵서되어 있음.	
19	금박라 金箔羅	29.0×97.8	1	직물	고려	라羅를 겹으로 하여 직사각형으로 만듦. 창녕군부인장씨 발원이라는 명문이 있음.	
20	직물류		220		고려	220여점의 각종 무늬 와 묵서명 있는 직물.	
21	태장계만다라 胎藏界曼茶羅	41×41.5	3	한지	고려	목판인쇄. 중앙에 만다라 배치. 좌우에 묵서	

번호	명칭	규격(cm)	수량	재질	시대	특징	사진
22	금강계만다라 金剛界曼茶羅	42×39 37×37.5	2	한지	1301년	1점은 하단에는 산인 소도구山人小丘刀. 대 덕오년이월大德五年 二月日. 다른 1점은 한 지 위에 금강계만다 라 5개를 찍음.	
23	일체여래비밀 전신사리보협 인다라니 一切如來祕密全 身舍利寶篋印陀 羅尼	37.5×38 36.5×35 40.0×37	3	한지	1292년 고려	지원至元 29년(1292) 4월에 판각된 2점 과 시기 미상의 다 라니 1점. 후자는 하단부에 은복恩福 묵서	
24	그 외 복장유물					명주 풀솜. 한지 3 점 등	
계	24건 255점						

1. 발원문

   온양민속박물관 소장 복장물 가운데 묵서 혹은 이름이 기록되어 있는
유물은 총 18건이다[1]〈표 2-4〉. 구체적으로 발원문이 5건, 이름만 기재되
어 있는 한지가 2건, 만다라 3건, 옷과 주머니를 포함한 직물류가 8건이
다. 만다라는 모두 인간되어 있으며 16번 태장계만다라에만 묵서로 이름
이 쓰여 있다. 특히 18번 만다라의 경우 판각된 시기가 지원 29년(1292)으
로 불상이 조성되던 때와 약 9~10년 가까운 시차를 보이고 있다.

〈표 2-4〉 온양민속박물관 소장 복장발원문과 묵서복장물 목록

순번	명칭	재질	수량	연대	크기 (세로×가로cm)	비고
1	주성미타복장입안발원문 鑄成彌陀腹藏入安發願文	한지	1	대덕5년 (1301)	34.5×93.5	창녕군부인 장씨
2	법영法英발원문	한지	1	대덕5년 (1301)	25×106.6	뒤장에는 만다라 8개가 찍혀 있음
3	창녕군부인 장씨 발원문	한지	1	대덕6년 (1302)	19.8×116	법영발원문과 내용 같음
4	김도金瑫 발원문	한지	1	대덕6년 (1302)	43.7×41	
5	영가군부인 김씨 永嘉郡夫人 金氏발원문	한지	1	미상	47.5×41	발원문이 방형이 아님.
6	유시우俞時遇 묵서	한지	1	미상	39.5×39	명단만 있음
7	고몽경高夢卿 묵서	한지	1	미상	14.5×27.6	자색 저고리 깃 속에 가로로 접힌 채 발견.
8	자색 저고리	직물	1	미상	화장: 128.5 앞길이: 110 뒷길이: 133	반만 있음. 옷깃에 묵서가 있음.
9	흰 저고리(中衣)	직물	1	미상	화장: 142 길이: 110	반만 있음. 옷깃에 묵서가 있음.
10	초적삼(上衣)	직물	1	미상	화장: 94 길이: 110	반만 있음. 옷깃에 묵서가 있음.

순번	명칭	재질	수량	연대	크기 (세로x가로cm)	비고
11	남색주머니	직물	1	미상	21x7.5	묵서가 있음.
12	귀주머니	직물	1	미상	9.8x10.1 끈: 43.9	묵서가 있음.
13	묵서 직물	羅	1	미상	97.8x29	묵서가 있음.
14	묵서 직물	素羅	1	미상	56x35.5	직물묶음 중 하나이며 흰색의 羅. 묵서가 있음.
15	묵서 직물	綾	1	미상	48x60.1	묵서가 있음.
16	인본만다라(胎藏界)	한지	1	미상	40.5x40.5	인본만다라 위와 좌측에 시주자 명단이 있음
17	인본만다라(金剛界)	한지	1	대덕5년 (1301)	39x37	하단 좌우에 이름과 연도가 티꿰되어 있음
18	인본만다라(寶篋印陀羅尼)	한지	3	지원29년 (1292)	36x35	범자 주변으로 발원자의 명단이 티꿰되어 있음.

1) 주성미타조성입안발원문

2-6 주성미타조성입안발원문, 고려 1301년, 93x34.5cm, 충남 아산 온양민속박물관

시방불을 섬기고, 경전[修多羅]을 갖추었으니, 보살과 성문들, 일체의 선지식, 천신과 인간, 범천과 제석과 사천왕 등은 본래의 자비심을 버리지 말고 저의 서원을 증명해 주소서. 저는 오랜 세월[多劫] 동안 여러 악업을 쌓아, 설령 살아가면서 보답한다하더라도, 애욕의 인연 때문에 몸이 죽은 뒤에도 법기를 얻지 못할 것입니다. 성식까지 총명하지 못하고 부처님의 설법에도 어둡습니다. 안심결을 누락하고 이어서는 게송을 등지는 오래된 습관으로, 아는 것도 아는 것이 아니니 여러 죄는 헤아릴 수도 없습니다. 과거의 모든 죄업은 지금의 참회로 사라지더라도, 현재 오역五逆과 십악 그리고 육중무량한 여러 죄악을 지금 다시 만들고 있습니다. 삼보三寶(불법승) 앞에서 정성을 내어 참회하고, 옛 과오를 반복하지 않으며 사악함을 버리고 올바름으로 돌아갈 것 입니다. 모든 죄과가 이미 사라진다면 삼업三業(몸[身]·입[口]·마음[意]의 활동)은 청정해 지며, 현세에는 장애가 없고 신심은 안락해 질 것입니다. 이렇듯 보응이 다하게 되면 모든 병과 고뇌가 없어지고, 마음이 흐트러지지 않아 마치 선정에 든 것과 같으니, 삼도의 고통에 떨어지지 않고 어두운 곳[陰幽]에 있지 않으며, 정토에서 태어나서 항상 정법을 듣게 될 것입니다.

지금의 생에서 만약 입지 못해 바라는 것이 뜻대로 되지 않는다면, 서원하건대 인간의 생을 잃지 않고 중국의 바른 집안에서 태어나되 남자의 몸을 얻게 해 주소서. 국왕도 고관대작도 되려 하지 않으며, 동자가 되어 출가한 뒤 오로지 불교[內敎]를 섬겨 잘못을 저지르지 않고 율과 의도 범하지 않아 계근戒根이 영원히 맑고 빛나게 할 것입니다.

가사를 벗지 않고 사찰의 음식만 먹을 것이며, 장수를 바라지 않으면서 항상 중생들의 모범이 될 것이고, 이익을 도모하지 않으면서 경敬을 기를 것이며 품성과 형색을 훼손하지 않을 것입니다.

동방의 약사불과 서방의 아미타불이 십이대원과 사십팔대원을 세웠듯이, 용맹은 석가같이, 경敬은 상불경常不輕 보살같이, 지혜는 문수보살같이, 원행願行은 보현보살같이, 자애는 관음보살같이, 은혜를 베푸는 마음은 미륵같이, 고통을 구제하는 것[度苦]은 보달에 이르러, 헤아릴 수 없는 죄를 멸할 것입니다. 수행득도 후에는 보배로운 자리에 오래 머물지 않고, 다시 사바세계로 돌아와 중생들이 고통을 벗어나도록 하겠습니다. 만약 한 중생이라도 나의 교화를 입지 못하면, 나는 정각를 취하지 않은 채 그들을 안락하게 할 것입니다. 항상 즐거움을 품고 겸손하며 유연하고 모욕을 참을 것이며, 생선과 고기를 취하지 않고 향초를 먹지 않으며, 모든 중생[含識]을 우리들과 다름없이 경애할 것입니다.

혹은 좋은 화사畵師가 되어 부처의 형상을 그려 낼 것이며, 혹은 금은의 보물로, 석교와 목교로, 칠보와 백복百服으로 불상을 장엄하여 공경할 것입니다. 혹은 수많은 세월 동안 다할 수 없는 부처께서 세상에 나오시니 하나하나 부처가 계신 곳에 여러 가지 헤아릴 수 없는 불신이 나타날 때마다, 향화와 등촉과 여러 가지 공양구로 조금의 피곤함과 거리낌 없이 부처를 받들며 공양할 것입니다.

혹은 글쓰기의 즐거움을 깨달아 여러 경전을 필사하매, 황금을 으개어 종이를 만들고 유황을 태워 먹을 만들며, 뼈로 붓을 만들고 골수와 피를 물로 삼을 것입니다. 몸을 아끼지 않고 세상의 욕망과 쾌락을 탐하지 않으면서, 여러 가지 장식을 장엄하고 삼가 붓을 들어, 한자 한자 한구절 한구절 아미타불[無量光]을 널리 게시하며, 한줄기 빛이 비치는 곳마다 널리 중생을 이롭게 할 것입니다.

혹은 모든 병고가 있는 자에게 선을 베푸는 명의가 될 것이며, 혹은 길 잃은 자에게는 올바른 길을 보여줄 것이며, 혹은 우매한 자들에게 밝은 빛이 되어 줄 것입니다. 혹은 저의 모습을 보여 줄 것이고, 혹은 우리 목소리를 들려 줄 것이며, 굶주린 자는 양식을 얻을 것이고 목마른 자는 단 물을 마실 것이며, 빈궁한 자는 보물을 얻고, 추위에 떠는 자는 좋은 옷을 얻을 것입니다. 무더위에 있는 자는 서늘하게 될 것이며 짐을 진 자에게는 수레바퀴가 되어 줄 것입니다. 그리하여 모든 드넓은 서원을 충족시켜 끝내 보리과菩提果를 이룰 것입니다. 지옥 속의 고통인 서로를 핍박하는 것에서 벗어나게 하고, 축생의 고통인 어리석음을 사라지게 하고, 아귀같은 주린 고통에는 배부름을 줄 것입니다. 원만다라니 구족바라밀.

현재와 과거의 부모와 고모·이모(돌아가신 어머니 조씨, 죽은 큰 형 조씨), 백부·숙부와 친척, 형제 자매 등의 나와 타인 및 멀고 가까운 이들, 노비와 여러 권속들, 세상에 나고 나면서 원한을 맺었던 이들, 만나든 만나지 않았던, 원한을 풀었던 풀지 않았던 이들은, 모두 평등관平等觀에 들어 함께 반야를 이룰 것입니다.

수화왕적水火王賊의 재난, 전쟁과 질병의 재난, 사자와 호랑이의 재난, 승냥이와 독사의 재난, 용과 물고기와 마귀의 재난, 추락하고 익사하고 베이고 목 매달리는 재난은 앞으로 만나지 않을 것이니 어떤 두려움도 없습니다. 산천 악독 사이, 수풀과 암석 사이, 그리고 허공에 머무르는 하늘과 땅의 모든 신지神祇들은 속히 신의 몸을 벗어나 인간이 되어 무생인無生忍을 증명하소서.

저는 이렇듯 세상 모든 중생들이 생사의 바다로 나오지 않은 채 대열반을 이루기를 서원합니다. 허공계虛空界는 끝이 없고 중생계衆生界는 다함이 없습니다. 설령 그것들이 다한다하더라도 나의 서원만은 다하지 않을 것입니다.

모든 부처의 본모本母에 귀의합니다. 마하바라밀

     대덕 5년 신축년[金牛] 7월[夷則]* 청신계 제자 고려국 창녕군부인 장씨.(인)

---

* 십이율(十二律)의 아홉째 음. 육률의 하나로 방위는 신(申), 절후는 음력 7월에 해당한다.

2) 법영 발원문

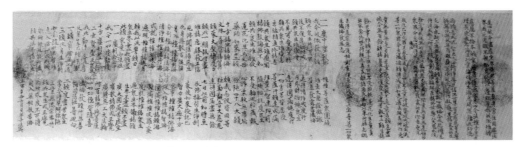

2-7 법영발원문, 고려 1301년, 106x25cm, 충남 아산 온양민속박물관

지극한 마음으로 모든 허공계虛空界의 여러 불보살에게 귀의합니다. 진신이 항상 머무르시어 여러 법계에 두루 계시나 저의 육안肉眼으로는 직접 알아채지 못합니다. 바라건대 도안道眼으로 저의 귀의를 보아 주소서. 오직 자비를 바라오니 본원本願을 저버리지 않고 가엾게 여기어 저의 신심을 보호해 주소서. 법종자法種子를 빠르게 증장시키고 저의 악해惡海와 업해業海와 번뇌대해煩惱大海를 남김없이 제거해 주소서. 저의 공덕해功德海를 모두 성취하게 해 주시고 지혜대해智慧大海를 청정히 갖추게 해 주십시오.

모든 불세존께서는 대자대비를 가지고 큰 서원을 세우시어, 귀의하지 않아 구호받지 못해도 귀의하게 만들어 구호 받도록 하시며, 모든 중생이 생사의 바다[生死海]를 건너도록 하여 삼악三惡과 헤아릴 수 없는 고뇌와 번뇌를 영원히 끊게 해 주십니다. 바라건대, 마땅히 계戒를 받아 성심으로 참회하여 저의 두려움이 모두 사라지게 해 주소서. 제가 가진 번뇌의 찌꺼기[煩惱業垢]는 오직 현재의 모든 불세존께서 큰 자비의 물로 씻어 청결히 하기 바랍니다.

제가 시작도 없는 생사이래로부터 만들어낸 십악十惡과 오무간업五無間業과 수없는 장소에서 헤아릴 수 없이 저지른 갠지즈 강 모래만큼 많은 수많은 죄는 지금 모두 참회하여 사라지게 해 주소서. 현재 만들어 낸 업보는 성심으로 드러내고 아직 만들지 못한 업보는 만들지 않을 것이며 이미 만들어 낸 죄는 간직하지 않도록 해 주소서. 신

身 3업業·구口 4업·의의意 3업과 파제破齋·파계破戒·파위의破威義 등 모든 죄는 지금 참회하니 바라건대 죄를 멸하여 주소서. 이처럼 과거와 현재에 만들어 낸 모든 악업은 헤아릴 수도 없고 미치지 않는 곳이 없어 가볍든 무겁든 응당 그 악에 대한 업보를 받아야 하나, 의도한 것이 아니므로 바라건대 모두 멸하여 남김이 없도록 해 주소서.

바라건대 모든 중생이 3도의 고통과 12난생十二難生과 모든 나머지 고통스러운 일들을 다시는 받지 않도록 해 주시옵소서. 제자가 태어날 때마다 태속에서 태어나는 것[胎報]이 아니라 연꽃 속에서 태어날[蓮花化生] 것이며, 동자로 출가하여 항상 밝고 깨끗한 행실을 가지면서 좋은 친구를 가까이하고 나쁜 친구를 멀리하도록 해 주소서. 먼 옛날부터 맺은 원수는 득도하기 전에는 다시 만나지 않게 해 주소서. 거듭 지성으로 삼보에 귀의하여 일체 중생을 위해 참회하며 무망無忘을 발發합니다.

하나 하나 먼지 속 먼지의 수마다 부처가 있고, 각종 보살의 무리들이 주위를 에워싸네 제가 지금 귀의하여 널리 발원하니, 오직 큰 자비를 내려 미천한 정성을 징험하소서.

바라건대 모든 중생이 가진 죄는, 모두 드러내어 참회하도록 하여
이후 다시는 죄를 범하지 않고 항상 계를 지켜, 빨리 청정계로 건너갈 수 있도록 해 주소시.

바라건대 모든 중생이 탐욕[慳貪]을 버리고, 내외의 재물을 중생에게 시주하고 아끼며 시납하지 않는 것을 보이지 않게 하여, 빨리 보시행을 성취하도록 해 주소서.

바라건대 모든 중생이 성냄[瞋恚]를 멀리하고, 일체의 고통을 인내하며 감수하고 용맹정진으로 모든 선을 수련하여, 보살의 행원이 빨리 성취도록 해 주소서.

바라건대 모든 중생이 어리석음[癡闇]을 멀리하고, 이지二智의 이치를 빨리 헤아리며 모든 부처의 가르침의 바다를 알아, 중생의 근기根機에 따라[隨機] 설법하여 중생을 계도하도록 하소서.

바라건대 중생이 음욕淫欲을 멀리하며, 윤회하여 인간의 태에서 태어나지 않고 연꽃에서 태어나 부모가 되어도, 마음은 맑고 유순해 더럽혀지지 않도록 해 주소서.

약사여래는 12대원을 하셨고, 아미타불의 48대원을 하셨으며

시방의 모든 불은 여러 서원들을 내셨으니, 제가 그와 같아지기를 바랍니다.

문수보살과 보현보살은 지행을, 미륵보살과 관음보살은 대자비를 행하였으니

바라건대 대성인의 관대히 받아들이는 힘[攝受力]을 입어, 속히 남김없이

성취하도록 해 주소서.

바라건대 이 한 시기의 보응이 장차 다하니, 7일 이전에 때가 이르렀음을 알아

모든 악연을 멀리하고 바른 신앙을 내며, 부처를 맞아들여 정토에서 태어나

부처를 보고 불법을 들어 무생無生을 깨달아서 저 여래의 수기를 받으려 할 뿐입니다.

화신化身이 수없이 갖추어지고, 광대한 지혜가 시방에 두루 미치려 하니

몸은 갖가지 깨달음의 바다로 들어가, 갖가지 모든 부처의 바다를 받듭니다.

갖가지 모든 법해法海를 분별하여 갖가지 지혜의 바다로 깊이 들어가려 합니다.

갖가지 모든 행해行海를 청정히 하여, 갖가지 서원의 바다를 갖추려 합니다.

갖가지 깨달음[三昧]의 바다를 성취하여, 갖가지 바라밀을 갖추려 합니다.

갖가지 취신趣身을 두루 나타내어, 갖가지 중생들을 모두 제도하려 합니다.

바라건대 저의 이 서원력이, 중생계에 두루 미쳐 힘을 발휘하여

중생계가 다하면 서원도 다하고, 중생계가 다하지 않으면 서원도 다하지 않아

이 서원이 법성法性과 같이 끝을 다하고, 허공과 같이 광대하게 갖추어

하나하나의 깨달음 가운데, 티끌 수마다 모든 부처가 정각을 이루도록 하소서.

제가 지금 일체로 삼가 청하니, 광전무상廣轉無上의 대법륜은

과거, 현재, 미래가 다하도록 시방의 무한한 세계에 구르고, 존재하는 모든 부처와
보살

이승二乘의 현성과 중생의 일체 공덕이 모두 기쁨을 따르니

제가 삼가 청하는 것 역시 기쁨을 따라, 참회와 발원이 만들어 낸 선과

신身·구口·의意가 만들어 낸 선이, 법성으로 칭송되어 널리 회향할 것입니다.

첫번째 서원은 더할 나위 없는 깨달음[無上道]을 다하는 것이고, 두 번째 서원은 고
통 받은 중생을 없어지게 하는 것이며

세 번째 서원은 다음번 이 몸이 정토에 태어나 항상 아미타부처를 뵙고

그림자가 형체를 따르듯 잠시라도 떠나지 않으며, 게으름 없이 삼업三業을 항상 받들어

속히 증지證地로 들어가 저의 서원을 이루고, 모든 중생이 정각을 이루기 바랍니다.

능히 귀의하고 능히 참회하며 능히 구하여 얻을 수 없는 것을 헤아리니

모든 법계의 모든 중생이, 함께 무상반야의 바다로 들어가게 해 주소서.

　　　　대덕大德 5년 신축년 6월 일 제자弟子 법영法英

3) 창녕군부인 장씨 발원문[*]

2-8 창녕군부인 장씨 발원문, 고려 1302년, 125.8x19.5cm, 충남 아산 온양민속박물관

〈법영발원문과 내용 동일〉

　　　　大德六年六月初七日立願

　　　　　昌寧夫人張 (印)

　　　匡靖大夫知都僉議事致仕 金 (花押)

　　대덕大德 6년 6월 초 7일 원을 세우다.

　　창녕부인昌寧夫人 장張 인印

　　광정대부匡靖大夫 지도첨의사치사知都僉議事致仕 김金 수결.

---

*　이 발원문은 법영발원문과 내용의 거의 같으며 일부 글자만 다를 뿐이다. 다른 부분은
　부록에서 주석을 부기했다. 의미가 같은 이체자 혹은 속자일 경우 하나로 통일했다. 번
　역은 법영 발원문과 거의 같아 생략한다.

4) 김도 발원문

弟子金瑫雖生邊土幸聞真宗

佛教知輪迴是苦惱解脫是真樂然以迷始劫来業塵所蔽欲

脫脫若而益加昏乱縱發善心而尋則退屈弟子從今日去善增

長業障消除此報盡時親承諸

佛放光接引身心安樂如入禪定即得往极樂國土到彼國已獲六

神通供養他方十万億佛出還入三塗度脫受苦衆生伏願先父

金氏靈駕柳墩所陞洪氏之讓可心之叙金輪所聞水靈駕速離苦海

頓證菩提旁及法界存没含靈速成佛果一門上下眷属現增福壽

當生淨域謹誓

大德六年六月初六日正承大夫判秘書寺事知內旨金瑫願

2-9 김도발원문, 고려 1302년, 41.5x44cm, 충남 아산 온양민속박물관

제자 김도金璹는 비록 변방의 선비이나 부처의 가르침을 듣고서야 깨달아[聞熏], 윤회가 고뇌이고 해탈이 참된 즐거움을 알았습니다. 그러나 시작도 알 수 없는 오래 전부터 업진業塵이 가린 욕欲으로, 반야를 닦더라도 혼란만 증가하였고 선한 마음을 내더라도 불도佛道를 구하는 마음이 후퇴하였습니다. 제자는 오늘부터 선한 마음을 증장하고 업장業障을 소멸시켜, 이 보응이 다할 때 직접 모든 부처의 밝은 빛을 이어 받아 몸과 마음을 안락으로 이끌어 선정에 든 것처럼 바로 극락왕토로 왕생할 것입니다. 그 땅에 이르러서 육신통六神通을 얻어 타방他方의 십억 불토에 공양하고 다시 삼도三途에 들어 고통 받는 중생을 해탈로 이끌되 중생계가 다해야 저의 일도 끝이 날 것입니다.

삼가 바라건대 돌아가신 부친의 영가靈駕와 유경柳璥·유승柳陞·홍씨洪氏·지양之讓·가심可心·지서之敍·금륜金輪·소한所閑 등의 영가가 빨리 고해로부터 벗어나 보리를 깨닫고 아울러 법계에 이르기를 기원합니다. 살아있든 죽었든 모든 영혼들이 속히 불과佛果[3]를 이루고, 우리 집안의 위 아래 권속眷屬들이 복과 장수를 누리며, 응당 정토에서 태어나기를 삼가 서원합니다.

대덕大德 6년 6월 6일 정승대부正承大夫·판비서시사判秘書寺事·지내지知內旨 김도金璹가 발원하다[立願].

5) 영가군부인 김씨 발원문

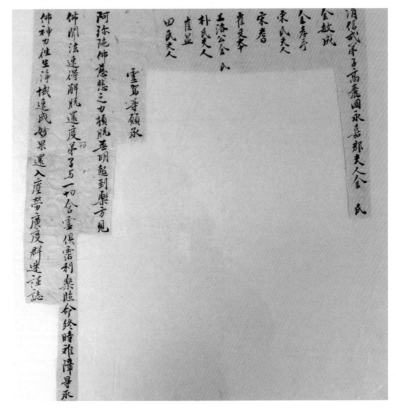

2-10 영가군부인 김씨 발원문, 고려, 42.5x47.5cm, 충남 아산 온양민속박물관

청신계淸信戒 제자弟子 고려국高麗國 영가군부인永嘉郡夫人 김씨, 김민성金敏城, 김효인金孝印, 송씨 부인宋氏夫人, 송기宋耆, 최문본崔文本, 상락공上洛公 김씨金氏, 박씨 부인朴氏夫人, 최온崔昷, 전씨 부인田氏夫人의 영가靈駕 등은 바라건대 아미타불의 자비력을 받들어 무명無明을 단박에 깨달아 극락에 이르러 부처를 보고 법문을 들어 빨리 해탈하고 다시 돌아와 일체의 제자와 모든 함령含靈들을 인도하여 이로움과 즐거움에 물들게 하기를 기원합니다. 임종할 때에는 장애없이 부처의 신통력을 계승하여 정토로 왕생하여 빨리 보리[妙果]를 성취한 뒤 다시 세속[塵勞]으로 들어가 널리 미혹한 무리를 계도하기를 기원하며 삼가 글을 짓습니다.

6) 유시우 묵서

2-11 유시우 묵서, 고려, 39x39.5cm, 충남 아산 온양민속박물관

兪時遇	恩福
李中伯 恩福	
英敏 光明	
延甫 德元	
德莊	
德大 德來	
兪光器	
李氏	
兪氏	

7) 高夢卿 묵서[4]

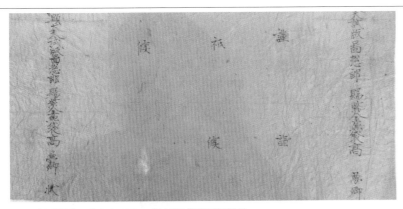

2-12 고몽경 묵서, 고려, 27.6x14.5cm, 충남 아산 온양민속박물관

(朝顯)大夫試版圖摠郎　　　謹　　　詣
賜紫金魚袋高夢卿
　　　　　　　　　　祇　　　候
　　　　　　　　　　候

朝顯大夫試版圖摠郎賜紫金魚袋高
夢卿 狀

조현대부 시판도총랑 자금
어대를 받은 고몽경

8) 자색저고리	9) 흰 저고리(中衣)	10) 초적삼(上衣)

2-14 자색저고리, 고려, 110cm, 충남 아산 온양민속박물관	2-14 흰 저고리, 고려, 110cm, 충남 아산 온양민속박물관	2-15 초적삼, 고려, 56cm, 충남 아산 온양 민속박물관
~氏同生極樂 願以腹藏入內紫衣及綃脊衫等乙 施納.	納 宰臣兪弘愼妻 李氏	腹藏入敎是綃脊衫 施納宰臣兪弘愼妻李氏.
~씨의 극락왕생을 위해 복장에 넣은 자의와 초적삼을 시납합니다.	재신 유홍신의 처 이씨가 바칩니다.	복장에 넣으신 초적삼은 재신 유홍신의 처 이씨가 시납한 것이다.

11) 남색 주머니	12) 귀주머니

2-16 남색 주머니, 고려, 7.5x21cm, 충남 아산 온양민속박물관	2-17 귀주머니, 고려, 23.8cm, 충남 아산 온양민속박물관
始寧郡夫人 柳氏	兪氏仙駕 李氏

13) 묵서 직물(金箔羅)

2-18 금박라, 고려, 29x97.8cm, 충남 아산 온양민속박물관

佛弟子南贍部洲高麗國 昌寧郡夫人張氏

伏願

불제자 만섬부주 고려국 창녕군 부인 장씨

14) 묵서 직물(素羅)

2-19 소라, 고려, 35.5x56cm, 충남 아산 온양민속박물관

國贐色員 金永丘子息長命 己身同生安養願 以施納大藏寶.

국신색원 김영구의 자식이 장명하고 자신의 몸은
극락왕생하기를 바라며 대장보를 시납합니다.

15) 태장계 인본만다라 묵서

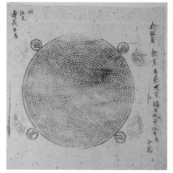

兪弘貞, 兪熙, 月花, 萬花, 福生, 九方, 小亇用, 卜花(오른쪽)

同

汪之

壽長多慶

2-20 태장계 인본만다라, 고려, 41x41.5cm, 충남 아산 온양민속박물관

16) 금강계 인본만다라

山人小丘刀

大德五年月日

2-21 금강계 인본만다라, 고려 1301년, 42x39cm, 충남 아산 온양민속박물관

17) 일체여래비밀전신보협인다라니

2-22 일체여래비밀전신보협인다라니, 고려 1292년, 37.5x38cm, 충남 아산 온양 민속박물관

無窮者 贊成事兼近侍 康碩 文冏 玄錫 玄環 池環 閔卿 鄭子濬 供物色員 李芝 李光林 速以此功德 普及於一切我等與群生 皆共成佛道一切如來心全身舍利寶篋印悉 □ □ □ □陀羅尼 至元二十九年四月日 僧齋色開版.

십지를 다하지 못한 자인 찬성사 겸 근시인 강석, 문경, 현석, 현환, 지환, 문경, 정자준과 공물색의 관원인 이지, 이광림은 이 공덕을 우리 모두와 군생들에게 널리 미치게 하고자 佛道一切如來心全身舍利寶篋印悉□□□□陀羅尼를 조성합니다. 지정 29년 4월 일 승제색이 판각하다.

2. 불상의 제작시기와 봉안처

온양민속박물관 소장 복장물 가운데 문자가 남겨진 사례는 크게 묵서와 인간印刷으로 구분할 수 있다. 인출본은 경전과 만다라가 대대수이고 묵서는 발원문 혹은 이름이 기재된 각종 직물류가 다수를 이룬다.

인간만다라의 경우도 묵서가 있는 인간만다라와 묵서가 없는 인간만다라로 구분 가능하다. 3종의 복장 만다라 가운데 15번 태장계 인간만다라에는 묵서 명단이 있고, 17번 보협인다라니에도 은복恩福이라는 묵서가 있다. 이중 은복은 시주자의 이름이라기보다는 시주자가 은혜와 복을 기원한 것으로 이해하는 것이 타당해 보인다. 유시우兪時遇 묵서 복장물에 '유시우 은복兪時遇 恩福' '이신백 은복李申伯 恩福'이라는 표현이 있기 때문이다. 이와 달리 시주자의 명단이 묵서된 인간만다라도 있다. 15번 인간만다라는 인간된 범자 다라니 주변에 '유홍정兪弘貞, 유희兪熙' 등 시주자 명단이 묵서된 반면, 나머지 16과 17번 인간만다라의 경우 시주자의 이름이 판각되어 있다. 만다라에 판각된 시주자들은 만다라 판각에 시주한 이들로 보는 것이 타당하고, 별도의 이름이 묵서된 만다라는 자신들이 소장하고 있던 인간만다라 혹은 사찰이 보관하고 있던 인간만다라에 자신의 이름을 묵서하여 복장물로 안립한 것으로 이해된다.

이러한 사실은 온양민속박물관에는 소장되어 있지 않으나, 같은 불상의 복장에서 나왔을 것으로 추정되는 만다라에서 확인된다. 16번 같은 모양의 4장의 인간만다라와 17번과 같은 7장의 만다라에는 각각 다음과 같은 묵서가 확인되었다.[5]〈표2-5〉

〈표2-5〉에서 확인되듯이, 글씨가 판각되어 있는 만다라 가운데 일부에는 묵서로 발원자의 이름이 기재되어 있다. 만약 인간만다라가 불상의 조성 혹은 복장안입을 위해 제작되었다면, 이름을 판각한 이들이 발원자

〈표 2-5〉 개인소장 만다라 묵서

문서	번호	참여	묵서명
17	1	29(?)	同願 望珍衣 申火用 甘可 金春 萬壯 孝養 古火耳 壯夫 甘花 古美 兄知誰斤用 拘金 甘有 聲珍 可用 三夫用 少花 蟲介 秀用 月火用 金可末 金仇叱 榮生 結三 萬壯 愁其 桂火 同生 次春比
	2	8(?)	忘者 富耳 望來 仍火用 重生 時幕 忘九以伊 太來 同願道人 法心
	3	5	忘父母 銀生 信德 古米 銀牛 秀用
	4	1	曺用之 生生世世 見佛聞法不離
18	1	1	道人 法心
	2	1	張碩
	3	1	智照
	4	1	戒用
	5		恩福
	6		用
	7	2(?)	加次 加次伊 加次

일 것이다. 그러나 판각된 이름 이외에 별도의 묵서명이 있다. 묵서된 이들은 인간된 만다라를 소장하다가 불상이 조성될 때 자신을 포함한 발원자들의 이름을 묵서한 다음 복장에 안립한 것으로 이해된다. 따라서 인간만다라에 이름이 판각된 이들을 불상의 조성과 무관하다.

그렇다면, 온양민속박물관 소장 불상의 제작 시기는 17번 인간 만다라에 기재된 지원 29년이 아니라 대덕 5년으로 보아야 한다. 대덕 5년(충렬왕 27년, 1301) 7월에 창녕군부인 장씨의 이름으로 작성된 발원문의 제목은 '주성미타복장입안발원문鑄成彌陀腹藏入安發願文이다. 제목에서 확인되듯이, 이 발원문은 아미타여래를 조성한 후 복장물을 안립하면서 작성한 것이다. 법영法永이 쓴 발원문이 대덕 5년 6월이었다는 점을 고려하면 불상은 대덕 5년 경 완성되었고 복장물을 안립하면서 승려였던 법영이 발원문을 먼저 쓰고 한달 뒤 창녕군부인 장씨가 복장에 납입할 발원문을 작성하였다. 그러나 대덕 5년에 복장의례가 완결된 것은 아니었다. 대덕 6년 6월 6일 판밀직사사判密書寺事 김도金瑫는 불도를 닦아 중생을 구제하겠다는 서원과 부모와 일족들의 극락왕생을 기원하는 발원문을 작성했다. 하루 뒤인 대덕 6년 6월 7일 창녕군부인과 지도첨의사치사知都僉議事致仕 김모가 법영法永의 발원문을 필사筆寫했다. 이러한 발원문의 양상을 고려해 보면, 불상은 대덕 5년 즈음 완성되었고 불상의 복장안립의례는 대덕 6년 6월에 완료되었다고 보는 것이 타당해 보인다.

제작시기와 더불어 주목되는 것은 불상이 봉안된 지역인데, 현재 복장유물만 남아 있는 상황에서 불상의 봉안 위치까지 파악하기는 어렵다. 그러나 발원자를 바탕으로 안동부근의 소백산맥 남쪽으로 비정하기도 하며,[6] 다라니의 유사성에 의거해 문경 대승사 금동아미타여래좌상의 복장물로 파악하기도 한다.

한편 온양민속박물관 소장 복장물에서 발원자의 지위는 발원의 형식을 결정하였다. 별도의 발원문을 작성하거나 혹은 옷감과 직물류를 시납한 이들의 신분은 인간만다라에 이름을 묵서한 이들의 지위보다 높다. 이는 〈표2-5〉에서 제시한 개인이 소장하고 있는 만다라에 묵서된 이들의 면면을 살펴보면 쉽게 확인된다. 묵서 만다라에 기재된 이들 49명 가운데, 성씨를 소유한 이는 6명에 불과하며 행적을 확인할 수 있을 정도의 관직자는 없다. 현재 인간印刊만다라의 전체 수를 확인할 수 없어, 단언할 수는 없으나, 아마도 세족가문 혹은 고위 관직자들은 상당한 물품을 시납하면서 자신의 이름을 별도로 기재한 반면, 상대적으로 경제력이 약한 이들은 인간한 만다라에 자신의 이름 혹은 간단한 발원을 기재하여 복장에 안립하였던 것으로 보인다.

이러한 양상은 장곡사 금동약사여래좌상과 문수사 금동아미타여래좌상과 비교하면 상당히 특징적이다. 두 불상의 경우 신분과 무관하게 하나의 발원문에 다수의 이름이 기재되어 있다. 이에 반해 온양민속박물관 소장 불상은 발원자들의 신분에 따라 발원문이 분리되고 있다. 이것이 이 불상의 조성에서만 나타난 특징인지 아니면 시대적 상황의 반영인지는 좀 더 면밀하게 검토해야 할 문제이나, 개운사 아미타여래좌상의 1274년 과 1322년 복장발원문 역시 시납한 물품에 따라 발원문을 작성하고 있다 는 점을 고려하면 시대적 상황의 반영으로 해석할 여지도 있다.

3. 발원문 내용과 특징

온양민속박물관 소장 발원문 가운데 발원의 내용이 기록된 발원문은 모두 6건, '주성미타복장입안발원문鑄成彌陀腹藏入安發願文', '법영法永 발원 문', '창녕군부인 장씨 발원문', '김도발원문', '영가군부인 발원문', '묵서 소라素羅직물'이다. '창녕군부인 장씨 발원문'은 '법영 발원문'을 전사轉寫 한 것으로 내용이 거의 같다.

창녕군부인 장씨 명의로 작성된 '주성미타복장입안발원문鑄成彌陀腹藏 入安發願文'은 우선 보살과 성문 등이 자신의 서원을 증명해 줄 것을 명시 하였다. 이어 자신의 아둔함과 죄과를 참회로 소멸시킨 다음 정토에서 태어나기를 기원하였다. 만약 정토에서 태어나지 못한다면 "인간의 생 을 잃지 않고 중국으로 가며 바른 집안에서 태어나되 남자의 몸을 얻게 해 주며", 오직 불가에 출가하여 수행하면서 "이익을 도모하지 않으면서 경敬을 기를 것이며 품성과 형색을 훼손하지 않을 것"을 서원했다. 이어 약사불과 아미타불의 서원처럼, "용맹은 석가같이, 경敬은 상불경常不輕 보살같이, 지혜는 문수보살같이, 원행願行은 보현보살같이, 자애는 관음 보살같이, 은혜를 베푸는 마음은 미륵불같이" 고통을 구제하고 죄를 멸 할 것이며, 깨달음을 얻은 뒤에는 중생의 구제를 다짐하였다. 부모, 친족,

노비와 권속, 인연 있는 모든 사람들이 반야를 이룰 것을 기원하였다. 마지막으로 자신의 서원이 다하지 않을 것임을 맹세했다.

　승려 법영 역시 발원문을 남겼다. 법영은 여러 불보살에게 귀의함을 선언한 뒤, 여러 부처와 보살들이 자신의 수행을 이끌어 속히 깨달음에 이를 수 있기를 기원하였다. 특히 자신이 시작도 없는 생사이래로 만들어 낸 모든 악업을 멸해 주고, 중생들이 지은 죄를 소멸시켜 모든 중생이 깨달음에 이르기를 기원했다. 뿐만 아니라 자신이 부처의 수기를 받아 중생들을 계도하여 모든 중생들과 함께 "무상반야의 바다"로 이르기를 기원했다. 법영의 발원은 창녕군부인이 내세에 승려로 태어나 행하려 한 것과 큰 차이가 없다.

　결국 이들 두 발원문의 발원은 '부처에 귀의→극락왕생 후 아미타여래의 말씀을 통해 깨달음을 얻음→중생의 구제'를 기본 내용으로 하고 있다. 이러한 발원의 내용은 40권본 『화엄경』의 보현행원품의 내용과 일치해 보현행원품의 강력한 영향을 확인할 수 있다. 『화엄경』 보현행원품은 수월관음도 등 고려후기 불화에 영향을 미친 것으로 이해된다. 더불어 『법화경』에 나오는 상불경보살의 존재는 천태신앙의 영향을 확인시켜 준다.[7]

　발원문은 경전의 영향과 더불어 개인적 바람도 함께 제시하고 있다. 창녕군부인 장씨는 남자로 태어나되, "중국으로 가 바른 믿음이 있는 집에서 남자로 태어나며 국왕이나 고관이 아니라 출가하기를 맹세했다(出托於中國, 寄娠正信家, 稟受男子身, 不作國王位 不爲大臣官 童眞而出家 專向於內敎)". 내세에 남자의 몸으로 태어나기를 기원하는 것은 아미타불의 48대 서원 가운데 하나이기도 하고, 개운사 소장 목조아미타불좌상의 복장 발원문에서도 확인되는 내용이다.[8] 이에 반해 "중국으로 가기"를 희망한 사례는 다른 발원문에서 찾아보기 어렵다. 현재로서는 창녕군부인 장씨가 왜 "중국으로 가기"를 서원한 이유를 확인하기란 쉽지 않다. 다만 충렬왕 28년인 1302년은 고려에 대한 원의 영향력이 매우 강력한 시기였고 고려와 원의 교류가 활발했다는 점을 고려하면, 중국에 대한 동경이 고려 어느 시기보다 강렬했을 가능성은 높다.

법영의 발원 역시 흥미로운 구절이 있다. 법영은 자신이 동자로 태어나 바르게 수행할 수 있기를 희망하면서 "먼 옛날부터 맺은 원수는 득도하기 전에는 다시 만나지 않게 해 줄 것(無始以來 所結怨讐 未得道前 無復相對)"을 기원했다. 이는 그만의 특별한 경험에서 나온 발원으로 판단된다.

한편 두 사람의 발원에는 차이도 있다. 법영은 승려였기 때문인지, 부모와 친족의 극락왕생 혹은 깨달음을 특별히 서원하지 않았다. 이에 반해 창녕군부인 장씨는 "현재와 과거의 부모, 고모, 이모(돌아가신 어머니 조씨, 죽은 큰 형 조씨), 백부, 숙부와 친척, 형제 자매 등의 나와 타인 및 멀고 가까운 이들, 노비와 여러 권속들, 그리고 세상에 나고 나면서 원한을 맺었던 이들, 만나든 만나지 않았던, 원한을 풀었던 풀지 않았던 이들이" 평등관平等觀에 들어 함께 반야를 이루기를 기원했다. 부모나 가족의 극락왕생보다는 자신의 불교적 서원을 더 강조하였던 것이다.

김도와 영가군부인 김씨의 발원내용은 기본적으로 창녕군부인 장씨, 법영의 발원문과 유사하지만, 차이도 존재한다. 김도金瑫는 불가에 귀하여 극락왕생하고 삼도三途에 들어 고통 받는 중생을 해탈로 이끌 것을 서원했다. 그러나 그의 서원은 여기에 그치지 않았다. 죽은 친족들을 거명하면서 그들이 법계에 이르기를 기원하였고 뿐만 아니라 자기 집안 사람들과 권속들이 복을 누리고 장수하여 극락왕생하기를 희망했다. 친족들의 극락왕생이 김도 발원의 보다 주된 내용이었다. 이러한 점은 영가군부인 김씨의 사례에서도 확인된다. 영가군부인 김씨는 조부(김민성), 외조부(송기), 부모(김효인, 송씨부인) 등의 이름을 쓴 뒤 그들의 영가靈駕

가 "아미타불의 자비력을 받들어" 극락에 이르기를 기원했다. 더불어 그들이 극락에서 "부처를 보고 법문을 들어 빨리 해탈하고 다시 돌아와 일체의 제자와 모든 함령含靈들을 인도"하여 줄 것 역시 기원했다. 또 자신이 임종한 뒤에서 역시 극락에 이르러 보리를 성취하고 다시 중생을 계도하기를 기원했다.

김도와 영가군부인 모두 자신과 친족들이 극락왕생하고 극락에서 불법을 들어 깨달은 뒤 중생들을 계도하기를 기대했다. 비록 친족과 권속의 극락왕생을 기원했으나, 그 역시 보현행원품의 내용처럼 극락에서 아미타불을 친견하여 수기를 받은 뒤, 무상보리를 깨닫고 이후 다시 현세로 돌아와 중생을 계도할 것을 기원했던 것이다.

친족의 극락영생에 대한 기원은 국신색원 김영구國贐色員 金永丘의 발원에서도 확인된다. 김영구는 소라素羅에 자식의 장수와 자신의 극락왕생을 희망하는 내용을 묵서하여 복장에 납입했다(子息長命 己身同生安養願 以施納大藏寶).

따라서 김도와 영가군부인 김씨의 발원 역시 기본적으로 화엄의 보현행원품에 영향을 받았지만 정토신앙이 가진 구복적 내용을 부분적으로 포함하고 있었다. 화엄적인 요소와 정토신앙이 습합되어 발원문에 공존하고 있었던 것이다.

4. 발원자

온양민속박물관 소장 아미타불 조상 및 복장의 발원자들은 발원의 양상에 따라, 이름만 기재하거나 발원의 구체적 내용을 기재하거나 그리고 시주물목을 기재한 경우로 각각 구분가능하다. 이 가운데 발원의 내용을 쓴 시주자들이 가장 주목된다. 온양민속박물관 소장 복장물 가운데 김씨와 장씨 발원문을 제외한 '주성미타복장입안발원문鑄成彌陀腹藏入安發願文', '법영 발원문', '창녕군부인 장씨 발원문', '김도 발원문', '영가군부인 김씨 발원문'은 발원자가 가가 1명이다. 다만 김도 발원문의 경우 자신의 친족들의 이름을 나열하면서 그들의 극락왕생을 기원하고 있고 영가군부인 김씨 역시 이미 사망한 친족 9명의 이름을 나열하며 그들의 극락왕생을 기원하였다는 점이 특징적이다.

온양민속박물관 복장물에는 발원자 이름만을 기재한 경우도 있다. 유시우俞時遇 묵서(표Ⅱ-2-⑥), 고몽경 묵서(⑧), 흰 저고리中衣(⑨), 남색 주

〈표 2-6〉 발원문 유형별 발원자

발원형태	명칭	발원자(발원자수)	비고
발원문이 있는 경우	주성미타복장입안발원문	창녕군부인 장씨(1)	
	법영발원문	법영(1)	
	창녕군부인 장씨 발원문	창녕군부인 장씨, 匡靖大夫 知都僉議事致仕 金 수결(2)	
	김도 발원문	金瑫(1)	
	영가군부인 김씨 발원문	永嘉郡夫人 金氏, 金敏城 金孝印, 宋氏夫人, 宋耆, 崔文本, 上洛公 金氏, 朴氏夫人, 崔昷, 田氏夫人(10)	
	묵서 직물(素羅)	국신색원 김영구(1)	
인명만 있는 경우	유시우 묵서	俞時遇, 李申伯, 英敏, 光明, 延甫, 德元, 德莊, 德大, 德來, 俞光器, 李氏, 俞氏(12)	
	고몽경 묵서	고몽경의 女(1)	
	흰 저고리(中衣)	宰臣俞弘愼妻 李氏(1)	
	남색주머니	始寧郡夫人 柳氏(1)	
	귀주머니	俞氏仙駕, 李氏(2)	
	묵서 직물(金箔羅)	창녕군 부인 장씨(1)	
	인본만다라 (胎藏界)	俞弘貞, 俞熙, 月花, 萬花, 福生, 九方, 小个用, 卜花(8)	
시주자와 시주물목	자색 저고리	高夢卿?	고몽경의 발원문이 자색 저고리에서 나왔음.
	초적삼(上衣)	宰臣俞弘愼妻李氏(1)	

머니(⑪), 귀주머니(⑫), 묵서 금박라金箔羅(⑬), 태
장계 인본 만다라(⑯) 등이다. 시주자와 시주물목
을 기재한 경우도 있는데 자의紫衣와 초적삼綃脊衫
을 시납한 경우(⑦)와 초적삼綃脊衫만을 시납한 경
우(⑩)이다. 〈표 2-6〉

2-23 창녕군부인 장씨 발원문 수결확대

발원자들 가운데 가장 주목되는 인물은 창녕
군부인 장씨이다. 장씨는 '주성미타복장입안발원
문', '창녕군부인 장씨 발원문', 묵서직물(금박라金
箔羅)에서 이름이 확인된다. 이러한 점을 고려하면
장씨는 아미타불 조성과 복장안립에 가장 유력한
시주자였다. 창녕군부인 장씨는 일본 쿄토 보적
사寶積寺가 소장하고 있는 갑지은니紺紙銀泥 묘법
연화경의 사경 발원자로도 참여하였다.[9]

그러나 남아있는 자료만으로 창녕군부인 장씨
가 누구인지 확인하기는 어렵다. 창녕군부인 장씨의 정체를 밝히는데 결
정적 단서는 '창녕군부인 장씨 발원문' 말미에 창녕군부인과 함께 이름이
올라 있는 '광정대부匡靖大夫 지도첨의사치사知都僉議事致仕 김金 수결'[10]이
다. 발원이 가족 혹은 부부단위로 이루어진 경우가 많은 점[11]에 유의하
면 두 사람은 부부관계일 가능성이 높다.[12] 장씨 남편의 문산계는 광정대
부로 충렬왕 원년 문산계 개정시 처음 등장하는 종2품 관계였다.[13] 하지
만 충렬·충선왕대는 문산계 제도가 변화하는 과도기여서 문산계 명호를
통해 해당 관료의 정확한 관품을 확정하기 어렵다.[14] 따라서 중요한 것은
지도첨의사치사知都僉議事致仕라는 관직이다.

발원문이 작성된 대덕 6년은 충렬왕 28(1302)년이다. 치사致仕직은 퇴
직한 관료에게 부여하는 것이므로 장씨의 남편은 1302년 이전 지도첨의

사로 퇴직한 인물일 것이다. 충렬왕 10년부터 28년 6월까지 지도첨의사를 역임하였거나 치사한 인물은 총 15명이다. 〈표 2-7〉

아래 표에서 제시된 인물 가운데, 송분은 충렬왕 26년 8월 관직이 이미 첨의우중찬에 이르렀으며,[15] 조인규는 충렬왕 21(1295)년에 첨의중찬에 임명되었으며,[16] 염승익은 충렬왕 28년 3월 첨의중찬으로 치사하여 승려가 되었다.[17] 인후와 홍자번은 충렬왕 20년에 각각 첨의찬성사와 첨의중찬에 임명되었으며,[18] 김지숙은 충렬왕 26(1300)년 도첨의찬성사가 되어 이후 첨의중찬으로 치사하였으며,[19] 한희유는 충렬왕 26년 도첨의시랑찬성사에 임명되었다.[20] 최유엄은 충렬왕 26년 도첨의찬성사에 임명되었다.[21] 민훤은 충렬왕 26년 도첨의참리에 임명되었다[22]가 첨의찬성사로 치사했다.[23] 따라서 이들을 충렬왕 28년 6월 '지도첨의사치사'한 인물로 보기는 어렵다.

남은 인물은 김주정, 주열, 김흔, 이첩, 황원길, 왕연이다. 우선 황원길

〈표2-7〉 충렬왕 10년~28년까지 지도첨의사를 역임한 인물(『고려사』 세가에서 추출)

번호	이름	출전(『고려사』 세가	번호	이름	출전(『고려사』 세가
1	김주정 金周鼎	충렬왕 10년(1284) 12월 무진일	9	한희유 韓希愈	충렬왕 21년 8월 경신일
2	송분宋玢	충렬왕 13년(1287) 2월 경신일	10	김지숙 金之淑	충렬왕 22년(1296) 2월 갑진일
3	조인규 趙仁規	충렬왕 13년 6월 정묘일	11	최유엄 崔有渰	충렬왕 25년(1299) 3월 경인일
4	주열朱悅	충렬왕 13년 11월 임자일	12	이첩李帖	충렬왕 26년(1300) 4월 무오일
5	염승익 廉承益	충렬왕 13년 12월 계미일	13	민훤閔萱	충렬왕 27년(1301) 5월 경술일
6	인후印侯	충렬왕 14년(1288) 1월 경인일	14	황원길 黃元吉	충렬왕 28년(1302) 5월 병오일
7	김흔金忻	충렬왕 21년(1295) 1월 기사일	15	왕연王昖	충렬왕 28년 5월 병오일.
8	홍자번 洪子藩	충렬왕 21년 8월 경신일			

은 발원문이 작성되기 직전인 충렬왕 28년 5월에 지도첨의사에 임명되었다.[24] 임명된 지 한 달이 되지 않아 치사했을 가능성이 높지 않음으로 황원길도 창녕군부인 장씨의 남편으로 보기 어렵다. 김주정과 주열 역시 장씨의 남편일 가능성은 없다. 김주정의 부인이 장씨이긴 하나 그녀는 상질현대부인尚質縣大夫人에 책봉되었으며[25] 무엇보다 김주정은 충렬왕 16(1290)년 3월에 사망하였다.[26] 따라서 김주정은 충렬왕 28년 6월 발원문을 작성하고 수결을 남길 수 없다. 주열은 지도첨의사로 치사한 바 있으나, 그는 충렬왕 13(1287)년에 사망하였다.[27] 그렇다면 남은 대상자는 김흔, 이첩, 왕연 3명이다. 이들 가운데 이첩과 왕연은 워낙 자료가 적어 추적이 어려운 반면, 김흔은 상락공 김방경의 둘째 아들로『고려사』에 자신의 열전이 전할 정도로 중요한 인물이고 자료도 많이 남아 있는 편이다. 그러나 아쉽게도 각종 금석문자료, 안동김씨 족보를 검토해 보아도 김흔의 부인에 대한 기록은 남아 있지 않다. 다만 김흔의 행적과 당시의 상황, 다른 발원문과의 연관성 등을 고려해 보면, 창녕군부인 장씨의 남편으로 가장 유력하게 거론할 수 있는 인물은 김흔이다.

김흔은 충렬왕 21(1295)년 1월 지도첨의사에 임명되었다.[28] 이후 충렬왕 26(1300)년 9월 김방경의 묘지명을 작성할 당시의 그의 관직은 도첨의참리都僉議叅理였다.[29] 따라서 그 역시 충렬왕 28년 6월 발원문이 작성될 당시 '지도첨의사치사'직에 있었다고 말하기 어렵다. 하지만 당시 정국의 동향을 유심히 살펴보면, 김흔은 지도첨의사로 치사했을 가능성이 높다. 당시 고려 정국은 충렬왕파와 충선왕파가 극심하게 대립하고 있었다. 충렬왕 24년 1월 충선왕이 즉위하였으나 1년을 넘기지 못한 채 8개월 만에 충선왕은 퇴위하고 충렬왕이 복위하였다. 이후 충선왕파인 인후와 김흔 등은 충렬왕 25(1299)년 1월 '한희유 무고사건'을 일으키는 등 공세를 취했으나 결국 실패하여 원으로 가서 새로운 방향을 모색해야

했다.[30] 이러한 상황은 충렬왕 28년 7월에는 충렬왕의 복심이었던 송분宋玢이 도첨의중찬에 임명되고,[31] 28년 10월 한희유가 첨의중찬에 임명된 것[32]에서 단적으로 확인된다.[33]

충렬왕측 역시 충선왕파를 격렬하게 공격했다. 충렬왕 27(1301)년 5월 충선왕비인 부다시린공주[寶塔實怜公主]의 개가改嫁를 요청하는 표문을 올리면서 원으로 도주한 인후의 토지와 노비를 본래의 주인에게 돌려줄 것을 원에 요청하면서 다음과 같이 말했다.[34]

> "쿠라다이(인후)와 같은 자들은 본시 홑몸으로 고려에 왔으니 어찌 한 물건인들 지닌 것이 있었겠습니까? 현재 소유하고 있는 재물은 모두가 민民을 침탈했거나 뇌물로 받은 것이며, 차지하고 있는 전민田民도 대부분 억지로 빼앗거나 힘으로 탈취한 것들입니다. 그중에는 또한 제가 지급한 것도 있는데, 역시 주인이 없는 것이라고 거짓 보고했기 때문에 준 것입니다. 김흔金忻의 전민田民 같은 경우도 또한 쿠라다이에 버금간다고 할 수 있을 것입니다."[35]

당시 인후는 원에 체류하고 있었으나 김흔은 고려의 안동에 머무르고 있었다. 부친 김방경이 충렬왕 26(1300)년 8월 개경에서 사망하였기 때문이다. 한희유 무고사건으로 고려로부터 소환을 요청받던 인후와 김흔은 충렬왕 26년 7월 황태자의 천추절千秋節(생일)로 사면 받았는데,[36] 김흔은 사면 받은 직후 부친의 병환 혹은 부친상 때문에 고려로 귀국한 것으로 보인다. 그러나 '부다시린공주의 개가책동'과 '인후의 전민 몰수' 시도에서 확인되듯이 충렬왕 측의 공격은 거세었고 김흔 역시 이로부터 자유로울 수 없었다. 충렬왕 측의 공격은 김방경의 장례까지 미쳤다. 김방경이 "고향인 안동安東에 묻어달라고 유언했으나 당시 집권자들이 못

마땅하게 여겨 의례대로 장사를 지내지 못했다".[37] 충렬왕파였던 집권자들은 김방경의 아들 김흔과 격렬하게 대립하고 있었고 이것이 김방경의 장례에까지 영향을 미쳤던 것이다. 당시 김방경 가문의 상황은 김흔의 동생 김순金恂의 관력官歷에서도 확인된다. 김순은 충렬왕 24(1288)년 12월 봉익대부奉翊大夫·밀직부사密直副使·문한학사文翰學士에 임명되었으나 이듬해인 충렬왕 25년 은퇴를 청하였고 이후 부친 김방경의 장례를 치루었다.[38] 김순이 충렬왕 25년 이후 은퇴했던 것은 당시 김방경의 자제들이 관직에 머무를 수 없었던 정치적 상황 때문이었을 것이다. 김순이 은퇴할 수밖에 없었다면, 김흔 역시 관직에 머무르지 못한 채 은퇴하였을 가능성이 높다. 김흔이 은퇴할 당시 그의 관직은 도첨의참리였을 것이나, 참리직을 마치지 못하였으므로 지도첨의사사로 치사하였을 것이다. 따라서 창녕군 부인 장씨 발원문의 필사자 지도첨의사치는 김흔으로 판단된다.

김방경 가문이 발원에 적극적으로 참여하였다는 점은 영가군부인永嘉君夫人 김씨金氏 발원문에서도 확인된다. 발원문에 언급된 김민성金敏城은 김방경의 조부이고, 김효인金孝印과 송씨宋氏부인은 김방경의 부모이고, 송기宋耆는 김방경의 장인이다.[39] 상락공 김씨는 김방경이고 박씨 부인은 김방경의 부인인 죽산 박씨이다. 따라서 영가군부인 김씨는 김방경의 친족임이 확실하다. 문제는 최문본崔文本, 최온崔昷과 전씨부인田氏夫人의 존재인데, 이들은 영가군부인의 남편과 시부모일 가능성이 높아 보인다. 특히 '김민성 - 김효인 - 송씨부인 - 송기 - 최문본 - 상락공 김씨 - 박씨부인 - 최온 - 전씨부인'이라는 순서를 고려하면, 영가군부인 김씨는 최문본의 부인으로 김방경의 매妹일 가능성이 현재로서는 가장 높다. 다만 안동김씨 족보에서는 철원 최씨와의 혼인관계가 확인되지 않는다. 『씨족원류』에 의하면 김효인은 1남 2녀를 두었는데 아들은 김방경이고 딸은 2명은 강분姜份과 권천權蕆에게 각각 시집갔다.[40] 따라서 철원 최씨 최문본이 김효인의 사위임을 확언할 수는 없으나, 김방경 묘지명에 김방경의 사위 4명이 구체적으로 언급된 점, 최문본은 충렬왕 2(1276)년에 밀직부사密直副使로 사망하여 김방경과 나이 차이가 크지 않았을 것이라는 점, 영가군부인이 발원문을 작성할 당시 "임종할 때"라 칭할 정도로 고령이었다는 점 등을 고려해 보면 최문본을 김방경의 사위라기보다는 알려지지 않은 매서로 보는 것이 타당해 보인다.[41]

김방경의 매妹로 추정되는 영가군부인 김씨가 아미타여래의 조성과 복장에 참여한 것은 김흔과 그의 부인 창녕군부인 장씨의 참여와 관련성이 있겠지만 문제는 여전히 남는다. 창녕군부인 장씨의 발원문에서 김방경의 흔적을 찾아볼 수 없기 때문이다. 장씨 이름으로 작성된 '주성미타복장입안발원문'에는 장씨의 서원이 대다수를 차지하고 부모형제를 언급할 때에도 죽은 모후母后 조씨曹氏와 장형長兄 조씨曹氏만을 언급할 뿐이다. 김방경에 대한 언급은 어디에도 찾을 수 없다. 이는 '지도첨의사치사'가 쓴 '창녕군부인 장씨 발원문'에서도 마찬가지이다. 단지 법영의 발원문을 전사轉寫하고 자신의 성과 수결만을 기재했다. 이런 측면에서 보면, 창녕군부인의 남편을 김흔으로 보기 어렵지만 다른 이로 보는 것 또한 어렵기는 마찬가지다. 법영 발원문을 전사하면서 자신의 가족에 대한 발원을 전혀 기재하지 않았기 때문이다.

그렇다면 김흔 부부가 김방경의 극락왕생을 공개적으로 기원하지 못할 이유가 있었던 것은 아닐까? 이와 관련하여 주목되는 몇 가지 기록들이 있다. 앞서 언급한 것처럼, 당시 집권자들은 김방경의 예장禮葬을 저지하려 했고, 그래서 인지 김방경의 셋째아들 김순은 충선왕 2(1310)년 겨울이 되어서야 김방경의 묘에 제사를 지낼 수 있었다. 민지閔漬가 김순의 묘지명을 지으면서 특별히 김방경의 제사를 언급한 것은 김방경 장례가 치려진 뒤, 제사 지내기가 용이하지 않았음을 시사한다. 이런 분위기 때문인지 영가군부인 김씨의 발원에서도 김방경을 상락공 김씨로만 약술하고 김방경의 부인 박씨도 음평군부인이라는 작호 대신 그저 박씨부인으로만 기술되고 있다. 따라서 발원문 작성 당시 김방경의 극락왕생에 대한 직접적인 언급은 허락될 수 없을 것이다.

　김흔의 부인으로 추정되는 창녕군부인은 고려시대 군부인의 작호가 주로 부친, 남편, 모친의 관향과 유관하다는 점[42]을 고려하면 그녀의 부친의 성관이 창녕이거나 아니면 모친의 성관이 창녕일 것이다. 충렬왕대 창녕 장씨로 이름을 알린 이는 장일張鎰이 있다. 장일은 삼별초 진압에 공을 세워 김방경과도 교류가 있을 것이다.[43] 하지만 기록의 부족으로 장일과 창녕군부인 장씨와의 관계를 설정하기는 어렵다. 또 발원문에서 언급된 '망모 조씨'와 '망장형 조씨'의 존재[44]를 고려하면 창녕군부인이라는 작호는 조씨로부터 말미암았을 가능성을 배제할 수도 없다. 따라서 여기서는 창녕군부인 장씨와 창녕과의 연관성만을 확인해 둔다.

　창녕군부인 장씨와 영가군부인 다음으로 주목되는 인물은 김도金瑫다. 김도는『고려사』에서도 그 이름이 확인되는 인물로 충렬왕 28년 6월에 사관수찬관史館修撰官·지내지知內旨에 임명되었으며[45], 광산군으로 봉군된 뒤 충숙왕 4(1317)년 사망했다.[46] 발원문에서 김도는 자신의 부친과 유경柳璥, 유승柳陞, 홍씨洪氏, 지양之讓, 가심可心, 지서之敍, 금윤金輪, 소한所閈 등의 영가靈駕가 법계에 이르기를 기원했다. 김도가 유경, 유승, 홍씨[47]를 언급한 것은 그가 유승과 홍씨의 사위이기 때문이다.『문화유씨』가정보에 의하면 김도는 유승의 사위로 옛 이름은 김지기金之祈[48]이었으며 참지정사 김련金鍊의 아들이었다(古名之祈, 宰至光山人 參知政事 鍊子). 김련은『고려사』에 입전되어 있는 인물인 김지숙金之淑의 부친이다.[49] 따라서 김지숙과 김도는 형제 사이였으며 이런 이유로 김지숙의 딸이 유승의 아

들 문화군文化君 유인기柳仁琦의 처가 되었을 것이다.[50]

　홍씨 이후로 이름이 확인되는 인물은 지서之敍로 『씨족원류』에 의하면 그는 김도의 둘째 형이다. 김도의 부친 김련金鍊은 모두 4남 2녀를 두었는데, 장남이 김지숙, 2남이 김지서, 3남이 김지기(김도) 4남이 김지金祉[51]이며, 장녀는 박수견에게, 차녀는 홍진의 아들이자 김도의 장모 홍씨의 형제인 홍규에게 시집갔다. 김지서가 김도의 둘째 형이라면 김지양 역시 김도의 형제로 보인다. 그렇다면 가심可心·금륜金輪·소한所閑은 누구일까? 김지경과 김지숙 사이에 이름도 없이 언급된 것으로 보아 김련의 딸로 추정할 수 있으나 노비일 가능성도 배제할 수는 없다. 발원문만으로는 그들의 정체를 파악하기는 어렵다. 김도는 자신의 부친인 김련, 처의 조부인 유경, 장인 유승과 장모 홍씨, 자신의 죽은 형제들의 영가가 극락왕생하기를 바라는 마음에서 발원문을 작성하였던 것이다.

　김도의 발원과 관련하여 주목되는 이는 남색주머니에 이름이 쓰여진 시녕군부인始寧郡夫人 유씨柳氏이다. 앞서 언급한 것처럼 김도는 유승의 사위였다. 유승은 성관이 문화文化인데 문화의 별호는 시령始寧이다. 따라서 시령군부인 유씨는 김도의 부인일 가능성이 높다.[52]

　다음으로 주목되는 발원 인물은 자색 저고리를 시주한 고몽경高夢卿이다. '조현대부朝顯大夫·시판도총랑試版圖摠郞·사자금어대賜紫金魚袋 고몽경高夢卿'의 문서는 자색저고리의 깃에서 접혀진 채 발견되었으므로[53] 자색저고리의 시주자와 고몽경은 밀접한 연관이 있어 보인다. 다만 고몽경을 시주자로 보기는 어려울 듯하다. 고몽경의 사위는 광산 김씨 김수金須[54]이고 김수의 부인 고씨는 묘지명이 현전한다.[55] 묘지명에 의하면 고씨는 고종 13(1226)년에 출생하여 충숙왕 14(1327)년에 102세의 나이로 사망했다. 고씨가 고종 1226년에 출생하였다면 1302년에는 77세가 된다. 1302년까지 고몽경이 생존했다면 고몽경의 나이는 최소한 90세가 넘었을 것이다. 따라서 자색저고리를 시납한 사람은 고몽경이라기 보다 그의 딸 혹은 후손들이 고몽경의 극락왕생을 위해 자색 저고리와 초적삼을 시납하였을 가능성이 높다. 때문에 자색저고리 깃 안쪽에 "~씨의 극락왕생을 기원하며 복장에 자의와 초적삼들을 시납합니다~氏同生極樂願以腹藏入內紫衣及綃脊衫等乙 施納."이라고 묵서하였을 것이다. 고씨의 아들은 충렬왕 28년 6월에는 관직이 지밀직사사知密直司事였던 김태현金台鉉이고 손자는 김광재金光載였다.

발원자들 가운데에는 유홍신兪弘愼의 처 이씨도 있다. 유홍신은 『고려사』에는 유홍신兪洪愼으로 나오며 충렬왕 8(1282)년 상장군으로 원나라에 가서 신년하례를 했으며[56] 충렬왕 17년에는 부지밀직사사副知密直司事에 임명되었다.[57] 유홍신의 부인 이씨는 유홍신을 위해 중의中衣와 상의上衣와 귀주머니를 시납하였는데 추측컨대 충렬왕 28년 당시 사망한 남편 유홍신을 위해 부인 이씨가 시납하였을 것이다. 유홍신과 더불어 주목되는 인물은 태장계 만다라에 이름을 적은 유홍정兪弘貞이다. 이름을 고려하면 유홍신과 유홍정은 형제관계로 추측된다. 한편 발원문 중에서는 이름만 적힌 묵서도 있는데, 그곳에는 유시우兪時遇, 이신백李申伯, 유광기兪光器, 이씨李氏, 유씨兪氏 등의 이름이 보인다. 관직 없이 이름만 나열되어 있으나 유씨 혹은 이씨의 후손이 선조의 극락왕생을 기원한 것으로 보인다.

이상의 내용을 정리해 보면, 1302년 안동 인근에서 조성된 것으로 추정되는 아미타불의 조성과 복장납입에는 창녕군부인 장씨, 안동 김씨 김방경 가문의 영가군부인 김씨, 광주 김씨 김도와 그의 부인 시녕군부인 유씨, 고몽경의 후손, 유홍신의 후손들이 참여하였다. 이 가운데 가장 주도적인 역할을 한 인물은 창녕군부인 장씨이며 그의 남편은 김방경의 2남인 김흔으로 추정된다. 만약 장씨의 남편이 김흔이라면 이 불상의 조성에 가장 큰 역할을 한 집안은 안동김씨 김방경 가문일 것이다.

현전하는 고려시대 발원문에 견주어 볼 때, 발원자들의 구성면에서 온양민속박물관 소장 복장발원의 대상인 아미타여래 발원자들의 지위는 가장 높다. 고려후기 불상의 조성과 복장 납입에 이렇게 많은 세족가문들이 참여한 사례는 거의 없다. 안동김씨와 철원 최씨, 광주 김씨 김련 가계와 문화유씨는 모두 세족가문으로 분류될 수 있으며, 부밀직사사를 역임한 재신宰臣 유홍신의 지위도 결코 낮지 않다. 특히 이들 가문들은 다른 세족가문들과 중첩적인 혼인관계를 맺으면서 안동지역과 연관을 가지며 성장했다. 시녕군부인의 여동생은 안동 권씨 권보의 부인이고, 고씨 부인의 손자인 김광재金光載의 부인은 김방경의 장남 김선金愃의 아들 김승택金承澤의 딸과 혼인했다.

발원문에서 보이는 또 하나의 특징은 가족단위의 발원이 현저하다는 점이다. 이는 김도와 영가군부인, 유홍신 처의 사례에서 단적으로 확인되고 국신색원 김영구도 자식의 장수를 기원하고 있다. 정확하게 확인되지 않으나 유시우나 유홍정의 경우도 가족단위의 발원자로 추정된다.

1   발원문의 수와 속성은 온양민속박물관이 출간한 조사보고서에 따랐다. (온양민속박물관,『1302년 아미타불 복장물의 조사연구』, 1991.)

2   성자의 두 가지 지혜로 여리지(如理智)와 여량지(如量智), 실지(實智)와 권지(權智), 근본지(根本智)와 후득지(後得智) 등을 말한다.

3   불도를 닦아 이르는 부처의 지위를 말한다.

4   허흥식의 보고에 의하면 고몽경 묵서는 9번 자색 저고리 동정깃에서 발견되었다. 허흥식,「1302년 아미타불 복장의 조성 경위와 사상경향」,『1302년 아미타불 복장물의 조사연구』, 온양민속박물관, 1991, 34쪽.

5   허흥식과 남권희는 온양민속박물관이 소장하고 있는 복장유물 이외에 다른 곳에서 보관하고 있는 만다라를 소개하고 있는데, 이 가운데 묵서가 있는 것을 중심으로 검토하였다. 이들 만다라는 사진으로 확인할 수 없었으며 따라서 허흥식과 남권희의 보고에 의거하여 작성하였다. 허흥식, 앞의 글, 15쪽; 남권희,「1302年 阿彌陀佛腹藏 印刷資料에 대한 書誌學的 분석」,『1302년 阿彌陀佛腹藏物의 調査研究』, (재)계몽문화재단 온양민속박물관, 1991, 57~63쪽.

6   허흥식, 앞의 논문, 39쪽.

7   고려후기 정토신앙에서『화엄경』보현행원품과 천태적 요소의 영향에 대해서는 '이승희,『고려후기 정토불교회화의 연구-천태 화엄신앙의 요소를 중심으로』, 홍익대학교 대학원 미술사학과, 2011'를 참조.

8   一願. 願承阿彌陀佛願力, 從今生盡未來, 生生世世在在處處, 求離三塗八難, 及邊地賤地等不如意處, 若不得生諸佛淨土, 當生天上, 離諸欲樂, 常得親近天主阿彌陀佛大天王所, 恒聞說法, 重習般若, 增長善根. 若生人間, 生正信家, 近善知識, 發菩提心, 進趣菩提. 若天若人, 至命終時, 身心適悅. 諸怖畏一刹那間, 隨願往生. 二願. 願承阿彌陀佛願力, 從今生盡未來, 生生世世在在處處, 不受女身具丈夫相. 相好圓滿, 聰明正直, 好行仁義. 堅持禁戒伍戒, 十種具足修行, 遠離一切貧窮下賤, 及諸不善, 聖所呵法.

9   권희경,『고려사경의 연구』, 미진사, 1986, 393~394쪽.

10 성과 수결의 판독은 용이하지 않으나 필자는 '김金 수결'로 판독하였다. 그가 성과 수결을 기재한 것은 당시의 공문서 작성 양식에 의거한 것으로 보이는데,『고려사』형법지 공첩상통식公牒相通式에 의하면 종1품의 문하시중 이상은 성을 쓰지 않고 수결하고 종6품직인 습유 이상은 성을 쓰고 수결하도록 되어 있다.(『고려사』권84, 지38 형법1) 당시에 이런 관행은 비교적 잘 지켜진 것으로 보인다.(박준호,「수결(화압)의 개념에 대한 연구」,『고문서연구』20, 2002)

11 신은제,「장곡사 금동약사여래좌상의 복장 발원문과 발원자들」,『미술사연구』29, 2015, 56~58쪽.

12 허흥식은 양자의 관계를 부부관계일 가능성을 제기하였으나 확인하지 못했으며, 장씨의 남편이 법영의 발원문을 전사轉寫한 것으로 이해했다.(허흥식, 앞의 논문, 37~39쪽) 필자 역시 고려후기 부부발원이 빈번했다는 점을 고려하여, 장씨와 지도첨의사치사 김 모의 관계를 부부로 간주하는 것이 가장 효과적인 해석이라 판단하며, 수결의 존재를 통해 이 발원문은 지도첨의사치사가 전사한 것으로 이해된다.

13 박용운,『고려시대 관직 관계연구』, 고려대학교 출판부, 1997, 68~78쪽.

14 예를 들어 충렬왕 4년(1278) 사망한 김구金坵는 관직이 정2품인 첨의시랑찬성사僉議侍郎贊成事였으나 관계는 광정대부였고, 충렬왕 13년(1287)에 사망한 원부元傅는 관직이 종 1품직인 첨의중찬僉議中贊이었으나 관계는 광정대부였으며, 충렬왕 32(1306)년 사망한 정인경鄭仁卿 역시 관직이 도첨의중찬이었으나 관계는 광정대부였다. 김용선 편저,「김구묘지명」,『고려묘지명집성』, 한림대학교 출판부, 2001, 395쪽;「원구묘지명」, 위의 책, 398쪽;「정인경묘지명」, 423쪽.

15 『고려사절요』권22, 충렬왕 26년 8월.

16 『고려사절요』권21, 충렬왕 21년 봄 정월.

17 『고려사』권32, 충렬왕 28년 3월 경술일.

18 『고려사절요』권20, 충렬왕 20년 12월.

19 『고려사절요』권22, 충렬왕 26년 11월; 권23, 충선왕 2년 11월.

20 『고려사』권31, 충렬왕 26년 11월.

21 『고려사절요』권22, 충렬왕 26년 11월.

22 『고려사절요』권22, 충렬왕 26년 4월.

23 『고려사』권32, 충선왕 2년 7월 기해일. 민훤은 충렬왕 30년(1304) 1월에 자의도첨의찬성사에 임명되었다.(『고려사절요』권22 충렬왕 30년 1월)

24 『고려사』권32, 충렬왕 28년 5월 병오일.

25 김용선 편저, 「김심묘지명」, 『고려묘지명집성』, 한림대학교 출판부, 2001.

26 김용선 편저, 「김주정묘지명」, 『고려묘지명집성』, 한림대학교 출판부, 2001.

27 『고려사』권30, 충렬왕 13년 11월 임자일.

28 『고려사』권31, 충렬왕 21년 1월 기사일.

29 김용선편저, 「김방경 묘지명」, 『고려묘지명집성』, 한림대학교 출판부, 2001.

30 『고려사』권31, 충렬왕 25년 1월 정유일.

31 『고려사』권32, 충렬왕 28년 7월 신축일.

32 『고려사』권32, 충렬왕 28년 10월 신사일.

33 한희유 무고사건과 당시 정국의 동향에 대해서는 '김광철, 「홍자번연구」, 『경남사학』창간호, 1984, 14~25쪽'을 참조.

34 『고려사』권32, 충렬왕 27년 5월 경술일.

35 若忽剌歹等, 本以隻身而到此, 曾何一物之有將? 今所有資財, 皆出侵漁賄賂, 所有田民, 多是强呑勢奪. 其中亦有臣所給者, 亦因妄告以無主, 故與之耳. 至如金忻之田民, 亦亞於彼.

36 『고려사』권32, 충렬왕 26년 7월 정축일.

37 『고려사』권104, 열전17 김방경. "遺命歸葬安東, 時用事者惡之, 遂沮禮葬"

38 김용선 편저, 「김순묘지명」, 『고려묘지명집성』 한림대학교 출판부, 2001.

39 김용선편저, 「김방경 묘지명」, 『고려묘지명집성』 한림대학교 출판부, 2001.

40 그들이 김방경의 妹壻라는 점은 김방경 열전에서도 확인된다.

41 충렬공김방경기념사업회, 『충렬공김방경자료집성』1, 271~276쪽 참고.

42 　김아네스, 「고려전기의 외명부」, 『역사와 경계』 87호, 부산경남사학회, 2013.

43 　『고려사』 권106, 장일열전.

44 　그런데 장씨의 모친이 조씨이고 자신이 장씨라면 그의 장형 역시 장씨여야 한다. 그런네 빌원문에는 조씨로 표기되어 있다. 자신의 장형이 외가의 성을 따랐을 가능성을 고려해 볼 수 있으나 그런 사례는 잘 확인되지 않는다.

45 　『고려사』 권32, 충렬왕 28년 6월 경진일.

46 　『고려사』 권34, 충숙왕 4년 3월 을미일.

47 　홍씨는 남양 홍씨 홍진洪縉의 딸로 유승의 부인이자 김도의 장모이다. 홍진의 사위 가운데 한명이 철원 최씨 최문본崔文本의 동생인 최문립崔文立이다.

48 　『씨족원류』에는 金之沂로 기록되어 있다.(『씨족원류』 보경문화사 영인본, 2002, 200쪽)

49 　『고려사』 권108, 제신, 김지숙.

50 　김용선편저, 「유보발柳甫發묘지명」, 『고려묘지명집성』, 한림대학교 출판부, 2001.

51 　김지는 관직이 정의대부正義大夫 판선공시사判繕工寺事에 이르렀으며 홍빈洪彬의 외조부였다.(김용선편저, 「홍빈묘지명」)

52 　당시 안동 김씨 권부權溥의 처 뒷날 변한국대부인卞韓國大夫人인 역시 유승의 딸이어서 권부의 처가 시녕군부인으로 책봉되었을 가능성도 있으나, 김도 발원문과의 관계를 고려하면 김도의 부인일 가능성이 더 높다고 할 수 있다.(김용선 편저, 「권부 처 유씨 묘지명」)

53 　온양민속박물관, 앞의 책, 292쪽.

54 　김용선편저, 「김광재묘지명」, 『고려묘지명집성』, 한림대학교 출판부, 2001.

55 　김용선편저, 「김수 처 고씨 묘지명」, 『고려묘지명집성』, 한림대학교 출판부, 2001.

56 　『고려사』 권29 충렬왕 8년 12월 기축일.

57 　『고려사』 권30 충렬왕 17년 6월 임신일.

Ⅲ. 1322년 천수관음보살상

    고려후기 복장물 가운데 현재 불상은 없어지고 복장물만 남아 있는 경우도 있다. 불상과 봉안 사찰은 확인할 수 없으나 복장발원문, 불경, 다라니, 후령통喉鈴筒이 알려진 1322년 천수관음상의 복장물은 그 대표적인 사례이다. 1322년 천수관음상의 복장발원문은 원래 대구에서 정형외과를 운영하는 백종흠白宗欽원장이 소장하고 있던 것을 허흥식 교수가 학계에 소개하였다.[1] 이 복장유물은 1991년 온양민속박물관의 복장유물 특별전시회에서 전시된 바 있다.[2]

    1322년 천수관음상의 복장물은 후령통喉鈴筒 2개, 천수관음주성원문千手觀音鑄成願文과 1614년 조성불상시주명단造成佛像施主名單, 대덕大德 5(1301)년 불정심관세음보살모다라니佛頂心觀世音菩薩姥陀羅尼, 금강계 만다라와 범자원상梵字圓相만다라, 현세현재불명경現世現在佛名經, 지장보살본원경, 대방광불화엄경 40권 등이다. 현재 복장물의 소재는 알 수 없으며 온양민속박물관에서 소개한 사진자료를 바탕으로 복장물 일부의 목록만 작성하였다.

〈표2-8〉 1322년 천수관음보살상 복장물 목록

번호	명칭	규격 (cm)	수량	재질	시대	특징	사진
1	천수관음 주성원문		1	한지	1322년	2장의 서로 다른 종이를 이접.	
2	조성불상 시주명단		1	한지	1614년		
3	불정심 관세음보살모 다라니		2	한지	1301년	대덕 5년 인간	
4	금강계 만다라		1	한지			
5	범자원상 만다라		1	한지			
6	현세현재 불명경		1	한지			
7	지장보살 본원경		1	한지			
8	대방광 불화엄경 40권		1	한지			
9	후령통		2	목재			

1. 1322년 천수관음주성원문의 내용

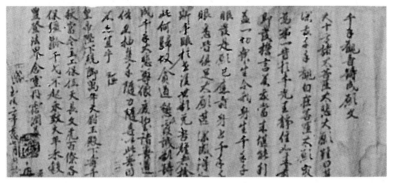

2-23 천수관음주성원문. 고려 1322년

천수관음주성원문

무릇 시방의 여러 큰 보살의 큰 자비와 서원은 비록 매우 깊다하나, 우리 천수관자

재보살의 큰 서원이 가장 으뜸입니다. 옛날 천광왕정주여래 앞에서 서원을 내었습

니다. "내가 마땅히 이른 곳에서는 일체 중생을 이롭게 할 것이니 저의 몸에서 천수

천안이 생겨나도록 해주시고 이 서원이 나온 이후 때 맞추어 몸에서 천수천안이 모

두 갖추어 질 것입니다." 큰 서원이 매우 깊어 세상에서 손과 눈을 이와 같이 느껴

알 수 있으니 후세에 고난을 면하려는 자가 이것을 버리면 어디에 귀의하겠습니까?

그런 까닭에 빈도는 정성을 다해 천수대비존상을 주성합니다. 바라건대 모든 선도

善道(天道과 人道)의 속명들은 힘과 마음에 따라 착수할 것이니, 이것을 선인善因으로

삼는 것이 또한 마땅하지 아니하겠습니까?

황제폐하께서는 만년을 다스리시고, 대위왕(충선왕)전하께서는 천수를 누리시며

지금의 주상(충숙왕)의 보위가 하늘처럼 길어지고 문무백관은 각각 강녕하서소.

전쟁이 일어나지 않아 영원히 태평에 이르고 풍년이 들어 법계의 함령들이 그 이익

을 누리게 하소서. □

　　(인) □

　　(인) 지치 2년 임술년(1322, 충숙왕 10) 7월 일 짓다. 勸善道人　永農

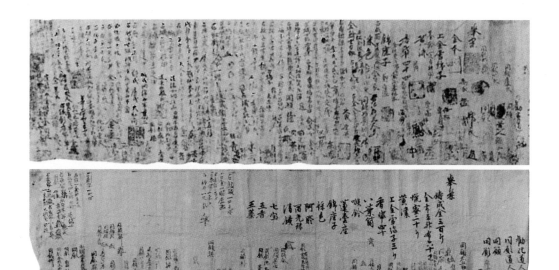

2-24 천수관음주성원문 발원자[*], 고려 1322년

　　천수관음보살상의 복장물 가운데 천수관음주성원문千手觀音鑄成願文은
불상의 조성연대와 발원 내용, 발원자의 면모를 알려준다는 점에서 중요
하다. 천수관음주성원문은 총 3매로 구성되어 있다. 첫 장과 둘째 장은
이접되어 있고 세 번째 장은 별지로 존재하며, 첫 장과 세 번째 장은 지
질과 서체가 같다고 한다.[3]

　　이 발원문은 1986년 소개되었는데,[4] 발원문을 직접 조사할 수 없을 뿐 아
니라 공개된 사진도 흐려 원문을 판독하기가 어려웠다. 여기서는 기존의 자
료를 활용하여 복장물의 내용을 소개하고 발원문을 분석하고자 한다.

　　1322년 천수관음상을 조성하면서 만든 천수관음주성원문千手觀音鑄成
願文(이하 '주성원문')은 천수관음보살의 서원이 모든 보살 중의 제일임을
강조한 뒤, 『천수천안관세음보살광대원만무애대비심다라니경千手千眼觀
世音菩薩廣大圓滿無礙大悲心陀羅尼經』의 내용 일부를 인용하여 천수관음이 천

　　* 　발원자 명단은 부록을 참조.

광왕정주여래에게 서원하는 내용을 기술하였다. '주성원문'에 의하면,
천수관음은 "내가 마땅히 이른 곳에서는 일체 중생을 이롭게 할 것이니
저의 몸에서 천수천안이 생겨나도록 해주시고 이 서원이 나온 이후 때
맞추어 몸에서 천수천안이 모두 갖추어 질 것입니다(若我當來堪能利益一切衆
生, 令我身生千手千眼, 發是願已, 應時身上千手千眼, 悉皆俱足.)"라고 서원했다. 또한 "큰
서원이 매우 깊어 세상에서 손과 눈을 이와 같이 느껴 알 수 있으니 후
세에 고난을 면하려는 자가 이것을 버리면 어디에 귀의하겠습니까? 그
런 까닭에 빈도는 정성을 다해 천수대비존상을 주성합니다"라고 하여
천수관음상의 주성을 통해 천수관음에 귀의하고, 이를 통해 후세의 고난
을 벗어나고자 한 의도가 보인다. 이 발원은 고려시대의 천수관음조성과
신앙을 이해하는 매우 중요한 자료이다.

천수관음신앙을 동아시아에서 널리 유행시킨 이는 지통智通이었다.
지통은 당 고종 4(653)년 총지사總持寺에서 『천전다라니관세음보살주경
千轉陀羅尼觀世音菩薩呪經』, 『청정관세음보현다라니경淸淨觀世音普賢陀羅尼經』,
『관자재보살수심주경觀自在菩薩隨心呪經』 3부를 번역하여 당에서 천수신앙
을 유행시켰다. 이후 가범달마伽梵達摩, 금강지金剛智, 불공不空도 천수관
음경전을 번역하였다.〈표2-9〉

천수관음신앙은 고려에서도 널리 유행하였다. 이는 대각국사 의천의
『신편제종교장총록新編諸宗教藏總錄』에 지례知禮의 「천수안대비심주행법
千手眼大悲心呪行法」와 준식遵式의 『참법보조의懺法補助儀』 등이 수록되어 있
고, 고려대장경의 목록에 지통智通과 가범달마伽梵達摩의 역본과 보리유
지菩提流志가 번역한 『천수천안다라니신경千手千眼陀羅尼身經』, 불공不空역
『금강정유가천수천안관자재보살념송법金剛頂瑜伽千手千眼觀自在菩薩念誦法』
과 금강지金剛智역 『천수천안관세음보살대신주본千手千眼觀世音菩薩大神呪
本』이 있다는 점에서 추측이 가능하다.[5] 다만, 천수관음신앙의 유행에도

불구하고 현전하는 고려시대 천수관음도상은 매우 제한적인데, 이에 대해서는 고려에서 천수관음신앙이 주로 다라니 독송을 중심으로 전개되었기 때문이라는 해석이 있다.[6]

각종 『천수경』에 나타난 천수관음신앙에는 밀교적 요소, 정토사상적 요소가 내재되어 있으며 선종의례에서도 독송되었다. 『천수경』 특히 가범달마伽梵達磨의 역본에 기재된 관음의 서원이 『무량수경』에 기재된 아미타불의 서원과 유사하다는 점에서 정토사상적 요소가 확인된다고 한다.[7] 그럼에도 『천수경』이 밀교경전이라는 점은 경시되기는 어려울 듯하다. 지통과 가범달마가 당나라 초엽 천수관음에 대한 경전을 한역漢譯할 때 밀교는 이미 주술화 된 다라니와 수인이 결합되었고 독자적인 상법像法, 단법壇法, 만다라가 발전하고 있었다.[8] 따라서 이 시기의 경전의 내용은 불상의 조성의례와 무관하지 않았을 것이다.

2. 발원자와 시주물목

1322년 천수관음 발원문의 발원자 구성은 복잡할 뿐 아니라, 다른 고려시대 복장발원문에 비해 특이성을 가지고 있다. 가장 주요한 특징은 시주물목과 시주자가 함께 기재되어 있는 점이다. 이러한 형식은 조선시대 발원문에서 전형화 되어 나타나는 것으로, 고려시대 발원문에서는 사례를 찾아보기 어렵다. 지정 6년(충목왕 2년, 1346)에 조성된 문수사 금동아미타좌상여래의 복장에서 '미타복장입물색기彌陀腹藏入物色記'가 나오긴 했으나 복장에 안립된 물품 내역만 기재되어 있을 뿐, 시주자의 이름은 존재하지 않는다. 이에 반해 1322년 천수관음 주성원문에서는 시주물목과 발원자가 함께 기재되어 있다. 때문에 1322년 천수관음 주성

〈표2-9〉 대정신수대장경에 수록된 천수경 계통의 경전

	경번호	경전명	번역자	권수
1	T20No.1057	千眼千臂觀世音菩薩陀羅尼神呪經	智通	2
2	T20No.1060	千手千眼觀世音菩薩廣大圓滿無礙大悲心陀羅尼	伽梵達磨	1
3	T20No.1058	千手千眼觀世音菩薩姥陀羅尼身經	菩提流志	1
4	T20No.1064	千手千眼觀世音菩薩大悲心陀羅尼	不空	1
5	T20No.1056	金剛頂瑜珈千手千眼觀自在菩薩修行儀軌經	不空	2
6	T20No.1066	大悲心陀羅尼修行念誦略儀	不空	1
7	T20No.1061	千手千眼觀自在菩薩廣大圓滿無礙大悲心陀羅尼呪本	金剛智	1
8	T20No.1062	千手千眼觀世音菩薩廣大身呪本	金剛智	1
9	T20No.1065	千光眼觀自在菩薩秘密法經	蘇嚩羅	1
10	T20No.1068	千手觀音造次第法儀軌	善無畏	1

* (진명화, 『高麗時代 千手信仰과 佛畫의 圖像研究』, 연세대학교 한국학협동과정 박사학위 논문, 2010, 138쪽 주)471 전재)

원문은 그 자체로 특이성을 지닌다. 그러나 앞서 언급한 것처럼, 복장발원문을 직접 조사할 수 없었고, 발원문 사진을 확인할 수 없어 시주물목에 따른 시주자를 명확하게 확정하고 이를 바탕으로 한 논지의 전개는 어려웠다. 이러한 제약 아래에서 발원문을 분석해보면, 발원문의 내용은 크게 세부분으로 구성된다. 발원문 첫째 폭에 기재된 발원의 내용, 거안擧案이라 기재된 시주물목, 그리고 발원자이다.

1322년 천수관음보살상의 발원문에 기재된 발원자 수는, 수결만 있는 경우도 있고 한명으로 보기 모호한 경우도 있어, 정확히 확인하기 어려우나, 최소 307명 정도의 발원자가 발원에 참여하였을 것으로 보인다. 첫째 폭에서는 발원문의 찬자로 보이는 권선도인勸善道人 영농永農 1명의 발원자가 확인되며, 둘째 폭에는 205명의 발원자 명단이 기재되어 있고 셋째 폭에는 102명이 발원에 참여한 것으로 판단된다. 전체 발원자 가운데 성씨를 소유한 이들은[9] 154명으로 전체 발원자의 50.16%에 달했다. 한편 성씨소유자 가운데 성과 이름이 함께 쓰여 있어 남자로 판명되는 이들은 94명으로 전체 성씨 소유자의 61%를 차지했다. 둘째 폭의 경

우 성씨 소유자 중 여성이 53명으로 남성보다 많았으나 셋째 폭의 경우
는 성씨소유 발원자 56명 가운데 여성은 7명에 불과하다. 발원자의 구성
현황은 〈표2-10〉과 같다.

　이러한 발원자의 구성은 장곡사 약사여래좌상의 발원자 구성과 좋
은 대조를 이룬다. 장곡사의 경우 전체 1,117명의 발원자 가운데 32.07%
가 향리층 이상의 상층계급에 속했다. 이에 반해 1322년 천수관음상의
조성에 참여한 상층계급 구성원은 50.16%에 달한다. 발원자 구성면으
로 보자면 적지 않은 비율의 상층계급 구성원들이 천수관음상의 조성
에 참여하였다. 이러한 수치는 문수사 금동아미타여래좌상(상층계급구성
51.27%)과 유사하다.

　상층계급 발원자들 가운데 작호나 관직이 명기된 이는 9명이다. 이들
가운데 5명은 군부인의 칭호를 가진 여성으로, 평양군부인不壤郡夫人 조
씨趙氏, 강진군부인江晉郡夫人 강姜, 마현군부인麻懸郡夫人 홍씨洪氏, 중원군
부인中原郡夫人, 의흥군부인義興郡夫人 박씨朴氏이다. 나머지 4명은 남성으
로 대구현령大邱縣令 강康, 중군녹사中軍錄事 송삼백宋三栢, 흥위위보승산원
興威衛保勝散員 정鄭, 영동정令同正 신수부申守富이다. 군부인은 6품 이상 관
원의 부인 혹은 모친에게 주어지는 작호[10]이므로 이들 군부인들은 비교
적 고위관료의 부인 혹은 모친으로 생각된다. 관직이 기록된 남성들은
대부분 하급관원이다. 서반의 녹사와 산원은 정8품직이며[11] 영동정은 실
직이 아니었다. 여성과 하급관료이기 때문인지, 이들의 구체적인 행적은
사료에서 확인하기 어렵다.

　한편 발원자들이 자신의 관직을 반드시 기재한 것은 아니다. 관직이
기재되지 않은 관직자로 행적을 확인한 인물은 2명이다. 임송任松은 충
숙왕 9년(1322) 충숙왕의 환국을 요청하는 글을 심왕파가 탈취하여 묘각
사妙覺寺에 두었을 때 순군巡軍으로 그것을 지켰던 인물이다.[12] 그가 심왕

〈표2-10〉 1322년 천수관음보살상 발원자 구성

발원문	발원자 수	성씨소유자			
		계	비율(%)	여성	남성
첫째 폭	1	0		0	0
둘째 폭	205	98	47.8	53	45
셋째 폭	102	56	54.9	7	49
총계	307	154	50.16	60	94

파의 지시에 따라 충숙왕의 환국과 복위를 요청하는 글을 지킨 것을 고려하면 그는 충숙왕 9년 심왕옹립운동 당시 심왕파에 가담한 인물로 이해된다. 임송의 단편적인 행적에 비해 가계가 확인되는 인물은 조문근趙文瑾과 그의 부인 최씨이다. 둘째 폭에 '동원同願 조문근趙文瑾 최씨崔氏'로 기재되어 있다. 조문근은 횡천 조씨 조변趙忭의 아들이고 조변의 조부는 조충趙沖이다.[13] 조문근의 부인은 장단長湍 최씨崔氏 최서崔瑞의 딸이다.[14] 따라서 조문근 다음에 나오는 최씨는 그의 부인으로 추정된다. 횡천 조씨인 조문근이 충숙왕 5년(1318)에 상주목 판관에 재직하고 있었던 점[15]을 고려하면 상주목 판사로 재직할 당시의 인연으로 경북 지역의 사찰에 있었을 것으로 짐작되는 천수관음의 조성에 시주한 것으로 보인다.

발원자의 구성과 관련하여 주목되는 또 다른 현상은 둘째 폭 발원자 구성과 셋째 폭 발원자 구성의 차이이다. 둘째 폭은 첫째 폭·셋째 폭과 지질과 서체가 상이하므로 양자를 구분해서 파악해 볼 필요가 있다는 견해[16]가 제시된 바 있다. 둘째 폭의 경우 상층계급 구성원은 전체 발원자 205명 가운데 98명(47.8%)을 차지한다. 이에 반해 셋째 폭은 상층계급 구성원이 전체 발원자 102명 가운데 56명(54.9%)를 차지해 둘째 폭보다 그 비율이 높다. 차이는 상층계급의 성별구성에서 보다 확연하다. 둘째 폭의 발원자 가운데 상층계급 여성은 상층계급 발원자 98명 가운데 52명으로 과반이상을 차지함에 반해 셋째 폭의 경우 56명 가운데 여성은 7명에 불과하다.

1322년 '주성원문'에서 가장 주목되는 점은 불상의 조성과 복장납입에 필요한 물품의 목록과 시주자를 함께 기술한 것이다. 복장유물에 대한 조사를 통해 납입 복장물의 대략적인 내용은 이미 잘 알려져 있다.[17] 고려시대의 경우 앞서 언급한 것처럼 문수사 아미타불의 복장에서 '입색물기入物色記'가 나왔는데, 복장에 납입된 물품은 심경心鏡, 심주心珠, 후령喉鈴, 황폭자黃幅子, 사리동舍利同, 팔엽통八葉司, 유리瑠璃, 호박琥珀, 진주眞珠, 생금生金, 생은生銀, 오색백五色帛, 오색사五色糸, 오곡五穀, 오향五香, 황칠黃漆, 칠漆, 아교阿膠 등이었다. 천수관음의 '주성원문'의 거안擧案에 기록된 물품의 목록은 '입물색기'와 유사하지만 차이점도 분명하다.

먼저 주목되는 것은 셋째 폭 거안擧案의 내용인데, 주성금鑄成金 300근三百斤, 금본삼승포金本三升布 60필六十疋, 밀납[蜜] 20근二十斤, 황칠黃漆, 상금설면자上金雪綿子 3근三斤, 황대香帒 40뜨十, 팔엽통八葉筒, 후령喉鈴, 연화좌蓮臺座, 금좌자錦座子, 채색綵色, 아교阿膠, 미광주眉光珠, 청경淸鏡, 칠보七寶, 오향五香, 오곡五藥이 나열되어 있다. 주조하는데 소요된 금金 300근, 금본金本 3승포 60필, 밀납 20근, 연화대좌 등은 불상의 주조와 개금에 사용된 것이고 팔엽통, 후령, 아교, 오향, 칠보, 청경 등은 복장납입에 사용된 물품으로 판단된다.

이외에 둘째 폭과 셋째 폭에는 거안이라는 이름으로 시주물목과 시주자가 나열되어 있다. 시주물목과 시주자의 명단을 기재하는 형식은 대략 두 가지이다. 하나는 물목과 수량을 쓰고 그 뒤에 이름을 기재하는 형식인데, "향대포 하나 가도치(香袋布一加都智)"가 대표적이다. 또 다른 하나는 "쌀 이승 김보정(占米二升金寶冊)"처럼 앞에 먼저 '점占'자를 쓰고 시주물과 수량 그리고 시주자의 이름을 기재하는 형식이다. 한 물목에 시주자가 여럿이 쓰인 경우도 있을 것으로 판단된다. 이 두 가지 형식 중 '점'자를 쓰고 시주물과 수량 그리고 시주자를 쓴 경우가 다수를 차지한다. '점'은 주술적 의미로 해석하기도 하나[18], 항목과 시주자를 구분하기 위해 사용한 부호적 의미로 판단된다.

한편, 시주물품은 셋째 폭에 담긴 거안이 더 다양하다. 면자綿子, 종이류[紙, 狀紙, 文紙], 향대香帒 등이 다수를 차지하며, 쌀[米], 송탄松炭, 은병銀瓶 등도 있다. 주목되는 점은 시주물목 역시 둘째 폭에 비해 셋째 폭의 물목이 다양할 뿐 아니라 고가高價가 많다는 점이다. 각종 금속류 뿐 아니라 쌀과 은병과 송탄은 모두 셋째 폭에 기재되어 있다. 따라서 시주물목의 가치에서도 셋째 폭은 둘째 폭보다 높다고 할 수 있다.

1   허흥식, 「14세기의 새로운 불복장 자료」,『문화재』19. 문화재관리국, 1986.

2   『경향신문』1990년 10월 22일(13870호) 18면;『1302년 아미타불복장물의 조사연구』, (재)계몽문화재단 온양민속박물관, 1991, 333~335쪽.

3   허흥식, 앞의 논문

4   허흥식,『한국의 고문서』, 민음사, 1988, 128~144쪽.

5   진명화,『高麗時代 千手信仰과 佛畵의 圖像硏究』, 연세대학교 한국학협동과정 박사학위 논문, 2010, 143~144쪽.

6   김호성,『천수경의 새로운 연구』, 민족사, 2006, 김호성은 한국의『천수경』신앙을 '독송용『천수경』' 신앙이라 명명하여 그 특이성을 강조했다.

7   김호성, 앞의 책, 28~48쪽.

8   위젠푸[呂建福],『中國密教史』, 중국사회과학출판사, 1995, 162~173쪽.

9   거사居士는 주로 문인층을 지칭했으므로 성씨 소유자에도 포함했다.

10 김아네스, 「고려전기의 외명부」,『역사와 경계』87호 부산경남사학회, 2013.

11 『고려사』권77, 백관지, 서반西班.

12 『고려사』권 35, 세가 충숙왕 9년 정월.

13 『고려사』권103, 열전 조충 부 조변.

14 김용선 편저, 「최서묘지명」,『고려묘지명집성』, 한림대학교 출판부, 2001.

15 김용선 편저, 「최서 처 박씨 묘지명」,『고려묘지명집성』, 한림대학교 출판부, 2001.

16 허흥식, 앞의 논문.

17 『불복장의식 현황조사보고서』, 대한불교조계종총무원문화부, 재단법인 불교문화재연구소, 2012.

18 허흥식, 앞의 논문.

IV. 서산 부석사 금동관음보살좌상

일본 나가사키현[長崎縣] 쓰시마[對馬島]의 간논지[觀音寺]에는 금동관음보살좌상이 봉안되어 있었다. 이 금동관음보살좌상은 1951년 복장물과 결연문(발원문)이 확인되면서 상에 대한 자세한 내력이 밝혀졌다. 결연문에 의하면, 1330년 충청남도 서산 부석사에서 돌아가신 부모를 대신하여 승려 계진이 승속 32명 등 서로 인연있는 중생들과 힘을 합쳐 불상을 주조하였다. 그들은 불상의 주조를 통해 진정한 영충공양을 실현하고자 하였다. 이에 이 불상은 일본에 남아 있는 많은 불상 가운데 충청도 지역의 정확한 봉안처가 확인된 유일한 작품임이 확인되었으며 이를 통해 14세기 보살상의 기준작은 물론 중요한 편년 자료적 가치를 지닌 불상으로 유명해졌다. 부석사 금동보살좌상은 또렷한 이목구비에 부드러운 미소

2-25 부석사 금동관음보살좌상, 고려 1330년, 50.5cm

를 띤 온화한 얼굴 모습과 대의 착의법, 묵직한 영락 처리 등에서 부드러우면서도 안정된 느낌을 주는 조형적으로 우수한 작품이다.

부석사 금동관음보살좌상의 복장물은 고려시대 14세기의 전형적인 형식을 따르고 있지만 조사에 따른 전체적인 물목과 형식의 파악은 어려운 형편으로 이미 소개된 내용을 위주로 수록하였다.

〈표2-11〉 부석사 금동관음보살좌상 복장물 목록

번호	명칭	규격(cm)	수량	재질	시대	특징	사진
1	관음주성결연문		1	한지	1330	발원 내용과 발원자 32명 명단 기재.	
2	목합 및 후령		1		고려		
3	직물류		다수		고려		
4	금강계 만다라		다수	한지	고려		
5	오곡		다수		고려	목합내부	
6	마노, 수정 등		다수		고려	목합내부	

1. 부석사 금동관음보살좌상의 내력과 복장물

부석사 금동관음보살좌상은 나가사끼현[長崎縣] 지정문화재로서 일본 대마도 간논지[觀音寺]에 오랫동안 봉안되어 있었던 작품이다. 불상은 높은 불단위에 고정된 유리장 안에 모셔져 있었으며 그 내부에 금동보살좌상 한 구와 금동보살두상 한 구가 함께 봉안되어 있었다.

보살상 내부에 있는 복장물은 1951년에 처음 조사되었는데, 이곳에서 각종 만다라와 후령, 결연문結緣文이 나왔으며, 합盒 내부에서는 오색사, 곡물, 마노, 수정 단편 등이 들어 있었다고 한다.[1] 결연문에는 '남섬부주 고려국서주부석사당주관음주성결연문'이라는 제목과 함께 발원목적을 밝히고 천력天曆 3년(1330)에 제작되었음이 기록되어 있다. 이어서 돌아가신 부모를 대신하여 보권도인普勸道人 계진戒眞을 비롯한 승속僧俗의 시주자 32명의 이름이 나열되어 있다.

보살상의 복장물은 1951년 5월 당시 관음사 주지였던 安藤良俊(후에 대마도 醴泉院 주지)이 우연히 상을 들어 올리면서 발견하였다고 한다.[2] 불상의 내부에서는 복장물로 짐작되는 한지의 일부가 발견된 바 있다. 밑면에는 지본종자만다라紙本種字曼茶羅가 나왔지만 현재는 없어졌으며, 배부분에서 접혀진 상태로 관음주성결연문이, 목부분에서 찢어진 삼베에 싸여있는 목합이 발견되었다. 합 내부에서는 오보병을 비롯하여 곡물, 마노, 수정 단편 등이 들어 있었지만 상태는 안 좋았다고 한다.

구체적인 조사를 하지 못해 전체적인 복장물의 안립양상은 잘 알 수 없지만 대체적으로 13~14세기의 고려시대 불상복장물과 큰 차이는 없다고 생각된다. 목합은 12cm 정도의 작은 크기에 둥근 모양인데 내부 사진만 있어 뚜껑이 있었는지는 확인하기 어렵지만, 발견 당시의 글을 통해 보면 원래 있었던 것으로 짐작된다. 목합은 고려시대의 특징으로 잘 알려져 있으며 1346년 문수사 금동여래좌상이나 안정사 금동여래좌상에서 나온 목합이 대표적인 사례이다. 목합 안에서 나온 직물은 크기나 색으로 보아 오보병으로 짐작된다. 오보병은 다섯 방위를 가리키는데 동(청색), 서(백), 남(홍), 북(흑), 중앙(황)이지만 확인되는 색은 청색(동), 백색(서), 황색(중앙)이다. 그리고 진한 갈색과 황색 계통의 천이 있는데 진한 갈색은 흑색이 탈색하여 변한 것으로 북쪽의 흑색이고, 황색 계통의 직물은 남을 가리키는 홍색으로 원래의 색에서 많이 변색된 것으로 보인다. 후령의 크기는 약 5cm 정도이며, 목합 내부에서 나온 것이 아닌 별도로 넣은 것으로 보이는데 아마도 목부분에서 발견되었을 가능성이 높다. 1346년 문수사 금동아미타여래좌상의 경우, 직경 7cm의 후령이 목합과 별도로 나온 바 있으며, 자운사 목조아미타여래좌상(1388년 이전)에서도 직경 2.9cm의 후령이 나온 바 있다. 후령의 발견위치가 정확한 사례는 통영 안정사 금동여래좌상으로 목부분에서 발견되었다.

다라니는 여러 장이 나왔는데 거의 같은 종류로서 대일여래를 중심으로 범자로 된 보협인다라니가 다수였으며 사방위에는 범자가 있다. 이 다라니는 1280년 이전의 충청남도 해미 개심사 목조여래좌상의 금강계만다라, 14세기의 작품으로 추정되는 수덕사근역성보관소장의 서산 일락사 불상 복장물에서 나온 금강계만다라(44×43cm), 1302년 온양민속박물관 소장 만다라(1302년), 1346년 문수사 금동여래좌상의 불정반무구광명다라니의 상단에 찍힌 만다라, 청량사 건칠약사여래좌상에서 나온 금강계만다라와 같은 형식이다. 일락사 금강계만다라는 대일여래를 중앙에 두고 범자로 된 보협인다라니가 수록되어 있으며 그 주위 사방에 수호범자가 있어 부석사 금동관음보살좌상의 그것과 동일하다. 일락사 본에는 한자 간행기가 원 주변에 돌려져 있어 차별성을 보이는데, 같은 본이 아닌 것은 분명하지만 유사성은 있다.[3] 봉화 청량사 약사여래좌상에서 나온 만다라 역시 목판본木版本으로 네 모서리의 사방을 범자로 표시한 점 등에서 비슷하지만 동일판은 아닌 것으로 보인다(34×37.5cm).

이상에서 살펴 본 바와 같이 부석사 금동관음보살좌상의 복장물은 고려시대 14세기의 전형적인 형식을 따르고 있다. 그러나 현재 복장물 조사가 어렵고 현재 없어지거나 훼손되어 전체 복장물의 물목과 형식은 정확하게 파악하기 어려운 상태이다.

2. 결연문 내용과 발원자

부석사 관음보살좌상의 복장물 가운데, 결연문은 불상의 제작시기와 제작에 참여한 이들의 면모에 대한 정보를 제공한다는 점에서 특히 중요하다. 결연문이 없었다면 해당 불상이 언제, 어디에서, 누구에 의해 조상되었는지를 확인할 수 없기 때문이다. 이렇듯 중요한 의미를 지니는 결연문의 내용은 다음과 같다.

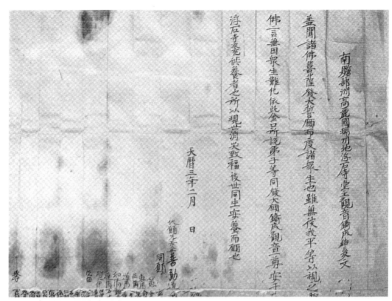

2-26 관음주성결연문, 고려 1330년

남섬부주 고려국 서주땅 부석사 당주 관음주성결연문

대저 들기에 모든 불보살은 큰 서원을 내어 중생들을 계도합니다. 비록 너나없이 평등하게 중생을 보려 해도, 부처님조차도 인연[因]이 없는 중생을 교화하기 어렵다고 말씀하셨습니다. 이러한 부처님의 말씀[金口]에 의거해 제자 등은 함께 대원을 내어 관음 1존尊을 주성하고 부석사에 안치하여 공양하려 합니다. 그리하여 현세에서는 재앙을 없애고 복을 구하며 후세에서는 모두 안양하기를 기원합니다.

천력 3년 2월, 돌아가신 부모를 대신代하여 보권도인 계진[*]

부석사 관음보살상을 조성하면서 쓴 발원문의 내용은 간략하다. 모든 부처와 보살들이 큰 서원을 내어 중생을 계도하려 해도 인연 없는 중생 [無因衆生]들은 교화하기 어려웠다. 이에, 발원자들은 인연이 없어 부처와 보살에게 계도될 수 없음을 염려하여 관음보살상을 주성하여 부석사에

* 발원자 명단은 부록을 참조

안치하며 이를 인연으로 관음보살의 계도를 받아 현세에는 재앙을 소멸하고 내세에는 극락왕생하기를 기원하였다. 이러한 발원은 1322년 천수관음보살상의 발원내용과 유사한 면이 있는데, 천수관음보살의 발원자들은 천수관음을 주성하는 것을 선인善因으로 삼으려 했다. 14세기 전반기 관음보살상을 조상하면서 사람들은 보살상의 주성이 선인이 되어 부처와 보살의 계도를 받아 현실에서는 재앙을 없애고 내세에서는 극락으로 왕생하기를 기원하였던 것이다. 구체적으로, 결연문의 내용과 그 의미는 몇 가지로 정리할 수 있다.

첫째, 결연문에는 남섬부주 고려국 서주라고 하여 불교식 주소 기입 방식을 정확하게 택하고 있다. 이는 고려후기의 특징으로 아산 축봉사 불상의 1322년 최춘발원문에는 '남섬부주 고려국 중부속 진사동정 1리 거주南贍部洲高麗國中部屬進士井洞一里居住'라고 하여 구체적인 주소를 기입한 사례도 있다.

둘째, '부석사당주관음浮石寺堂主觀音'이라는 명칭에서 관음을 독존상으로 모셨음을 알 수 있는데, 그렇다면 관음전이나 원통전이 이 사찰의 주요 전각이었을 것이다. 당주는 이 시기에 많이 등장하는 전각의 주존불을 가리키는 용어로서, 1280년 중수된 해미 개심사 목조여래좌상의 '개심사당주무량수여래開心社堂主無量壽如來', 1346년의 가야산 문수사 금동아미타여래좌상의 '당주미타복장발원문堂主彌陀腹藏發願文' 등에서도 볼 수 있다.

셋째, 시주자 명단을 통해 부석사 승려와 재가신도들이 힘을 모아 제작한 불상임을 알 수 있다. 보권도인普勸道人 계진戒眞, 심혜心惠, 혜청惠淸, 법청法淸, 도청道淸, 환청幻淸, 달청達淸 등은 법명으로 승려로 판단된다. 아마도 부석사 스님들일 것이다. 인명 가운데 석이石伊는 돌이(똘이)의 이두식 표현으로 같은 이름은 1346년 문수사복장발원문에서도 보인다.

넷째, 결연문에서는 불상주성의 목적도 확인할 수 있다. 발원자들은 인연이 없는 중생들이 부처에게 교화될 수 없으니, 관음보살상의 제작을 통해 부처와의 인연을 만들려 했다. 그리고 불상을 만드는 이러한 공양을 통해 현세에서는 재앙을 없애고 복을 구하며 내세에서는 극락으로 안양하기를 기원했다.

이러한 발원의 목적은 비슷한 시기 다른 불상의 복장 발원문의 그것과는 차이를 보이고 있다. 온양민속박물관에서 소장하고 있는 1301년 창녕군부인昌寧郡夫人 장씨張氏와 김도金瑫는 모두 자신이 먼저 수행하여 깨달음을 얻은 후 중생의 계도를 서원하였다. 1346년 제작된 장곡사 약사여래좌상과 문수사 아미타여래좌상의 발원문 내용 역시 수행한 뒤, 중생의 계도 서원하고 있다. 특히 문수사의 경우 발원문이 매우 소략함에도 불구하고, '함께 다함이 없는 관음행을 닦아 무상불과보리에 오르기를 서원(同修無盡觀音行, 願司登无上佛果菩提)하였다.' 이러한 양상은 1395년 조성된 장륙사 건칠보살상의 발원문에서도 확인된다. '나고나는 세상에서 좋은 집안에서 태어나며 좋은 일찍부터 현명한 스승을 만나(生生世生修善家 早遇明師)' 출가하여 수행한 뒤, '중생을 계도하여 직접 미륵을 뵈어 나와 다른 이들이 함께 불도를 이룰 것(廣度衆生 親見彌勒 自他一時 同成佛道者)'을 서원하였다.[4] 당시 발원자들은 기본적으로 자신이 수행한 뒤, 중생의 계도를 서원했던 것이다.

이러한 발원의 목적에 반해, '결연문'은 불상의 조성을 좋은 인연으로 삼아 자신이 부처와 보살의 계도를 받기를 원하며 그것을 통해 현실에서는 재앙을 없애고 내세에서는 극락왕생을 기원하는 '수동적인' 내용을 담고 있다.

다섯째, 결연문에서는 '영충공양永充供養'이라는 단어를 사용하여 불상의 조상이 가진 의미를 강조했다. '영충공양'이란 영원하고 충만한 공양이라는 뜻으로 사자빈신사지獅子頻迅寺址 석탑의 명문에 '삼가 9층석탑을 조성하여 영충공양합니다. 태평 2년 4월 일 삼가 짓습니다.敬造九層石塔 永充供養 太平二年四月謹記' 라고 하여 적어도 11세기에는 사용되었음을 알 수 있다. '영충공양'은 중국의 경우 북송대에 많이 사용되었던 용어이다. 북송대의 영석사靈石寺 탑의 해체수리 과정에서 발견된 함평 원년 즉 998년 청자향로에서 '영충공양'이라는 단어가 보인다. 청자향로의 상면에는 "사찰의 승려 소광의 사리를 탑에 넣으면서 매입하여 시납합니다. 함평 원년 무술년 11월 24일寺僧紹光舍入塔買捨咸平元年戊戌十一月廿四日"라는 명문이 있고 하면에는 동자행을 하며 삼가 따르는 제자 강언종이 사리와 함께 영충공양합니다童行奉詢弟子姜彦從同舍利永充供養'라고 세겨져 있다.[5] 또한 청대 광서14년(1888) 본本인, 전당가혜당錢塘嘉惠 정씨丁氏 중간본重刊本인 함평조상제명咸平造像題名(『속수운림사지續修雲林寺誌』 권7, 제명題名)에는 다음과 같은 내용이 있다.

가. 제자 진행□는 재물을 시납하여 미륵불 한 구를 조상하여 삼가 영충공양합니다. 함평 3년 □□□(弟子陳行□捨淨財造彌勒佛壹身伏爲四王三支永充供養 咸平三年□□□)

나. 여제자 여칠랑 나□□의 상을 조상하여 영충공양합니다. 함평 4년 10월일(女弟子呂七娘造羅□□身, 永充供養 咸平四年十月日)

다. 제자 당인□는 모친□□ 16랑을 위해 미타불 한구를 조상하여 영충공양합니다(弟子唐仁□ 爲母親□ □十六娘造彌陁佛一身 永充供養)

내용 중의 함평3년(1000년), 함평4년(1001)의 제명을 통해 역시 북송대에 많이 사용되었음이 확인된다. 이후 남경에서 가장 큰 전탑인 굉각사宏覺寺 탑에서 발견된 라마탑 밑면에도 '금릉 우각산 홍각선사 영충공양

연대	불상 명칭	내용
1322	천수관음상	皇帝陛下統御萬年 大尉王殿下壽千秋 當今王主上保位天長文虎百僚各疆齡干戈
1322	개운사 목조여래좌상	皇帝陛下萬歲
1346	장곡사 금동여래좌상	皇帝萬歲國王千秋 滿國文武增添綠位
14세기	자운사 목조여래좌상	主上殿下壽千秋 兩大殿下壽無疆 文武官僚忠貞奉國
13950|전	장륙사 보살상	主上殿下萬歲 賢妃殿下壽齊年 世子殿下壽千秋 諸王家 室各保天年兩府百官福壽無疆干戈永息四海波安

金陵牛首山弘覺禪寺禪寺永充供養'이라는 명문이 발견된 바 있다.[6] 위에서 확인
되듯이, '영충공양'은 송과 고려에서 널리 쓰이는 관용적 표현이었다.

여섯째, 부석사 관음보살좌상의 결연문에서는 원 황실과 고려왕실을
축원하는 관용구가 등장하지 않는다. 14세기에는 1322년 불상을 비롯한
많은 작품들에서 원황제와 고려왕실을 기원하는 관용구가 처음으로 등
장하는 시기이다. 14세기 관용구가 쓰여진 불상 발원문은 같다.

위의 표와 같이 14세기에는 원 황실에서부터 고려의 왕실을 축원하는
관용구가 보이며 인근지역에 있었던 서산이나 아산에서 제작된 비슷한
시기의 불상에서도 그 사례를 볼 수 있다. 하지만 부석사의 경우 그러한
축수는 확인되지 않는다. 이것이 정치적 이유로 인한 것인지, 아니면 발
원의 성격에 따른 것인지는 제한된 발원문으로는 확인하기 어렵다. 이는
사경발원문, 불화발원문 등의 사례를 검토하여 확인하여야 할 문제로 이
해된다.

마지막으로 이 보살상의 조상과 복장안립에 참여한 발원자들을 검토
해 보자. 부석사 관음보살좌상의 조성에는 32명이 참여하였다. 32명의
발원자 수는 14세기 다른 복장발원문의 발원자와 비교할 때 현격하게
적은 수이다. 장곡사 약사여래좌상의 백운白雲발원문은 1,079명의 발원
자가 확인되고, 문수사의 가야산 문수사당주 미타복장발원문伽倻山 文殊寺

堂主 彌陁腹藏發願文도 발원자는 214명이나 된다. 1322 천수관음보살상의 조상에 참여한 발원자는 대략 307명에 달한다. 이런 수치와 비교해 보면, 부석사 관음보살좌상의 발원자는 매우 적다고 할 수 있다.

보살상의 조성은 보권도인普勸道人 계진戒眞이 주도한 것으로 보이며, 성씨 소유자는 유석俞石, 전보田甫, 김성金成, 서환徐桓 4명 혹은 김동金同, 김룡金龍을 포함하면 6명 정도로 전체의 18.75%를 차지한다. 한편 승려로 보이는 이들도 있는데, 현일玄一, 심혜心惠, 혜청惠淸, 법청法淸, 도청道淸, 환청幻淸, 달청達淸 등 7명(계진을 포함하면 8명)은 승려로 판단된다. 이들 14명을 제외한 이들은 해당지역의 하층민 혹은 여성으로 판단된다. 발원자의 구성으로 보면, 성씨를 소유한 상층계급 구성원보다는 하층민이 다수 참여하였다. 이는 비슷한 시기인 1346년 장곡사 약사여래좌상의 조성에 32%가량의 성씨소유자가 참여한 것, 1322년 천수관음보살의 조성에 50%가량의 성씨소유자가 참여한 것과 좋은 대조를 이룬다. 또 앞서 언급한 다른 발원문에서는 행적을 확인할 수 있는 유력자나 고위관료들인 반면, 부석사 관음보살좌상의 조성에는 유력자 혹은 고위 관직자는 확인되지 않는다. 특히 상층계급 구성원 가운데 여성이 없다. 다른 복장발원문에서 상층계급 여성의 비중은 결코 무시할 수 없다는 점은 주지의 사실이다. 하지만 부석사 관음보살좌상의 경우 발원자들 가운데 상층계급 여성은 전무하다.

이렇게 보면, 부석사 관음보살좌상의 결연문의 발원자들은 세 가지 주요한 특징을 지닌다. 첫째 보살상의 조성에 참여한 이들의 수가 매우 적다는 점, 둘째 발원자들 가운데 상층계급구성원 비율이 상대적으로 낮다는 점, 셋째 상층계급 구성원들 중에 여성과 유력자의 존재가 확인되지 않는 점이다.

이상으로 부석사 보살상의 복장물과 발원문을 살펴보았다. 이를 종합

해 보면 부석사 금동관음보살좌상은 서로 인연있는 중생들이 힘을 합쳐 보살상을 주조함으로서 진정한 영충공양을 실현하고자 한 믿음의 불사였다. 그러나 이 보살상이 서주(서산) 부석사에서 언제 어떠한 방법으로 일본에 가게 되었는지 그리고 현재의 대마도 간논지에 어떻게 모셔지게 되었는지를 알 수 있는 기록은 아직 없다. 다만 대마도 간논지에는 사찰의 연혁을 설명한 약사가 벽에 걸려 있다. 아마도 별도로 사찰에 보관하고 있는 『연혁약사沿革略史』가 있었고 그 내용을 옮겨 적은 것으로 보인다. 이 약사에 의하면 간논지는 동경 남선사의 말사이며 1526년(대영大永 6) 창건을 하면서 관음상과 협시불인 석가모니불을 봉안하였다고 한다. 석가모니불은 현재 법당의 불단에 있는 보살두를 말하는데 당시 이를 여래로 인식했던 것 같다.(1-7-②) 이것이 부석사 금동관음보살좌상과 관련된 일본에 남아 있는 유일한 기록이다. 즉 1526년 이전 어느 시점에 일본에 오게 되었고 간논지에 봉안되었음을 추정할 수 있을 뿐이다. 이외에 관음상이 일본에 건너 간 배경에 대해 『고려사』에 기재된 왜구의 서산 출몰 기록과 연관시키는 의견도 있다. 『고려사』에는 1352년 3월, 1375년 9월, 1378년 9월, 1380년 7월, 1381년 9월 서산일대에 왜구가 출몰하였다는 기록이 있다.

이 보살상은 1951년 복장물을 처음 확인하면서 정확한 봉안처와 제작 시기 등이 밝혀졌다. 그리고 1973년 5월 나가사키현長崎縣 유형문화재로 지정되었으며, 1974년 『불교예술佛敎藝術』95호 '쓰시마[對馬]·이끼[壹岐]의 미술특집'에 자세하게 소개되었다.[7] 그리고 1978년 출간된 『쓰시마對馬島의 미술美術』을 통해 일반에게 널리 알려지는 계기가 되었다.

1   『對馬の美術』, 西日本文化協會, 1978, 54-57쪽, 236-238쪽.

2   발견 당시의 내용에 대해서는 '菊竹淳一,「對馬島壹岐の朝鮮系彫刻」『佛教藝術』95호, 每日新聞社, 1974, 23~24쪽'을 참조.

3   『至心歸命禮 韓國의 佛腹藏』, 수덕사 근역성보관, 2004, 138~139쪽.

4   장륙사보살좌상의 발원문은 '鄭永鎬,「莊陸寺菩薩坐像과 그 腹藏發願文」,『고고미술』128, 1975'를 참조.

5   북송대 제작된 靈石寺탑은 1987년 해체 수리하였는데 그 과정에서 청자향로(높이 19.5cm, 저경 12.6cm)가 발견되었다. 전체 명문은 다음과 같다.

    상면 : 寺僧紹光舍入塔買舍咸平元年戊戌十一月卄四日

    하면 : 童行奉詢弟子姜彦從同舍利永充供養.

6   宏覺寺탑은 1956년 탑 아래에서 地宮이 발견되었는데 상부는 원형이고 하부는 방형이었으며 많은 유물이 발견되었다. 발굴조사결과 높이 35cm의 라마탑이 발견되었는데 그 저부에 다음과 같은 명문이 새겨져 있다. "金陵牛首山弘覺禪寺永充供養", "佛弟子御用監太監李福善奉施"

7   菊竹淳一, 앞의 논문.

V. 장곡사 금동약사여래좌상

2-27 금동약사여래좌상, 고려 1346년, 90.2cm, 충남 청양 장곡사

장곡사는 충청남도 청양군 대치면 장곡리 칠갑산에 위치한 사찰로서 상대웅전과 하대웅전, 두 개의 대웅전이 있는 것으로 유명하다. 하대웅전은 상대웅전의 방향과 다르게 동남향을 향하고 있는데 정면3칸, 측면2칸의 맞배지붕에 다포양식의 건물이다.

하대웅전에는 보물로 지정된 금동약사여래좌상이 주존불로 봉안되어 있어, 원래는 약사전이었을 가능성이 높다고 생각된다. 금동약사여래좌상은 90.2cm의 크기에 단아함과 정교함, 정신성과 진정성 측면에서 단연 압도적인 조형성을 지닌 대표적인 불상이다. 금동약사여래좌상에서 나온 복장 발원문을 통해 불상의 제작연대는 1346년으로 밝혀져, 고려 후기 14세기 불교조각 연구의 기준작으로 평가받고 있다. 복장물은 2014년 국립중앙박물관에서 불교중앙박물관으로 이안되면서 공개되었는데 원래의 복장물이 그대로 남아 있지는 않지만 10m가 넘는 발원문을 비롯하여 다양하고 귀중한 직물류 등 22건 등 다수가 남아 있다.

〈표2-13〉 장곡사 금동약사여래좌상 복장물 목록

번호	명칭	규격(cm), 경향x위향	수량	재질	시대	특징	사진
1	발원문 紅色絹	1,058 x47.8	1	직물	1346		
2	한지근봉서	30.9	1	한지	1346		
3	미색견 米色絹	55x39.5	1	직물	1346	황초폭자	
4	옥색기갑지운문사 玉色龜甲飛 雲紋紗	38x59	1	직물	고려		
5	홍색견 紅色絹	62x53.5	1	직물	고려		

번호	명칭	규격(cm), 경향x위향	수량	재질	시대	특징	사진
6	미색초 米色綃	52.5x49	1	직물	고려		
7	아청색초 鴉靑色綃	51x47	1	직물	고려		
8	염호색만자룡문사 淡紅色卍字龍紋紗	59.5x49.5	1	직물	고려		
9	아청색견 鴉靑色絹	46.5x6.2	1	직물			
10	청색견 靑色絹		1	직물		발원자 이름이 묵서됨	
11	지정 6년명 소색초 素色綃	18x7.3	1	직물	1346	발원자 이름이 묵서됨	
12	분홍색장금문사粉紅色粧金紋紗	8.3x6.1	1	직물	고려		

번호	명칭	규격(cm), 경향×위향	수량	재질	시대	특징	사진
13	분홍색장금문사 粉紅色粧金紋紗	15.9×13	1	직물	고려		
14	황색견 黃色絹	48.5×32	1	직물	고려		
15	황색만화문라 黃色蔓花紋羅	23×4	1	직물	고려		
16	녹색운조문사 綠色雲鳥紋紗	11.7×15.7	1	직물	고려	발원자 이름이 묵서됨	
17	옥색만자문사 玉色卍字紋紗	17×3.2	1	직물	고려	붉은색 흔적이 있음	
18	주홍색무문릉 朱紅色無紋綾	8.5×45.2	1	직물	고려		
19	녹색만자용문라 綠色卍字龍紋綾	13.3×22.7	1	직물	고려	발원자 이름이 묵서됨	
20	청색연화조문릉 靑色蓮花鳥紋綾	76×6.5	1	직물	고려	발원자 이름이 묵서됨	

번호	명칭	규격(cm), 경향x위향	수량	재질	시대	특징	사진
21	녹색초화문릉 綠色草花紋綾	11x12.2	1	직물	고려	발원자 이름이 묵서 됨	
22	녹색목단문릉 綠色牧丹紋綾	4.3x27.3	1	직물	고려	−	
23	소색무문단 素色無紋緞	8.3x8.8	1	직물			
24	아청색조토문직금릉 鴉靑色鳥兎紋織金綾	2x13.5 1.4x8.8	1	직물			
25	아청색운봉문직금릉 鴉靑色雲鳳紋織金綾	3.1x12	1	직물			
26	녹색영지문직금릉 綠色靈芝紋織金綾	7.8x9	1	직물			
27	청색소화문직금릉 素色小花紋織金綾	17x20.5	1	직물			
28	주흥색직금문릉 朱紅色織金紋綾	1.9x16 26x14	2	직물		문양이 파악되지 않 음	
29	홍색만자용문직금릉 紅色卍字龍紋織金綾	10.6x25	1	직물			

번호	명칭	규격(cm), 경향x위향	수량	재질	시대	특징	사진
30	녹색소화문직금릉 綠色小花紋織金綾	18.8x21	1	직물			
31	녹색석유문장금사 綠色石榴紋粧金紗	5.6x49.5	1	직물			
32	갈색소화문직금장화릉 褐色小花紋織金粧花綾	13.4x2.7	1	직물			
33	지정6년명 소색저포 素色苧布	15.9x13	1	모시	1346	발원자 이름이 묵서됨	
34	홍색주 紅色紬	9.9x20	1	직물			
35	자색주 紫色紬	15.6x30	1	직물	조선		
36	청회색주 靑灰色紬	31x26	1	직물	조선		

번호	명칭	규격(cm), 경향×위향	수량	재질	시대	특징	사진
37	청회색주 靑灰色紬	18×29	1	직물	조선		
38	주홍색주 朱紅色紬	17×22	1	직물	조선		
39	주홍색주 朱紅色紬	25.5×30	1	직물			
40	홍색진보문채화라 紅色雲寶紋彩花羅	8×62.5	1	직물			
41	금낭 錦囊		1	직물			
42	번 幡		1	직물			
43	오색사		1				
계						43건 44점	

1. 금동약사여래좌상 복장물과 특징

현재 남아 있는 금동약사여래좌상의 복장물목은 모두 43건으로 발원문, 황초폭자, 근봉서 1개, 주머니 2개, 그리고 직물류 등이다. 그런데 이전의 논문을 참고해 보면 경전과 후령통인 은합은 없어진 상태임을 알 수 있다.〈표2-14〉

〈표2-14〉 장곡사 불상 관련 초기 논문

	발표연대	저자	논문 제목	출처
1	1958.12	이은창	사적조사보고	『사조』1권 7호
2	1960.9	이은창	장곡사 상하대웅전 수리 장곡사 상대웅전 철조약사여래복장품	『고고미술』1권 2호 (통권2호, 고고미술뉴스)
3	1961.10	이은창	청양 장곡사 철조여래상 복장 중수기문	『고고미술』2권 10호 (통권 10호)
4	1962.11	이은창	장곡사의 금동약사여래좌상 복장불경	『고고미술』3권 11호 (통권28호)
5	1963.6 (1962.9.3 투고)	이은창	장곡사의 철조여래좌상 조사보고	『역사교육』7
6	1966.6.1. (초고1955.8.19)	민영규	장곡사 고려철불 복장유물	『인문과학』14.15

민영규선생, 이은창선생의 글을 검토하면 당시의 복장물복과 현재 남아 있는 복장물목의 양상을 파악할 수 있다. 현재 남아 있는 복장물목을 표로 정리하면 다음과 같다.〈표2-15〉

현재의 복장물에서 직물류의 묵서 가운데 한글로 쓰여진 특이한 묵서들이 흥미롭다. 즉 '영식이 금오기 갈와미 유복가회' 등 4건으로 이는 상대웅전의 철조약사여래좌상에서 나온 조선시대의 복장물과 어느 시기 합쳐진 것이다.

〈표2-15〉 복장물목 비교

			1959년 (이은창)	현재 (2014)
		1966년(만영규)		
1	은합 (9x5.5x6.5cm)	황초폭자		O
		오보병 (안에 원형백지 10cm, 안에 수정, 호박, 마자씨 등)	O	
		오색사		
2		백동경 1매 (9.1cm)	O	
3		주머니		O
4		바늘주머니		O
5		봉서 (31x8.1cm)	O	O
6		모시편 1편(12.5x16cm, 至正 6년 병술)	O	O
7		홍견묵서원문 1(48x115cm, 나머지 200cm)	O	O
8		각종직물		O
9	경 전	화엄경 21권(호첩장蝴蝶裝, 19cm 매장 4 면 절첩, 진역본 24 24cm, 17자, 24행)	O	
		화엄경 제 33 (단간斷簡1폭 정원역 80권본)		
		입법계품(단간斷簡 5폭)		
		묘법연화경 사경 단편 1폭, 백지묵서 권제1 (방편품 천지계선간 20cm, 16자)		
		묘법연화경 제1 (소자본)		
		묘법연화경 제2 (66장)	(언해본)	
		묘법연화경 제3 단간斷簡 5장반		
		묘법연화경 제5 단간斷簡 1장		
		묘법연화경 제6 단간斷簡 1장 (계환의 요해본, 가정10년 신묘1531년 경상도 공산 본사에서 개 간)		
		묘법연화경 권 제1 (계환의 요해본, 홍치6년 계축 1492 충청도 만수산 무량사본)		
		묘법연화경 권제2 84장 (천순7년1463년)		
		선문점송 권 제10 단간斷簡 7장반		
		금강반야바라밀경 (인성일만권광시무궁자印成一萬卷廣施無窮者 태정泰定 3년 2월)	O	

장곡사 금동약사여래좌상에서 발견된 복장물 구성은 고려시대에 나오는 일반적인 물목과 비슷하다. 즉 황초폭자와 오방천에 쌓인 은합과 오보병, 비단에 쓰인 발원문, 화엄경과 묘법연화경 등으로 구성된 경전류, 각종 직물 등은 당시 보편적인 물목이었다. 은합은 재료와 형태 그리고 범자주사가 쓰여진 것까지 온양민속박물관 소장의 은합과 동일하여 현재는 없어졌지만 전체적인 형태의 유추는 가능하다. 논문에 묘사된 글을 참고해 보면 은이라는 재질은 물론 오색의 천에 쓰인 오륜종자, 뚜껑에 쓰인 진심종자의 표시도 닮았다. 크기는 9(지름)×5.5(저부)×6.5(높이)cm로서 온양민속박물관 소장의 은합의 높이 4.3cm 보다는 큰 편이다. 백동경은 은합 안에 놓이는 원경일 가능성이 크다. 즉 백동경은 직경 9.1cm로서 오보경으로 넣기에는 다소 큰 편인데, 은합의 지름이 9cm임을 감안해 보면 안에서 발견된 원경으로 추정해 볼 수 있다. 그러므로 백동경은 은합과 같은 세트일 가능성도 있다고 생각된다.

장곡사 불상 복장물의 가장 큰 특징은 풍부한 묵서를 남기고 있어 불상과 관련된 많은 정보를 제공해 주는 점이다. 중요한 의미를 가진 것은 단연 발원문과 제작시기를 남긴 묵서들이다. 먼저 10미터에 이르는 발원문은 그 크기와 수 많은 시주자의 이름에서 타의 추종을 불허할 만큼 압도적이다(1번 복장물). 발원문은 47.8×1058cm 크기의 한 폭의 비단을 홍색견紅色絹으로 천연염색 한 다음 1000여명의 시주자 이름을 적었다. 특이한 점은 발원문의 일부분에는 자신을 드러 내듯 4개의 직물조각을 바느질하여 붙이고 묵서로 이름과 자신의 발원을 적어 차별화하고자 한 이들이었다. 그 중에는 2살 된 어린아이의 장수를 기원하는 내용도 있어 흥미롭다. 발원문의 발원자는 친전사親傳師 백운경한白雲景閑으로 알려져 그 중요성을 더한다.[1] 원문의 마지막에는 "황제폐하 국왕천추 만국문무 증첨녹위 풍조우순 불일중휘 법륜상전皇帝萬歲 國王千秋 滿國文武 增添祿位 風

調雨順 國泰民安 佛日重輝 法輪常轉"이라는 어구로 마무리하고 있다. 맨 앞에 원나라 황제 순제를 축원하는 것에서 원의 영향력을 대변하며 그 다음으로 국왕인 고려의 충목왕과 문무대신을 축원하는 관용구가 등장한다. 그리고 마지막에는 대증명사가 이의 올바름을 증명하고 있다.

두 번째 중요한 명문은 16.5×12.5cm 크기의 모시포에 묵서된 것으로, 모두함께 극락에 태어나기를 바라는 '동생안양원同生安養願'이라는 문구와 무병장명 이라는 문구에서, 시주자의 바람을 읽을 수 있다(2번 복장물). 이외에 '김량金良 안천길安天吉 안랑충安朗忠 지정6년至正六年 병술丙戌 6월六月 16일十六日 열명烈名' 이라는 이름이 열기되어 있으며(16.5×12.5cm) 한지에 묵서된 근봉謹封지에는 '지정6년至正六年 병술丙戌 7월七月 초8일지初八日誌 연화도인인겸緣化道人忍謙 동원사문인음同願沙文 印音 간선도인幹善道人 남섬부주공덕주낙랑군부인최씨 근봉南贍部洲 功德主 樂浪郡夫人崔氏 謹封' 즉 지정6년 7월 8일 이라는 연대와 연화질, 가장 큰 공덕주인 '낙랑군부인최씨'라는 이름이 쓰여 있다. 원래 은합을 싼 황초폭자에는(3번 복장물) 중앙에는 약사동원藥師同願이라는 묵서와 4방위에 ①혜주惠柱 ②각명覺明 ③김연金緣 소근小斤 해윤亥尹 ④김진이金珎伊 월심장月心伏 김련金連 최씨崔氏 석ㅁ이石ㅁ伊 소

2-28 장곡사 금동약사여래좌상의 복장 번幡, (앞면과 뒷면), 고려

근이小斤己 경이庚伊 남자자내이南自者乃伊 석룡지口石龍池口 노개奴介 와 같
은 시주자의 이름이 묵서되어 있다.

복장물 가운데 흥미로운 유물은 고려시대 유물로는 처음 등장하는 것
으로 바늘주머니라고 민영규선생이 명명해 놓은 작품이다(2-28). 이러
한 형태는 처음 등장하는 것으로 아름다운 오방색과 한땀 한땀 놓은 바
느질이 그대로 남아 있어 놀랍다. 크기는 약 20cm로서 밑 부분이 두 겹
으로 되어 있어 펼칠 수 있는 구조이며 위에는 실로 매 달 수 있게 되어
있고 밑 부분은 고정되어 있다. 용도가 바늘주머니로 볼 경우 다소 큰 편
이며, 바늘주머니와는 다소 다른 점도 보인다. 만일 바늘주머니가 아닐
경우, 마치 의식에 사용되었던 번幡의 한 부분일 가능성이 높다고 생각
된다. 가장 비슷한 사례는 호류지 보물관에 있는 금속제로 만들어진 번
혹은 쇼쇼잉正倉院에 소장하고 있는 나라시대의 번들이다. 번은 전각의
기둥이나 경내에 거는 장엄구로서 법회나 의식에 사용된다. 형식은 번두
幡頭와 번신幡身, 번각幡脚으로 구성되는데 장곡사 유물이 이와 같다. 우리
나라의 번은 조선시대의 번들만 남아 있지만 일본의 경우를 참고해 보
면 우리나라 또한 일찍부터 사용되었을 것이라는 추정에서, 이 유물은
초기의 번으로 생각해 볼 수 있다.

번의 명칭에 대해 현장玄奬역 『약사유리광여래본원공덕경』에는 번개
幡盖, 신번神幡, 채번綵幡이라는 용어가 자주 등장한다. 번개는 공양물로
등장하며, 신번은 목숨을 이어달라고 기원하는 용도로서 오색의 신번을
걸어둔다고 한다. 채번에 대해서는 병든 사람이 병의 괴로움을 벗고자
바라면 그 사람을 위해 해야 하는 공양물과 관련해서 등장하는데, 오색
의 채번을 만드는데 마흔아홉 갈래여야 한다고 하였다. 이를 적용해 보
면 장곡사 복장유물에서 나온 이 번은 신번 또는 채번일 가능성을 생각
해 볼 수 있다. 특히 이 번의 윗부분인 번두 부분이 아름다운 오방색으로

2-29 장곡사 금동약사여래좌상 복장주머니. 고려

장식된 점에서도 더욱 그러하다. 여기서는 더 이상의 추정은 어렵지만 단순한 공양물이 아닌 의식이나 기원의 용도로서 안립한 중요한 자료일 가능성만을 언급해 두고자 한다.

복장물에서 나온 주머니도 주목된다. 세부적으로 훼손된 부분도 있지만 매듭까지 어제 한 듯 정교하게 남아 있는 이 주머니는 그 안에 명주솜과 팔각, 곽향, 청목향, 정향과 같은 향 종류가 들어 있어 향을 담은 주머니로 추정된다. 이 주머니가 발원문의 시주자와 관련되는 유물인지 혹은 불화의 복장낭처럼 의식과 관련되는 유물인지는 현재로서는 확인이 어렵다. 다만 주머니를 불복장에 넣는 전통은 고려시대부터 있었음은 기록으로 확인된다. 즉 이규보(1168-1241)의 「낙산관음복장수보문병송」에 복장물 목록으로 오향, 오약과 함께 금낭錦囊이 포함되어 있다.[2]

주머니에 대해 『약사유리광여래본원공덕경』에서는 이렇게 기술하고 있다.

"세존이시여, 만약 이 경을 지니고 독송하고, 혹은 남을 위하여 연설하고 열어보이고, 또는 스스로 서사하고 남에게 가르쳐주어 서사하게하고 공경하고 존중하여 온갖 도향과 말향과 소향과 화만과 영락瓔珞과 번개幡盖와 기악伎樂으로서 공양하여 **오색의 실로 주머니를 만들어** 이를 갈무리하고 깨끗한 곳을 깨끗하게 치우고 높은 자리를 만들어 안치하면 이때 사대천왕은 그 권속과 그 밖의 한량없는 백천의 하늘무리가 모두 그 곳을 찾아와 공양하고 수호하게 하겠습니다"(世尊若於此經受持讀誦 . 或復爲他演說開示 若自書若敎人書. 恭敬尊重以種種花香塗末香燒香花鬘瓔珞幡盖伎樂而爲供養. 以五色綵作囊盛之.)

즉 각종의 향과 영락 등의 각 공양물을 오색의 실로 만든 주머니에 담아 간수하라는 내용이다. 실제 주머니에서는 각종의 향들이 들어 있었다. 고려시대의 주머니는 실제 사례가 많지 않은 편이며 온양민속박물관 소장의 1302년명 복장물목에서도 나온 바 있다. 앞으로 고려시대의 주머니 연구에 귀중한 자료로 활용될 것으로 기대된다.

청양 장곡사 금동약사여래좌상과 복장물은 고려후기 14세기를 대표하는 불상이자 복장물이다. 장곡사 금동약사상은 단아함과 정교함, 정신성과 진정성 측면에서 단연 압도적인 조형성을 지닌 대표적인 불상이며, 복장물 또한 완전하지는 않지만 그 물목과 우수성 측면에서 이 시기를 대표한다고 볼 수 있다. 그러나 완전하지 않은 복장물목과 발견 당시 무작위로 개봉된 점에서 진한 아쉬움을 남긴다. 이도 원래 발견되었을 당시의 물목 그대로인지는 정확하지 않으며, 개봉시기에 대해서도 1950년 대인 것은 틀림없지만 정확한 연대는 알 수 없다. 다만 현 상황으로만 보면 은합과 경전류 등의 물목은 없어진 상태지만 대부분의 유물은 잘 남아 있는 셈이다.

현재의 복장물은 하대웅전의 금동약사여래상과 상대웅전 철조약사여래상에서 나온 두 복장물이 섞여있는 상태지만, 몇 점을 제외하면 금동약사여래좌상의 복장물은 불상 제작 당시 넣었던 그대로의 형태와 물목임을 알 수 있어 의미가 크다.

2. 발원문 구성

1) 백운의 성불원문成佛願文

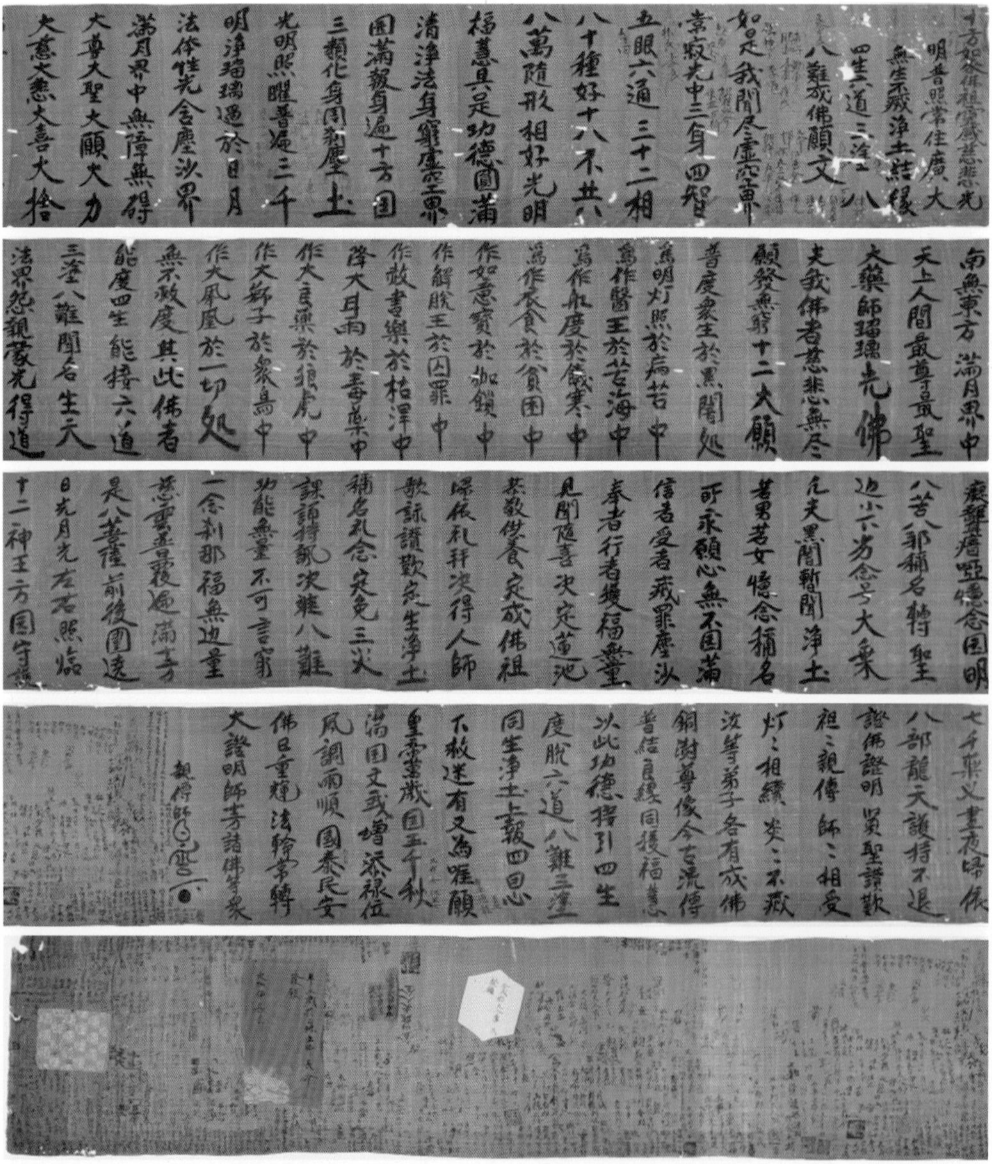

2-30 성불원문, 고려 1346년, 1058x47.8cm, 충남 청양 장곡사

가. 발원의 내용

시방여래와 불조가, 신령스럽게 감응한 자비롭고 밝은 빛을 널리 비추고, 광대하여 태어남이 없고 사라짐도 없이 정토에 거주하시니, 사생四生(태생胎生, 묘생卵生, 현생濕生, 화생化生) 육도六道와 삼도팔란三途八難*의 중생들과 결연하여 성불하기를 바라는 글.

나는 이와 같이 들었습니다. 모든 허공계의 항상 밝은 빛 가운데 삼신사지三身四智**, 오안육통五眼六通*** 삼십이상三十二相 팔십종호八十種好 십팔불공十八不共**** 팔만수형八萬隨形이 서로 밝게 비추니, 복과 지혜가 갖추어지고 공덕이 원만합니다. 청정한 법신은 허공계를 다하고, 원만한 보신報身은 시방 국토 어디든 있으며, 삼류의 화신은 진토塵土에 두루 머무르십니다. 밝게 빛나며 비추는 빛은 널리 삼천三千에 미치고, 맑고 깨끗한 유리는 해와 달보다 뛰어나며, 법체의 성광性光은 먼지와 모래같이 많은 세상[界]을 품습니다. 만월계滿月界 속은 무장무애無障無礙하고, 대존대성은 크게 서원하며 힘쓰시고, 대자대비는 크게 희사喜捨하십니다. 동방 만월계, 천상과 인간계의 가장 존귀한 성자이신 대약사유리광불에게 귀의[南無]하옵니다.

---

* 삼도팔난이란 대세지보살이 면해준다는 것으로 수행에 방해되는 8가지 방해물을 말한다. 지옥地獄, 축생畜生, 아귀餓鬼, 장수천長壽天, 맹롱음아盲聾瘖瘂, 울단월鬱單越, 세지변총世智辯聰, 불전불후佛前佛後.

** 삼신이란 법신法身, 보신報身, 화신化身을 말하고, 사지란 부처의 지혜인, 대원경지大圓鏡智, 평등성지平等性智, 묘관찰지妙觀察智, 성소작지成所作智를 말한다.

*** 오안육통이란 다섯 안력 즉 육안肉眼, 천안天眼, 혜안慧眼, 법안法眼, 불안佛眼과 여섯 가지 신통력 즉 천안통天眼通, 천이통天耳通, 타심통他心通, 숙명통宿命通, 신족통神足通, 누진통漏盡通을 말한다.

**** 부처가 가지고 있는 18가지 신통력.

무릇 우리 부처께서는 그 자비가 끝이 없고 그 서원도 다함이 없어, 열 두가지 대원을 내어 중생을 널리 계도하였습니다. 어두운 곳에서는 등불이 되어 비추고, 질병의 고통이 있는 곳에서는 의왕醫王이 되시고, 고통의 바다에서는 배가 되어 건너게 해 주고, 굶주림과 추위에서는 옷과 먹거리를 만들고, 빈곤한 곳에서는 마음대로 보물을 만들고, 속박되어 있는 곳에서는 해탈왕解脫王이 되시고, 감옥에서는 사면령을 내게 하시고, 가뭄이 들 때에는 큰 비를 내리시고, 독약을 먹었을 때에는 해약을 만들고, 호랑이와 늑대를 만날 때에는 큰 사자가 되시고, 많은 새를 만났을 때는 큰 봉황이 되시어, 일체의 모든 곳에서 구도하지 않음이 없습니다. 이러한 부처님이시니 사생四生을 넘어 능히 육도六道에 다가가시니, 삼도팔난에서도 부처의 설법을 들어 천상에 태어나며, 법계法界의 원수와 친우는 그 빛을 입어 득도하며, 어리석은 자와 귀머거리와 벙어리라도 억념憶念하면 완전하게 되며, 팔고八苦*와 팔사八邪**에 있어도 설법을 들으면 성인으로 전환하며, 미천하고 한미한 자라도 이름을 염송하면 대승에 오르며, 범부와 아둔한 이라도 잠깐 설법을 들으면 정토에 듭니다. 남자든 여자든 억념하여 그 이름을 칭송하면 서원을 구하는 마음이 이루어지지 않음이 없고, 믿는 자이든 받는 자이든 수많은 죄가 사라지고, 받드는 자이든 행하는 자이든 헤아릴 수 없는 복을 얻습니다. 불법을 듣고 남의 선행을 자기 일처럼 기뻐하면 연지蓮池에서 태어날 것이며, 공경히 공양하면 부처가 될 것이며, 귀의하여 예배하면 다른 이를 교화할 만

---

* 생로병사生老病死, 사랑하는 것과 헤어지는 고통인 애별리고愛別離苦, 싫어하는 것과 만나는 고통인 원증회고怨憎會苦, 구하여도 얻지 못하는 고통인 구불득고求不得苦, 오음伍陰 즉 오온伍蘊에 대한 집착에서 생기는 고통인 오음성고伍陰盛苦.

** 여덟 가지 그릇됨. 팔정도의 반대말. 사견邪見 즉 그릇된 견해, 사사유邪思惟 즉 그릇된 사유, 사어邪語 즉 그릇된 말, 사업邪業 즉 그릇된 행위, 사명邪命 즉 그릇된 생활, 사방편邪方便 즉 그릇된 노력, 사념邪念 즉 그릇된 명심, 사정邪定 즉 그릇된 명상

한 사람[人師]이 될 것이며, 노래하며 찬탄하면 정토에서 태어날 것이며, 설법을 듣고 예념禮念하면 삼재三災를 면할 것이며, 불경을 암송하면 팔난을 멀리할 것입니다. 그 공덕을 헤아릴 수 없고 말로도 다할 수 없습니다. 찰나의 염불로도 복은 무한하고, 자비의 구름이 두루 덮어 시방세계에 미칠 것입니다.

여덟 보살이 앞뒤로 둘러싸며, 일광보살과 월광보살이 좌위에서 모시며, 열두 신왕神王은 하늘과 땅[方圓]을 수호하며, 7천의 야차가 밤낮으로 귀의하며, 천룡팔부는 호위하며 물러서지 않습니다. 부처를 증명하고 밝음을 증명하니 현성도 찬탄합니다.

조사들은 직접 전수하고 스승들이 서로 이어 받아 등불 등불이 서로 이어져 불꽃은 사라지지 않을 것이니, 너희 제자들은 각각 부처를 만들되 동으로 존상尊像을 주조하여 오래토록 전수할 것이며, 널리 좋은 인연을 맺고 함께 복을 얻어 이 공덕으로 사생四生의 중생을 맞이하여 육도와 삼도팔난을 건너 함께 정토에 태어나도록 하라. 그리하여 위로는 사은四恩***에 보답하며, 아래로는 중생[迷有]을 구하라.

또한 황제폐하는 만세를 누리시고, 국왕전하는 천세를 누리실 것이며, 모든 나라의 문무관리들은 녹과 관위를 더할 것이며, 바람은 조화롭고 비는 순조로우며 나라는 안정되고 민들은 편안하기 바랍니다. 불일佛日이 더욱 빛나고 법륜이 항상 굴러 시방의 모든 부처들을 증명해 주소서.

친전사親傳師 백운白雲

*** 사람이 세상에 나서 받는 네 가지 은혜. 곧 부모, 국왕, 중생, 삼보三寶의 은혜 또는 부모, 사장師長, 국왕, 시주施主의 은혜를 가리킨다.

나. 발원자

4부 부록을 참조

2)한지 주서 봉서

1면

연화도인 인겸緣化道人忍謙

지정 6년 병술至正六年丙戌 7월 초8

일七月初八日 지誌

동원 사문 인음同願沙文印音

간선도인幹善道人

2-31-① 주서봉서, 고려 1346년, 30.9cm, 충남 청양 장곡사

2면

남섬부주대공덕주 낙랑군부인 최

씨 근봉

南贍部洲大功德主洛浪郡夫人 崔氏 謹封

2-31-② 주서봉서

3) 지정 6년 묵서

2-32-① 지정 6년명 소색초, 고려 1346년, 18x7.3cm, 충남 청양 장곡사

同生安養願/ 金良/ 安天吉/ 安朗忠/

至正六年丙戌六月十六日烈名/

2-32-② 지정 6년명 소색저포, 고려1346년, 15.9x13cm, 충남 청양 장곡사

延志, 万莊/ 三月, 德志/ 四月, 口珎/ 五月/ 毛叱犬/ 廣夫/ 凡金/

難金/ 朗金/ 雄伊

4) 녹색운조문사(綠色雲鳥紋紗)	5) 녹색만자용문능(綠色卍字龍紋綾)	6) 청색견(靑色絹)

2-33 녹색운조문사. 고려. 11.7x15.7cm. 충남 청양 장곡사	2-34 녹색만자용문능. 고려. 13.5x22.7cm. 충남 청양 장곡사	2-35 청색견. 고려. 충남 청양 장곡사

무병장수를 서원합니다[誓願無病長命] 고가高哿.

내은금의 딸이 장수하기 바랍니다 [內隱今女長命之願].

동원同願 전주군부 구씨全州郡夫 丘氏.

내은금의 딸이 장수하기 바랍니다 [內隱今女長命之願].

7) 청색연화조문릉(靑色蓮花鳥紋綾)	8) 황초폭자

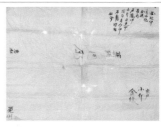

2-36 청색연화 조문릉. 고려. 7.6x6.5cm. 충남 청양 장곡사	2-37 황초폭자. 고려 1346년. 55x39.5cm. 충남 청양 장곡사

藥師前洪儀守身記付盧就與他女盧 □ 夫介加伊福莊
道人 釋珠

약사 앞에서 홍의가 자신의 몸을 지키며 기부합니다.
노취와 그의 딸
노□부개가이복장.
도인 석주

金珎伊, 月乙优, 金連, 崔元, 石□伊, 小斤呂史伊, 南自者乃伊, 石
龍池松, 奴介/亥尹, 小斤, 金緣/

藥師同願/

覺明/

3. 발원문 내용과 특징

　　장곡사 약사여래좌상 복장물에 대한 조사는 1950년대 시작되었다. 이 조사에서 다수의 복장유물이 발견되었고 그 가운데 금강경, 화엄경, 묘법연화경 3종의 경전이 소개된 바 있다.[3] 이후 조사에 의하면, 경전 이외에도 약사여래좌상의 복장에서는 다수의 발원문과 직물류가 확인되었다.[4] 이 가운데 발원자가 확인된 발원문은 총 9건이다.〈표2-16〉

〈표2-16〉 약사여래좌상 발원문 목록

번호	명칭	규격(cm)	재질	내용	발원자수	비고
1	成佛願文	48　1058	직물	친전사 백운의 발원문과 발원자	1,079	백운포함
2	지정6년명 한지	30.6　8	한지	至正六年丙午七月初八日 誌	3	
3	최씨 발원	30.6　8	직물	洛浪郡夫人 崔氏 謹封	1	1에도 나옴
4	지정6년 모시	15.9　13	직물	金良 등 발원	16	
5	녹색 진조문사	11.7×15.7	직물	誓願無病長命 高哿	1	
6	녹색 만자 용문능	13.3×22.7	직물	同願 全州郡夫 丘氏	1	
7	청색견	?	직물	內隱令女長命之願	1	
8	청색연화조문능	76×6.5	직물	道人 權珠 발원	2	
9	황초목진	55×39.5	?	藥師同願	13	
계					1,117	

　　총 9건의 묵서가 있는 복장물 가운데, 발원문이 있고 발원자가 가장 많으며 크기가 가장 큰 것은 폭 47.8cm, 길이 1.058cm의 홍견紅絹이다. 여기에는 친전사親傳師 백운白雲의 발원문이 길게 쓰여 있고 그 아래 약 1079명의 발원자 이름이 무질서하게 쓰여 있다. 서체가 상이할 뿐 아니라 이름이 무질서하게 나열되어 있어 발원자의 정확한 수를 확인하기는 어려우나 대략 1079명으로 파악되었다.

　　발원문은 크게 4부분으로 구성되어 있는데, 서두에는 약사여래가 세상 어디, 어느 때에나 존재하며 세상을 밝게 비추고 있다는 내용을 서술하고 있다. 이어서 약사여래의 공덕을 나열하였다. 발원문에서 약사여래는 "어두운 곳에서는 등불이 되어 비추고, 질병의 고통이 있는 곳에서는 약왕醫王이 되시고, 고통의 바다에서는 배가 되어 건너게 해 주고, 굶주림과 추위에서는 옷과 먹거리를 만들고, 빈곤한 곳에서는 마음대로 보물을 만들고, 속박되어 있는 곳에서는 해탈왕解脫王이 되시고, 감옥에서는 사면령을 내게 하시고, 가뭄이 들 때에는 큰 비를 내리시고, 독약을 먹었을 때에는 해약을 만들고, 호랑이와 늑대를 만날 때에는 큰 사자가 되시고, 많은 새를 만났을 때는 큰 봉황이 되는" 존재로 인간이 대면할 일체의 재난을 막아주는 부처였다. 이런 공덕을 가진 부처에 귀의하여 설법을 들으면 어떤 사람이라도 헤아릴 수 없는 복을 얻고 수많은 공덕을 쌓아 정토에 태어나거나 재앙을 피할 수 있었다. 다음으로, 보살, 신중, 야차의 호위를 받는 약사여래의 모습과 그 가르침을 이어받아 불상을 조성하는 공덕에 대해 설명하고 있다. 마지막으로 황제, 왕, 그리고 백관의 복과 국태민안을 기원하였다.

발원문에는 발원자들의 명단도 나열되어 있었다.[5] '장명長命'을 기원하는 간단한 발원내용이 기재된 것도 있으나, 대다수는 이름만 쓰여 있다. 이들 발원자들의 명단은 글씨체가 상이하여 판독이 용이하지 않으며, 훼손되어 판독이 불가능한 부분이나 1명의 이름인지 2명의 이름인지 파악할 수 없는 경우, 또 수결만 있는 경우도 있어 정확한 전체 명단을 확인하기 어렵다. 때문에 발원문을 구획하여 각 발원자들의 이름을 판독할 수밖에 없었고, 그 결과 약 1079명의 발원자를 확인할 수 있었다.[6]

발원자의 이름은 백운 발원문의 왼편 공간, 발원문 행간의 여백, 뒷면으로 나누어져 기재되어 있다. 이 중 가장 많은 이름은 발원문 왼편 공간인데 이곳에는 약 941명의 명단이 무질서하게 나열되어 있다. 발원문 행

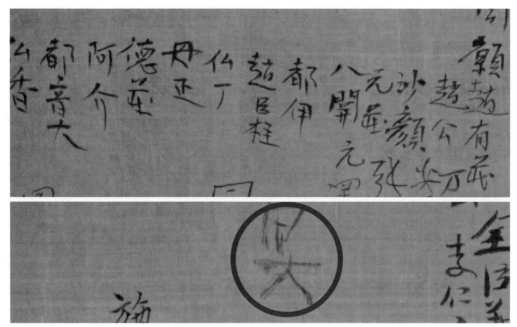

2-38 성불원문 세부(발원과 기재방식), 충남 청양 장곡사

간의 여백에는 39명의 발원자, 뒷면에는 98명의 발원자 이름이 각각 확인된다. 발원문에서는 한명이 여러 발원자의 명단을 쓴 경우도 있고, 문필가로 보이는 이들이 쓴 명단도 있고, 문맹자로 오인할 정도로 서투른 글씨체의 이름도 있었다.

위의 사진은(2-38) 발원문의 일부를 확대한 것이다. 여기서 '동원同願 조유무趙有武, 조공趙公, 사안沙顔, 원무元武, 팔개八開, 도이都伊, 조신주趙臣柱, 불정仏丁, 단정丹正, 덕무德武, 아개阿介, 도음대都音大, 불향仏香'은 한명이 13명의 이름을 쓴 것이고 '전대田大'는 한명이 한명의 이름만을 쓴 경우이다. '전대'의 경우 글씨체가 서툴러 아마도 제대로 글자를 아는 이로 보이지는 않는다. '전대'의 글씨체로 보아 글쓰기에 능하지 않은 이들이 직접 쓴 것으로 이해된다. 이처럼 백운의 발원문에 기재된 발원자들은 1명이 여러 사람의 이름을 쓴 경우도 있고, 자신의 이름을 직접 기술한 경

<표2-17> 백운 성불원문 필사자와 발원자의 관계

인원수	건수		발원자		비율(%)	
	전체	하단-ㄴ	전체	하단-ㄴ	전체	하단-ㄴ
20명이상	3건	0건	91	0	8.44	0
10~14명	7건	2건	84	21	7.79	18.58
5~9명	29건	1건	191	9	17.72	7.95
4명	21건	2건	84	8	7.79	7.09
3명	24건	5건	72	15	6.68	13.28
2명	85건	10건	170	20	15.77	17.70
1명	386건	40건	386	40	35.81	35.40
계			1078	113	100	100

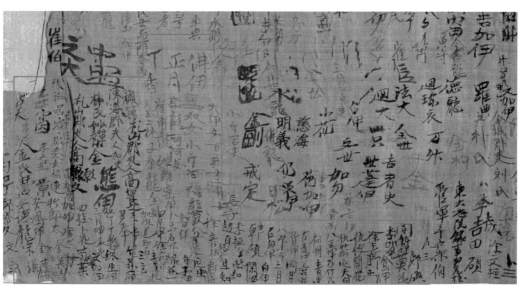

2-39 성불원문 하단-ㄴ열. 충남 청양 장곡사

우도 있다. 그렇다면, 이 두 가지 기술 형태 가운데 어느 것이 더 일반적
인 형태였을까? 이를 확인하기 위해, 백운 발원문에 기재된 발원자들의
서체를 확인해 보았다. 서체의 확인은 쉬운 일이 아니고 발원문을 면밀
히 검토해야 가능한 것이다. 전체 발원자 명단을 파악하기 위해 발원문
을 크게 상단과 하단으로 대별한 후 상단을 20개, 하단을 14개의 영역으

로 나누었고, 이러한 구획을 기준으로, 각 영역의 서체를 분류하였다. 그리고 서체를 바탕으로 발원문의 이름 필사자와 발원자의 관계를 추산해 보았다. 영역 설정으로 인한 오차를 완화하기 위해 '하단-L' 영역을 함께 분석했다.

그 결과 앞의 표〈2-17〉와 같이 전체 발원자의 명단에서 1명이 20명 이상의 이름을 기재한 경우는 3건이고 발원자 수는 91명이다. 11~15명은 7건이고 발원자 수는 84명, 5~9명은 29건이고 발원자수는 191명, 4명은 21건이고 발원자수는 84명, 3명은 24건이고 발원자 수는 72명, 2명은 85건이고 발원자수는 170명, 1명은 386건이고 발원자 수는 386명이다. '하단-L' 영역의 경우도 이와 유사한 추세를 보이고 있다. 결국, 전체 발원자의 약 35% 가량은 1명의 이름만을 쓴 경우이다. 이 경우 발원자와 필사자가 동일한 인물일 가능성과 다른 인물일 가능성을 상정할 수 있으나 현재로서는 확인하기 어렵다.

한편 위의 표에서 확인할 수 있듯이, 2명 이상을 발원자가 동일한 필체로 기재된 경우는 전체 발원자의 65%를 차지했다. 이는 2명 이상의 사람들이 공동으로 발원한 경우가 많았음을 보여 준다. 문제는 여러 명이 발원할 때, 발원자들의 관계이다. 가장 우선적으로 고려할 수 있는 것은 가족관계이다. 우선 부부가 함께 발원한 사례가 확인된다. 낭장郞將 이금수李今守는 부인 □□군부인 김씨와 함께 발원했고, 타보군打輔軍 천호千戶 서산徐産은 처 공주군부인公州郡夫人 이씨李氏, 모친 낙랑군인樂浪郡人 김씨金氏와 함께 발원했다. 부부뿐 아니라 모자가 함께 발원한 사례도 있다. 강녕군부인江寧郡夫人 홍씨洪氏는 가장 좋은 사례이다. 사진에서 확인되듯이, 강녕군부인 홍씨 옆에는 동일한 필체로 이후기李候己, 이삼보李三宝, 이상원李上元의 이름이 기재되어 있다.

정당문학을 지낸 이언충李彦冲 묘지명[7]에 의하면, 강녕군부인 홍씨는 이언충李彦冲의 계실繼室이고 그의 아들은 이사걸李俟傑, 이상원李上元, 이삼보李三寶였다. 이후기李候己와 이사걸의 이름이 다르지만 나머지 두 아들의 이름이 일치하는 것을 고려하면, 강녕군부인 홍씨는 아들 3명과 함께 약사여래좌상의 발원에 참여하였음을 알 수 있다. 이상에서 부부, 모자가 함께 불상조성에 참여했음을 알 수 있다. 한편 한 집안 전체가 발원에 참여한 경우도 있었다. '고씨녀와 일문권속[高氏女與一門眷屬]'이라는 표현은 고씨高氏 집안과 그 집안의 노비들이 발원에 참여했음을 시사한다.

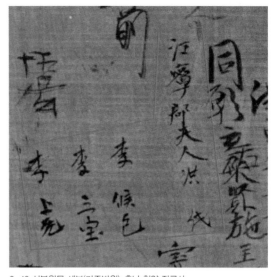

2-40 성불원문 세부(가족발원), 충남 청양 장곡사

그런데 백운의 발원문을 보면 가족 혹은 한 집안의 권속으로 간주할 수 없는 사람들이 함께 기재된 경우도 있다. 가장 대표적인 예가 '거사居士'들로서 22명이 발원에 참여하였다. 운산거사雲山居士, 고암거사孤岩居士 김장金長, 현봉거사玄峯居士 이송李松, 묘봉거사妙峯居士 나윤영羅允英, 월암거사月嵓居士 김세金世, 서운거사瑞雲居士 최신경崔臣慶, 윤운거사閏雲居士 여유연余有蓮 7명이 같은 필체로 나열되어 있고, 동봉거사洞峯居士 불향佛香, 설월거사雪月居士 요상了祥, 금산거사金山居士 영롱永朧 3명, 수수거사繡壽居士, 면봉거사綿峯居士, 수봉거사繡峯居士, 수선거사修善居士, 산보거사山宝居士, 영춘거사英春居士 6명, 동공거사洞空居士 정문正聞, 함춘거사含春居士 인희仁熙, 한공거사閑空居士, 월산거사月山居士 정금丁金, 원봉거사源峯居士 백달이白達伊 5명이 각각 같은 필체로 나열되어 있다.

이들 22명의 '거사' 가운데 21명이 집단을 이루어 발원에 참여한 것이다. '거사'의 사전적 의미는 '출가하지 않고 집에서 불도를 수행하는 남성'들이고 고려시대의 경우 주로 경제적으로 여유가 있으며 학식을 갖춘 관료들이 자신을 '거사'라 칭하는 경우가 많다. 거사들은 불교에 심취하여, 선禪을 수행하거나 금욕적인 생활을 하면서 보시를 행하는 이들로,[8] 결사를 이루어 활동하는 사례가 거의 확인되지 않는다.[9] 그 때문인지 고려후기 다른 복장 발원문에서도 '거사'들이 이렇게 집단을 이루어 발원한 사례는 없다. 때문에 장곡사의 '거사'사례의 해석은 쉽지 않다. 다만, 장곡사를 사례를 고려하면 거사들이 결사를 이루어 불교활동을 했을 가능성을 배제할 수는 없을 듯하다.

많은 발원자의 수와, 무질서한 이름의 나열보다 더 가시적인 특징은 직물 조각에 자신의 이름을 써서 발원문에 붙인 경우이다. 이렇게 별도의 직물을 발원문 위에 부착하는 경우는 여타의 고려시대 복장 발원문에서는 확인되지 않는다. 따라서 이는 장곡사 약사여래좌상 복장 발원문의 특이성이라 생각된다. 백운의 발원문에는 총 4점의 직물이 발원문 위에 실로 꿰매어져 있다. 자세한 내용은 〈삽도-2〉와 같다.

금산군부인 전씨 이름이 기재된 직물조각의 아래에 여백이 있다는 점을 고려하면, 이름을 쓸 여백이 없어 직물조각을 부착한 것은 아니다. 발원에 참여한 29명의 군부인들이 모두 이와 같은 형태로 발원에 참여하지 않았으므로, 발원자의 지위와도 연관되지는 않는다. 물론 별도의 직물조각을 부착하는 발원이 높은 지위에 있으면서 다른 사람에 비해 많은 재물을 시주한 이들의 것이었을 가능성도 있다. 하지만 고려후기 다른 복장 발원문에서 이와 같은 형식이 발견되지 않는 점을 고려하면, 보시한 재물의 양이 이러한 형태를 결과했다고 보기도 어렵다.

장곡사 약사여래좌상의 복장 발원문의 특이성과 관련하여 주목되는 점은 고려후기 여러 복장물 가운데 유일하게 장곡사만이 약사여래의 복장물이라는 사실이다. 개운사, 온양민속박물관, 문수사, 1383년명 삼존

〈삽도-2〉 부착된 직물 발원

사진				
내용	전의군부인 이씨 발원 全義郡夫人 李氏 發願	금산군부인 전씨매 나고나는 때마다 중생을 계도하고 정녀는 남자가 되게 하소서 金山郡夫人 全氏妹 生生世廣逐 衆生丁女成男	두살베기 어을진의 보체가 장수하기를 발원합니다 年二歲 於乙珎 宝體 長命 以發願 화가이 장수를 빕니다 火加伊 長命.	별장 ㅁㅁㅁ 別將 ㅁㅁㅁ 해주군부인 최씨 발원문 海州郡夫人 崔氏 發願文 윤씨부인 尹氏夫人 ㅁ씨 ㅁ氏

상, 자운사는 모두 아미타여래상을, 부석사와 1322년명 천수관음발원문은 관음보살상을 조상하면서 각각 발원문을 작성하였다. 이에 반해 장곡사의 불상은 약사여래상이다.

현장玄奘이 번역한 『약사유리광여래본원공덕경藥師琉璃光如來本願功德經』의 말미에는 12명의 야차대장藥叉大將[10]이 7천의 권속과 함께 부처에게 이렇게 서원했다.

> "세존이시여, 저희들은 지금 부처님의 위신력을 입어 세존이신 약사유리
> 광여래의 이름을 들어 다시는 악취惡趣에 대한 두려움을 가지지 않게 되
> 었습니다. --중략-- 혹은 질병과 재난을 벗어나려는 이들이 또한 마땅
> 히 이 경을 독송한다면, 오색의 실에 우리의 이름자를 묶어 바라는 바를
> 이룬 이후 그것을 풀도록 하겠습니다(世尊, 我等今者, 蒙佛威力, 得聞世尊藥師琉璃
> 光如來名號, 不復更有惡趣之怖. --중략-- 或有疾厄求度者, 亦應讀誦此經, 以五色縷, 結我
> 名字, 得如願已, 然後解結)."

12명의 야차대장藥叉大將과 7천 권속은, 중생들 가운데 질병에서 벗어나려는 자들이 『약사유리광여래본원공덕경』을 독송한다면, 오색 실로 자신들의 이름을 묶어 그 뜻을 이룬 후 묶은 이름을 풀겠다고 서원했다. 경전에 의하면, 이름을 묶는 행위가 서원의 건고함을 의미하는 듯하다. 경전의 내용이 직물을 부착한 발원문의 상황과 완전히 일치하는 것은 아니지만, 서원의 견고함을 의미하는 동기가 실로 자신의 이름을 꿰매는 것이라면, 이는 약사신앙의 한 형태로 이해된다.

이상에서 장곡사 약사여래좌상 복장 발원문의 내용과 특징을 살펴보았다. 복장 발원문은 총 9점이 발견되었고 전체 발원자는 1117명으로 추산된다. 1천명이 넘는 발원자는 고려시대 발원문에서는 유례가 없다. 특히 이 가운데 백운의 발원문에만 1079명의 이름이 나열되어 있다. 백운의 발원문은 친전사 백운이 발원문을 쓰고, 발원문 다음 왼쪽 여백, 발원문 사이의 행간, 발원문의 뒤편에 각각 942명, 39명, 98명의 발원자가 기재되어 있다. 발원자의 이름은 한명이 2명 이상의 이름(자신의 이름을 포함)을 쓴 경우가 전체의 65%정도이고 1명의 이름만을 쓴 경우가 35%가량이었다. 여러 명의 이름을 쓴 경우는 대개 친족이나 노비와 같은 권속인 경우가 확인되고, 결사結社를 이룬 경우도 추측된다. 한편 이름이 적힌 별도의 직물을 실로 꿰매어 둔 경우도 4건이 확인되는데, 이는 『약사유리광여래본원공덕경』으로부터 영향을 받은 것으로 판단된다.

4. 발원자

 1천명이 넘는 사람들이 충목왕 2년(1346)년 장곡사 약사여래좌상의 조상에 참여하였다. 자신들의 기원을 담아 복장발원문에 이름을 남긴 이들 가운데 우선 발원자들의 계급구성이 주목된다. 대다수 발원자들은 이름만 나열되어 있으므로 계급을 확인하기란 쉽지 않다. 다만 고려시대까지 성씨의 소유자는 향리층 이상이라는 연구[11]와 조선시대 호적대장에서 양반 적통소생의 여성에게만 성姓에다 씨氏를 붙였다는 연구[12], 거사居士가 주로 문인文人의 자칭이었다는 연구[13]를 적극적으로 활용하면 전체 참여자의 개략적인 계급구성은 확인할 수 있으리라 판단된다.

 장곡사 복장 전체 발원자 1117명 가운데 성씨 소유자(관직자 포함)[14]는 266명으로 전체의 23.8%이고, '씨氏'의 칭호를 가진 여성[15]은 70명으로 전체의 6.27%이며, 거사居士로 칭해진 이는 22명으로 전체의 1.97%를 차지한다. 따라서 장곡사 발원자의 32.07% 가량은 최소 향리층 이상의 지위를 가진 상층계급의 사람들로 판단된다. 자세한 내용은 아래의 〈표2-18〉과 같다.

〈표2-18〉 장곡사 금동약사여래좌상 발원자 계층

사찰 / 전체발원자수	장곡사 / 1116	
구분	인원	비율(%)
남성 성씨소유자	266	23.83
여성(군부인 '~씨)	70	6.27
거사	22	1.97
계	341	32.07

 위의 통계에서 주목되는 점은 발원자 가운데 상층계급 남성이 차지하는 비중이 높다는 점을 확인할 수 있다. 상층 계급 발원자 가운데 남성과 여성의 비중은 약 8:2 정도로 남성이 많다. 한편 상층계급의 어떤 사람

번호	발원문 종류	이름	직위	품계
1	백운의 성불원문	이금수李今守	낭장郎將	정6품[17]
2	백운의 성불원문	윤원계尹元桂	동대비원록사 東大悲院錄事	정9품[18]
3	백운의 성불원문	김천리金天利	별장別將	정7품[19]
4	백운의 성불원문	박광괄朴光聒	별장別將	정7품
5	백운의 성불원문	□□□	별장別將	정7품
6	백운의 성불원문	유량俞亮	사의서명司儀署令	종8품[20]
7	백운의 성불원문	김윤수金允堅	승봉랑 내부사승 承奉郎 內府事丞	정6품[21]
8	백운의 성불원문	박朴□	오위伍尉	정9품[22]
9	백운의 성불원문	김환金煥	전오위前伍尉	정9품
10	백운의 성불원문	고명화高明花	천호千戶	종2품 봉익~4품[23]
11	백운의 성불원문	서산徐産	타보군 천호 打輔軍 千戶	종2품 봉익~4품
12	백운의 성불원문	위구偉佝	관군천호管軍千戶	종2품 봉익~4품
13	백운의 성불원문	박용안朴龍眼	판관判官	4품~9품[24]

들이 발원에 참여하였을까? 장곡사 약사여래좌상의 발원자 가운데 관직혹은 관품 소지자[16]는 위의 표와 같다〈표2-19〉.

장곡사 약사여래좌상의 발원자 가운데 관직이 명기된 이는 총13명이다. 관직자 가운데 주목되는 점은 우선 재추에 해당하는 고위 관직자가없다는 점이다. 천호千戶의 경우 우왕대 종2품직으로 간주되기도 했으나,고위 관직자로 간주하기는 어렵다. 천호를 제외하면 대체로 5품직 이하의 관원들이 시주에 참여했던 것으로 보인다. 이는 정3품에 해당하는 봉순대부奉順大夫와 종3품의 대호군大護軍의 존재가 확인되는 문수사 금동아미타여래좌상 발원문의 사례와 대조된다. 이처럼 장곡사 약사여래좌상의 발원자들 중에는 고위 관직자가 확인되지 않는다. 고위 관직자가확인되지 않는 점과 더불어 주목되는 특징은 다수의 서반西班 즉 무신의 존재이다. 전체 관직자 13명 가운데 9명이 무신이다. 요컨대 장곡사 약사여래좌상의 발원에 참여한 관직자들은 상대적으로 하위 관직자였고, 이들 가운데 무신들이 다수를 차지하고 있었다.

관직자와 더불어 주목되는 발원자는 '군부인郡夫人'이다. 군부인은 총 29명, 전체 1117명의 약 2.6%로 참여 비율은 낮은 편이다〈표 2-20〉. 그러나 같은 해 문수사 아미타여래의 조성에 참여한 '군부인'은 2명뿐이고, 1302년의 온양민속박물관 소장 발원문에서도 3명에 불과한 점과 비교하면, 다수의 군부인은 장곡사 발원문의 중요한 특성으로 간주된다.

군부인은 고려시대 외명부外命婦의 명칭이다. 고려시대의 외명부에는 정 1품의 공주公主, 대장공주大長公主, 정3품의 국대부인國大夫人, 정4품의 군대부인郡大夫人(군부인郡夫人)과 군군郡君, 정6품의 현군縣君 4등급으로 구성되어 있다.[25] 고려시대 부인들은 자신의 딸이 왕후 혹은 후궁이 되었을 때, 특별한 공적을 가진 남편과 자식을 두었을 때, 현직 상참常參이상(6품 이상) 산직 4품 이상 관원의 부인이나 모친일 때, 자신이 특별한 공을 세웠을 때, 각각 봉작되었다. 군부인 혹은 현군의 경우에는 지역명에 부인의 이름을 붙여 사용하는 경우가 많았는데, 지역은 대개 부친의 본관지를 사용하는 경우가 많고, 남편의 본관지 혹은 외가가 문벌일 경우에는 어머니의 본관지를 사용하는 경우도 있다.[26] 남편 혹은 자식이 6품 이상의 관직자 부인 혹은 모친에게 군부인의 작호가 수여되었다는 점을 고려하면, 장곡사 약사여래 발원에 참여한 군부인은 모두 최소 6품 이상 관직자의 모친이거나 부인일 것이다. 이는 발원에 참여한 관직자의 평균 품계보다 높다. 따라서 집안의 격으로 보면 군부인의 집안이 더 고위직이라 할 수 있다.

〈표2-20〉 장곡사 발원문에 기재된 군부인[*]

번호	이름	현재지명	토성	비고
1	박릉군군 구씨 博陵郡君 具氏	박천	토성	최안도의 부인
2	부령군부인 김씨 扶寧郡夫人 金氏	함경 부령	토성	
3	용천군부인 최씨 龍州郡夫人 崔氏	용천	토성	
4	기성군부인 윤씨 杞城郡夫人 尹氏	기계	토성	
5	금산군부인 전씨 金山郡夫人 全氏	김천	토성	직인
6	의창군부인 박씨 義昌郡夫人 朴氏	창원	토성	
7	낙랑군부인 최씨 洛浪郡夫人 崔氏	경주	토성	직인
8	강녕군부인 홍씨 江寧郡夫人 洪氏	당진(남양)	토성	이언충의 부인. 홍복원의 동생인 홍백수의 아들 홍선洪詵의 손녀. 부친은 홍수洪綬.
9	공주군부인 이독씨 公州郡夫人 李獨氏	공주	토성	직인. 천호 서산의 부인.
10	낙랑군인 김씨 樂浪郡人 金氏	경주	토성	직인. 서산의 모.
11	승평군부인 장씨 升平郡夫人 張氏	승주	토성	직인
12	질현군부인 장씨 迭縣郡夫人 張氏	?		
13	영가군부인 권씨 永嘉郡夫人 權氏	안동	토성	직인
14	부녕군부인 김씨 扶寧郡夫人 金氏	부안	토성	직인
15	가양군부인 채씨 嘉陽郡夫人 蔡氏	?		직인
16	금미군부인 최씨 金美郡夫人 崔氏	?		직인
17	단산군부인 우씨 丹山郡夫人 禹氏	단양		직인
18	군부인 김씨 ㅁㅁ郡夫人 金氏	?		낭장 이금수李今守의 부인
19	금성군부인 유씨 金城郡夫人 劉氏	금화		
20	진강군부인 정씨 晋康郡夫人 鄭氏	진주	토성	

번호	이름	현재지명	토성	비고
21	동해군부인 박씨 東海郡夫人 朴氏	?		
22	예산군부인 고가량지 礼山郡夫人 高加良之	예산 ?		
23	예산군부인 고원문 礼山郡夫人 高願文	예산 ?		
24	거녕군부인 녀 복련 居寧郡夫人 女 福連	장수		
25	전의군부인 이씨 全義郡夫人 李氏	연기 전의	토성	
26	금산군부인 전씨 매 金山郡夫人 全氏 妹	김천		
27	해주군부인 최씨 海州郡夫人 崔氏	해주	토성	
28	낙랑군부인 최씨 洛浪郡夫人 崔氏	경주	토성	
29	전주군부인 구씨 全州郡夫 丘氏	전주		

이상의 내용을 정리해보면, 장곡사 발원문은 다음과 같은 특징을 가지고 있다. 발원자들은 상층계급보다 하층계급성원들이 발원이 다수자를 차지하며, 상층계급의 경우에도 비교적 하급 관료, 특히 무신층이 다수 발원에 참여한다. 다만 여성의 경우 군부인 작위 소지자들이 다수 참여하였다. 군부인이라는 작호가 현직 6품, 산직 4품 이상 관료, 왕실의 외척, 특별한 공이 있는 관료의 부인과 모친에게 사여되었다는 점을 고려하면, 그들 집안의 격은 남성 관료에 비해 높았다고 할 수 있다.

이러한 특징을 해석하기란 쉽지 않으나, 추론적 접근은 가능하다. 우선 주목되는 점은 발원의 내용이다. 아미타신앙이 주로 극락으로의 왕생을 기원한 것에 반해, 장곡사 약사여래좌상 복장 발원문에서는 '장명

---

* 발원문에서 추출. 낙랑군부인 최씨의 경우 부착된 비단과 별도의 비단조각에서 동일 이름이 확인되나 다른 사람일 가능성도 있어 중복 가능성을 무시했다. 거녕군부인 녀 복련居寧郡夫人 女 福連과 금산군부인 전씨 매金山郡夫人 全氏 妹의 경우, 엄밀히 발원자 본인은 군부인으로 간주할 수 없으나 군부인급에 해당하는 집안으로 판단되어 포함시켰다.

長命'과 '장수長壽'에 대한 기원이 많다. '풍희기馮喜己 장명長命', '대원大元 바얀테무르[伯顔帖木兒] 장수長壽', '두 살배기 어을진의 보체 장명[年二歲 於 乙珎 宝體 長命]', '화가이火加伊 장명長命', '무명장수를 서원합니다[誓願無病長 命] 고가高哿', '내은금의 딸이 장명하기 바랍니다[內隱今女長命之願]'와 같은 발원은 그 구체적 예이다. 질병의 고통으로부터 구제해 주는 약사여래 에 귀의하여 길고 평안한 삶에 대한 욕망이 약사여래의 발원으로 이어 진 것이다. 이런 이유로 약사신앙은 '현세이익'적 신앙으로 간주되기도 하였다. 특히 질병을 얻은 이들의 경우 그런 바람은 더욱 간절했을 것이 다. 장곡사 약사여래좌상에 하층계급이 다수 참여하고 무신들이 다수 참 여한 것은 약사신앙의 이러한 특징이 작용한 결과일 가능성이 높다. 경 제적으로 취약한 하층민들의 영양상태는 상층계급의 그것에 비해 열악 했고 이는 그들을 질병에 취약하도록 만들었을 것이다. 따라서 그들에게 약사여래는 더욱 간절한 존재였을지 모른다. 각종 전쟁에 복무해야 하는 무신들 역시 누구보다 장수長壽에 대한 욕망이 컸을 것이다.

문제는 '군부인'들의 존재이다. 이 시기 복장 발원문 자료가 소수인데 다 약사여래 복장 발원문의 경우 장곡사의 예가 유일하기 때문에 군부 인의 참여에 대한 해석은 용이하지 않다. 그럼에도 이 문제는 설명을 요 하는 장곡사 발원문의 주요한 특징으로 판단된다.

다수 '군부인'의 참여는 두 가지 가능성을 고려할 수 있다. 첫째는 장 곡사의 정치적 영향력의 결과로 해석할 수 있다. 장곡사는 조선초기 '자 복사資福寺'로 추천될 정도의 중요사찰이었지만,[27] 고려후기 장곡사의 정 치적 영향력을 파악할 만한 자료는 전하지 않는다. 둘째는 약사신앙이 가진 특징으로 해석할 수 있다. 『약사유리광여래본원공덕경』에는 약사 여래의 명호를 부르고 공경히 공양하면 출산의 고통이 사라지고 훌륭한 아이가 태어난다고 기술되어 있다.[28] 이렇듯 약사신앙이 출산의 고통과 두려움의 의지처가 되었기에 여성들에게 약사신앙은 각별했을 것이다.

그런데 앞서 살펴 본 온양민속박물관의 복장발원문에는 창녕군부인 장씨의 발원문이 있다. 창녕군부인 장씨는 다음 생에는 정토淨土에서 태어나 항상 정법正法 듣기를 희망하면서도, 만약 그렇게 되지 못한다면 인간으로 태어나되, 중국으로 갈 수 있도록 해주고 남자의 몸을 내려 줄 것을 기원했다.[29] 이는 아미타불의 48가지 대원 중 하나와 『화엄경』의 보현행원품에 영향을 받은 것으로 판단된다. 그러나 중국으로 가기를 발원하였던 점, 아미타불의 대원 가운데 이것만 인용한 점을 고려하면, 창녕군부인 장씨의 발원을 전적으로 경전의 영향 하에서 작성된 것으로만 간주하기는 어렵다. 오히려 창녕군부인 장씨의 사례는 당시 상층계급 여성들이 가진 욕망의 한 측면을 보여주는 것으로 판단된다. 창녕군부인 장씨는 내세에는 남자의 몸으로 태어나기를 아미타부처에게 기원하고 있다.[30] 창녕군부인 장씨가 남자를 욕망한 것은, 여자들이 성불하거나 정토로 가기 어렵다는 인식에 기초한 것으로 보인다.[31]

남성이 되고자 하는 바람은 『약사유리광여래본원공덕경』에서 보다 적극적으로 표현된다. 경전에 의하면, 약사유리광여래는 보살도를 행하면서 12가지 서원을 내어 중생들이 요구하는 바를 모두 이루도록 했다. 그 12가지 대원 가운데 8번째 대원은 다음과 같다.

"바라건대, 내가 내세에서 보리를 얻었을 때, 만약 어떤 여인이 여자의 온갖 악함에 의해 고통 받게 되어 지극히 싫어하는 마음이 생겨 여자의 몸을 버리고자 원한다면, 나의 이름을 듣기만 하여도 모두는 여자에서 남자로 변하여 장부의 형상을 갖추게 될 것이며, 곧 무상보리를 증득하는 데까지 이를 것이다(願我來世得菩提時, 若有女人, 爲女百惡之所逼惱, 極生厭離願捨女身, 聞我名己, 一切皆得轉女成男具丈夫相, 乃至究竟得無上菩提)"

약사여래는 자신의 이름을 듣기만 해도 여자가 남자로 변하여 장부의 형상을 갖출 수 있다고 했고 그것을 자신의 대원으로 삼았다. 즉 여자의 몸을 싫어하는 여성들이 남자가 되길 원한다면 그들을 남자로 만들어 주겠다는 것이 약사의 서원이었던 것이다. 이렇게 보면 남자의 몸을 얻고자 하는 여자들에게 약사여래는 매우 중요한 의미를 가졌다고 할 수 있다.

물론 장곡사 약사여래좌상의 발원에 참여한 군부인들 모두가 이런 바람을 가지고 있지는 않았을 것이다. 강녕군부인 홍씨는 자신의 아들들과 함께 발원했고, 천호 서산은 부인 공주군부인 이씨와 모친 낙랑군인 김씨와 함께 발원했으며, 낭장 이금수李今守 역시 부인과 함께 발원했다. 이 경우 가족의 모두의 건강과 안녕을 목적으로 했을 가능성이 높다. 하지만 나머지 25명의 군부인들은 다른 부인들과 함께 발원하거나 아니면 단독으로 발원에 참여했다. 예컨대 박릉군군博陵郡君 구씨具氏는 부녕군부인扶寧郡夫人 김씨金氏, 용주군부인龍州郡夫人 최씨崔氏와 함께 발원했고, 승평군부인升平郡夫人 장씨張氏는 질현군부인迭縣郡夫人 장씨張氏와 함께 발원했고, 영가군부인永嘉郡夫人 권씨權氏는 부녕군부인扶寧郡夫人 김씨金氏와 함께 발원했고, 예산군부인礼山郡夫人 고가량지高加良之는 예산군부인礼山郡夫人 고원문高願文와 함께 발원했다.[32] 승평군부인과 질현군부인의 성씨가 같고 같은 예산군부인의 칭호가 존재한다는 점을 고려하면 함께 발원한 이들은 친족관계일 가능성이 높다. 특히 박릉군군 구씨는 충숙왕의 폐행 용주 최씨 최안도崔安道의 부인으로 용주군부인 최씨는 그녀의 딸일 가능성이 높다. 이 경우 가족 전체가 아니라 집안의 여성들만이 발원에 참여한 것이다. 한 집안의 여성들이 별도로 발원에 참여하였다는 점은 여성들만의 특별한 원顧이 있었기 때문일 가능성이 높다. 그래서인지 나머지 15명의 군부인들은 단독으로 발원에 참여하였다.

특히 금산군부인金山郡夫人 전씨全氏의 매妹는 발원에 참여하면서, "나

고나는 때 마다 널리 중생을 계도하고, 정녀는 남자가 되게 해(生生世廣逢
累生丁女成男)"[33] 달라는 원을 직물조각에 적어 백운 발원문에 꿰매어 두었
다. 금산군 부인의 매는 자신의 서원을 구체적으로 기술하였는데, 이 가
운데 정녀를 남자로 만드는 것은 약사여래의 12대원 중 하나였다. 만약
상층계급 여성인 군부인들이 남자가 되어 깨달음을 얻으려 했다면, 내세
에 남자로 태어나 그 후부터 다시 수행하여 깨달음을 얻으려는 아미타
신앙보다 현세에 그들을 남성으로 변화시켜 준다는 약사신앙이 더 강력
한 영향력을 발휘했을 수 있다. 즉 금산군부인 전씨 매의 사례를 적극적
으로 고려한다면, 약사여래의 8번째 서원이 당시 군부인들에게 영향력
을 미쳤을 가능성을 배제할 수는 없을 것 같다.

　마지막은 행적이 확인되거나 특징적 면모를 가진 발원자들이다. 발원
자들 가운데 행적이 확인되는 인물은 박릉군군博陵郡君 구씨具氏와 강녕
군부인江寧郡夫人 홍씨洪氏 2명이다. 박릉군군 구씨는 충숙왕과 충혜왕의
폐행이었던 최안도의 부인이다. 최안도와 그의 부인은 『대방광불화엄
경』의 사경에도 참여한 바 있었는데, 삼성미술관 리움에서 소장하고 있
는 『대방광불화엄경』 정원본 31권의 발원자는 최안도 부부였다.[34]

　최안도는 『고려사』에 자신의 열전[35]이 있고, 그의 묘지명[36] 역시 현전
한다. 최안도는 충숙왕의 폐행으로 활동하며 심왕파와 대립하다 충혜왕
이 복위한 뒤에는 충혜왕에게 중용되었던 인물이다.[37] 그의 묘지명에 의
하면, 최안도는 부인 박릉군군 구씨와 총 4남 4녀를 두었으며 충혜왕 복
위 원년(1340)에 사망하였다.

　강녕군부인江寧郡夫人 홍씨洪氏가 이언충李彦冲의 계실繼室이었다는 사
실은 앞서 언급한 바 있다. 이언충은 충렬왕 20년(1294) 안향安珦과 민지
閔漬를 지공거知貢擧와 동지공거同知貢擧로 하여 과거에 급제하였으며 충
선왕의 요속이 되어 원에서 충선왕을 모셨다. 이후 충숙왕과 충혜왕 때

에서 정당문학政堂文學의 관직을 유지하였던 점을 고려해 보면, 충선왕이 토번으로 유배된 후 충숙왕과 심왕과 충혜왕 사이에 전개된 권력투쟁에 적극적으로 가담한 것처럼 보이지는 않는다. 강녕군부인 홍씨는 왕경등 처순군만호王京等處巡軍萬戶 홍수洪綏의 딸이다. 홍수는 여몽전쟁기 몽고에 투항하여 몽고의 향도鄕導가 된 홍복원洪福源의 동생 홍백수洪百壽의 손자이다.[38] 홍수는 충선왕이 토번으로 유배된 후, 심왕瀋王 왕호王暠의 옹립에 적극적으로 참여한 인물로 조적曹頔과 함께 최안도를 탄핵하기도 했다.[39] 이런 측면에서 보자면 홍씨의 부친 홍수와 구씨의 남편 최안도는 정치적으로 대립하고 있었다. 그런데도 두 부인은 함께 장곡사 약사여래불상의 조성에 발원했다. 따라서 발원과 정치적 입장이 일치한 것은 아니었음을 알 수 있다.

장곡사 발원자들 가운데에는 '안경옹주安敬翁主 박씨朴氏'의 이름도 확인된다. 충선왕은 이전 후궁의 명칭이었던 궁주宮主를 '옹주'로 개명하였고 품계는 정1품으로 했다. 충혜왕 이후 옹주 칭호의 사용이 문란해지긴 했으나 옹주는 대체로 고려 후궁의 칭호였다.[40] 그렇다면 '안경옹주' 역시 충선·충숙·충혜왕의 후궁 칭호였을 가능성이 높다. 그러나 『고려사』 후비열전에서 '안경옹주'의 이름을 확인할 수 없으며, 후궁으로 박씨 성을 가진 이도 없다. 다만, '안경옹주'의 사례를 통해, 왕실의 후궁도 장곡사 약사여래좌상의 발원에 참여했음을 알 수 있다.

장곡사 약사여래좌상 발원자들 중에 주목되는 것은 몽고식 인명 사용자들이다. 발원문에 기재된 몽고식 이름에는 '도르지[都兒赤]', '김도르지[金朶兒只]'가 있다. '김도르지'는 고려인을 몽고식으로 부른 것으로 보이나 그가 누구인지 확인할 수 없다. '도르지[都兒赤]'는 몽고인을 지칭한 것으로 보이는데, 충목왕대 원에서 활약하면서 고려와 유관한 '도르지'로 주목되는 인물은 충목왕 즉위년 8월 기황후의 의지懿旨를 전달한 동지자

정원同知資政院 도르지[朶兒赤][41]이다. 기황후의
의지를 전달했다는 측면에서 그는 고려와 유
관한 인물일 가능성이 있다. 그런데 당시 원
나라 조정에는 동지자정원사 도르지와 다른
인물로 보이는 '도르지[朶兒只]'라는 인물도 있
다. 무칼리[木華黎]의 후손으로 원나라 문종文
宗에 의해 요양遼陽의 국왕으로 책봉되었다
가 권신 바얀[伯顔]의 지원을 받은 나이만다이
[乃蠻台]에게 왕위를 빼앗긴 후, 지정 4년(1346)

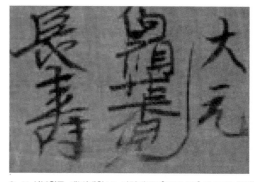

에 강절행성좌승상에 부임하였다.[42] 그는 충목왕 3년 중서우승상이 되어
태고 보우가 대도의 영녕사永寧寺에 머무를 수 있도록 순제에게 아뢴 인
물이기도 했고[43] 충목왕대 고려 최고의 권력자인 김영돈金永旽과 김영후
金永煦형제의 매제이자 톡토[脫脫]을 몰아내고 새로운 실력자로 부상하고
있었던 베르케부카[別兒怯不花]와 가까웠던 인물이었다.[44] 발원문에는 '도
르지[都兒赤]'라는 이름만 기재되어 있으므로, 발원문의 '도르지'가 앞서
언급한 2명 가운데 누구인지는 확인하기 어렵다.

발원문에 기재된 몽고식 이름 가운데 가장 주목되는 것은 '대원大元
바얀테무르[伯顔帖木兒] 장수長壽'라는 발원이다.(2-41) 발원문 상단에 작
은 글씨로 기술되어 있어 판독이 용이하지 않으나, 바얀테무르로 판독
하는 것이 타당해 보인다. 당시 원나라 조정의 관료 가운데 고려와 유관
한 바얀테무르는 확인되지 않지만, 고려의 인물 가운데 바얀테무르로 불
린 이는 있다. 충혜왕의 친동생인 왕기王祺는 몽고식 이름이 바얀테무르
였다. 충숙왕의 아들이었던 그는 충숙왕 17년(1330) 출생하여 충혜왕 후
2년(1341)에 원 황제의 명으로 입조하여 숙위하였으며 충목왕이 즉위하
자 강릉부원대군江陵府院大君에 책봉되었다. 이후 그는 조카 충정왕을 밀

어내고 왕이 되었으니 바로 공민왕이다. 따라서 발원문에 기재된 이름을 바얀테무르로 판독한다면, 이는 공민왕의 장수에 대한 발원으로 이해될 여지가 크다. 특히 공민왕은 태고太古 보우普愚가 원나라 영녕사에 기거할 때, 그를 직접 만나기도 했다는 점을 고려하면 공민왕의 장수를 기원했을 가능성이 높다고 할 수 있다.

이상에서 장곡사 약사여래좌상의 조성에 참여한 발원자들을 분석해 보았다. 장곡사 약사여래좌상의 조성에 참여한 이들은 약 1117명에 달한다. 이들 가운데 약 32%가량이 상층계급 사람들이었다. 장곡사의 경우 비교적 경제력을 갖춘 사람들이 발원에 참여했음을 알 수 있다. 그러나 같은 해 문수사 아미타불상의 조성에 참여한 사람들 가운데 50% 가량이 상층계급이었다는 점을 고려해 보면, 장곡사 불상 조성에 보다 많은 하층민들이 참여했음을 추론할 수 있다.

상층계급 참여자들 가운데 관직 소유자는 총 13명이며, 대부분은 하위 관직자였고 무관이었다. 장곡사 불상 조상의 상층계급 참여자 가운데에는 유독 '군부인'들이 많았다. 총 29명의 군부인이 발원에 참여하였는데, 이는 다른 발원에서 찾아보기 어려운 특징이다. 여성을 남성으로 변화시키겠다는 약사여래의 서원은 다수 고려의 군부인에게 영향을 끼쳤을 것으로 보인다. 발원자들 가운데 다른 기록에서 행적이 확인되는 이는 박릉군군 구씨와 강녕군부인 홍씨였고 안경옹주 박씨처럼 후궁의 이름도 확인되며, 공민왕으로 추정되는 바얀테무르의 장수를 기원하는 발원도 포함되어 있다.

1 최연식,「장곡사 금동약사여래좌상의 신앙내용과 제작 주체 -발원문 내용의 검토를 중심으로 -」,『미술사연구』29, 2015, 12. 참조.

2 『동국이상국집』권25 잡저; 정은우「고려시대 불복장의 특징과 형성배경」,『미술사학연구』286호,한국미술사학회, 2015,6, 32~33쪽.

3 이은창,「장곡사의 금동약사좌상 복장불경」,『고고미술』11호 3권, 1962.

4 장곡사 복장유물에 대해서는『전통 불복장의식 및 점안의식』(불교무형문화유산 학술보고서, 2014, PP. 123~124)를 참조.

5 조선시대에 비해 고려시대 복장 발원문은 규칙성을 찾아보기 어렵다. 그럼에도 이렇게 많은 발원자가 무질서하게 기재된 사례는 아직 확인되지 않는다. 같은 해의 문수사 아미타여래좌상의 복장 발원문 역시 정연하게 서술되어 있지 않으나, 발원자 수도 적고, 발원자의 이름도 장곡사에 비해 정연하게 기재되어 있다. 문수사 발원문에 대해서는 '수덕사근역성보관,『지명귀심례』, 2004.'를 참조.

6 발원자 수를 정확히 1079명이라고 단언할 수는 없다. 발원자를 판독할 때, 1명의 이름을 2명으로 파악했을 가능성이 있고, 인장과 수결만으로 이름을 대신했을 가능성도 있기 때문이다. 인장과 수결은 발원자 명단에서 제외했다.

7 김용선편저,『고려묘지명집성』,한림대 아시아문화연구소, 2001, 501쪽.

8 거사에 대해서는 다음의 연구를 참조하라. 최병헌,「고려중기 이자현의 선과 거사불교의 성격」『김철준박사 화갑기념 사학논총』, 1983; 정제규,「고려후기의 거사관과 그 성격」,『문화사학』11 · 12 · 13, 1999,12; 이병희,「고려후기 거사의 생활방식과 그 의미」,『사학연구』116, 2014, 12.

9 이병희, 앞의 논문, p. 207.

10 宮毘羅大將, 伐折羅大將, 迷企羅大將, 安底羅大將, 頞你羅大將, 珊底羅大將, 因達羅大將, 波夷羅大將, 摩虎羅大將, 眞達羅大將, 招杜羅大將, 毘羯羅大將.

11 채웅석, 『고려시대의 국가와 지방사회』, 서울대학교 출판부, 2000, 130~144쪽.

12 손병규, 『호적 : 1606~1923』 휴머니스트, 2007, 133~136쪽.

13 이병희, 앞의 논문.

14 '金龍'과 같이 일부 이름의 경우 성의 경우 이름으로 사용된 것인지 여부가 불명확한 경우도 있으니 모두 성씨 소유자로 포함했다.

15 '夫人', '郡夫人', '~女'로 기재된 경우를 포함.

16 발원을 하면서 자신의 관직을 기재하지 않았을 가능성도 있다. 예컨대 문수사 아미타여래좌상의 복장 후령통에 기재된 조돈趙暾은 충숙왕 때 좌우위호군左右衛護軍을 역임했으나 발원문에 그의 관력은 기재되지 않았다. 조돈의 사례는, 발원하면서 관직을 기재하지 않았을 가능성을 고려하게 한다. 그러나 조돈처럼 기록이 남아 있는 경우는 그의 관력 추적이 가능하나, 그렇지 않을 경우는 추적이 불가능하다. 따라서 본 논문에서 관직이 명시되어 있는 경우만을 분석할 수밖에 없었다.

17 『고려사』 권77, 지31 백관 서반西班.

18 『고려사』 권77 지31 백관 제사도감각색諸司都監各色의 동서대비원조에 의하면, 동서대비원에서는 사使 각 1인, 부사副使 각 1인, 녹사 각 1인이 배속되어 있었고, 이속으로 기사記事 2인이 있었다. 대비원 관료의 품계는 병과의 권무로 하였다고 기록되어 있다. 그런데 『고려사』 권80 지34 식화지 녹봉 권무관의 녹봉 인종조의 기록을 보면, 동서대비원 녹사는 대상부녹사太常府 錄事와 같이 8석 10두의 녹봉을 받았다. 태상부의 녹사는 정9품직이었으므로 동서대비원 녹사 역시 정9품직으로 추정된다.

19 『고려사』 권77, 지31 백관 서반西班.

20 『고려사』 권77, 지31 백관 사의서司儀署.

21 『고려사』 권77, 백관, 문산계, 충선왕 2년.

22 오위는 교위校尉의 별칭으로 정9품직이다.

23 『고려사』 권81, 지35, 병지 오군伍軍, 우왕 4년 12월.

24 박용안이 어떤 관부의 판관인지에 따라 종4품직(三司)일수도 있고 종9품직(大淸觀)일 수도 있다. 박용안의 직책을 확인할 수 없어 정확한 품계를

확인할 수 없다.

25 『고려사』 권77 지31, 백관 내직內職.

26 김아네스, 「고려전기의 외명부」, 『역사와 경계』87, 2013.

27 『태종실록』 권14, 7년 12월 신사일, 두 번째 기사.

28 或有女人, 臨當産時, 受於極苦, 若能至心, 稱名禮讚, 恭敬供養, 彼如來者, 衆苦皆除. 所生之子身分具足, 形色端正見者歡喜.

29 여기에 의지해 보응이 다하게 되면 모든 병과 고뇌가 없어지고, 마음이 끝내 흐트러지지 않으면 마치 선정에 든 것과 같으니, 삼도의 고통에 떨어지지 않고 어두운 곳[陰幽]에 있지 않아, 정토에서 태어나서 항상 정법을 듣게 될 것입니다. 지금의 생에서 만약 입지 못해 바라는 것이 뜻대로 되지 않는다면, 바라건대 인간의 생을 잃지 않고 중국으로 가, 바른 집안에서 태어나되 남자의 몸을 얻게 해 주소서.(及待此報盡 無諸病苦惱, 心意無散亂 如入諸禪定, 不落三塗苦 不處中陰幽, 卽生於淨土 恒常聞正法. 今生若未蒙 所向不如意, 誓不失人生 出托於中國, 寄娠正信家, 稟受男子身)

30 이러한 사례는 개운사 소장 목조아미타여래좌상의 복장 발원문에서도 확인된다. 충숙왕 9년(1322)에 작성된 이 발원문에는 아미타불을 조상하면서 10가지 대원大願을 쓰여 있다. 이 대원大願 가운데 2번째 서원이 여자가 아닌 대장부로 태어나는 것이었다.

31 이러한 인식의 단적인 사례는 『묘법연화경妙法蓮華經』 「제바달다품提婆達多品」이다. 여기서 사리불은 용녀의 성불을 의심하면서 여자의 몸에는 다섯 가지 장애, 즉 범천왕梵天王, 제석천왕帝釋天王, 마왕魔王, 전륜성왕轉輪聖王, 부처의 몸이 되지 못하는 장애가 있다고 했다.

32 이들이 각각의 짝과 함께 발원하였다고 판단한 근거는 나열된 명단의 필체가 같기 때문이다.

33 이 발원문의 판독에서 가장 난애한 부분은 '수逡'자이다. 의미상 도度가 적당하나 도度로 판독하기는 어려워 일단 수逡로 판독했다.

34 이 사경발원문에서 박릉군군 구씨는 릉성군부인 구씨綾城郡夫人 具氏로 기록되어 있다.

35 『고려사』 권124, 열전37 폐행, 최안도.

36 김용선 편저, 『고려묘지명집성』한림대 아시아문화연구소, 2001, 509~511 쪽.

37 김혜원, 「원 간섭기 입성론立省論과 그 성격」, 『14세기 고려의 정치와 사회』, 민음사, 1994; 김광철, 「고려 충혜왕대 측근정치의 운영과 그 성격」, 『국사관논총』71, 1996.

38 『고려사』 권130 열전43 반역, 홍복원.

39 김당택, 『원간섭하의 고려정치사』, 일조각, 1998, 83~92쪽.

40 忠宣王改宮主爲 翁主 . 忠惠以後, 後宮女職, 尊卑無等, 私婢官妓, 亦封 翁主宅主.(『고려사』 권77 지31 백관, 내직.) 고려시대 후궁의 명칭에 대해서는 다음의 논문을 참조하라. 이정란, 「고려 후비의 칭호에 관한 고찰」, 『전농사론』2, 1996. 김창현, 「고려시대 후비의 칭호와 궁」, 『인문과학연구』24, 성신여대인문과학연구소, 2006.

41 『고려사』 권37, 충목왕세가 즉위년 8월 병술일.

42 『원사』 권139, 도르지[朶兒只].

43 『태고화상어록』 행장.

44 당시 원의 정국동향과 고려에 비친 영향에 대해서는 다음의 논문을 참조하라. 신은제, 「14세기 전반 원의 정국동향과 고려의 정치도감」, 『한국중세사연구』26, 2009, 04.

Ⅵ. 문수사 금동아미타여래좌상

서산 상왕산象王山에 위치한 문수사文殊寺는
고려시대에 창건된 사찰로 추정되나 자세한
연혁은 확인하기 어렵다. 문수사에는 고려후
기 금동아미타여래좌상이 있었지만, 지금은
도난당해 소재를 알 수 없다. 이 불상의 복장
물은 현재 수덕사 근역성보관에 보관되어 있
는데 1973년 문화재관리국에서 불상을 조사
하면서 발견한 것으로 복장물은 안립 당시의
상태를 제작 당시 그대로 유지하고 있었다.
불상의 목부분에서는 후령喉鈴이, 가슴부분에
서는 목합木盒이, 복부에서는 발원문과 각종
문서류가, 가장 아래에는 직물류가 각각 안립
되어 있었다.[1]

문수사 금동아미타여래좌상의 복장에서는
발원문, 목합, 오곡, 경전, 직물류 등 총 56점

2-42 금동아미타여래좌상, 고려 1346, 69cm, 충남 서산 문수사(현
재 도난)

의 복장물이 확인된다. 시주물목이 적히 시주질과 시주자명단이 적힌 복
장물은 불상 조상에 필요한 물목에 대한 이해와 불상조상에 참여한 시
주자들에 대한 정보를 제공한다는 점에서 중요하다. 아래 복장물 목록표
에서는 복장물 가운데 다수를 차지하는 직물류는 생략하였다.

〈표2-21〉문수사 금동아미타여래좌상 복장물 목록

번호	명칭	규격(cm)	수량	재질	시대	특징	사진
1	가야산 문수사당주미타복장발원문	520×50	1	직물	1346년	시주자 명단. 수결.	
2	가야산 문수사당주미타복장동원문		1	직물	고려		
3	전인혁 발원문	54.5×50.7	1	한지	1346년	간기. 발원자 기록.	
4	미타복장입물 색기	35.1×35.9	1	한지	1346년	복장에 들어가는 물목 기록.	
5	시주자 명단	84.5×46	1	직물	고려	청색 염색의 직물. 일률적이지 않은 글씨체로 시주자 이름을 기록.	

번호	명칭	규격(㎝)	수량	재질	시대	특징	사진
6	만초 용문라		1	직물	고려		
7	황색사엽과 용문라		1	직물	고려		
8	목합	높이 7.0	1	목재	고려	합 외면 주사로 연꽃 잎과 원형무늬를 그림. 주서의 봉잠지대로 감쌌음	
9	봉잠지대 封箴紙帶	9.7×4.9	1	한지	고려	조돈 등 시주자의 명단이 기재되어 있음	
10	목합 보	55.7×27.9, 52×51, 28×56.1, 47.5×48.7, 53.6×49.5	5	직물	고려	목합을 싼 황색주(황초폭자), 남색주, 황백색운용문라, 녹황색 소문라, 소색생초 등으로 5겹 감쌈.	
11	후령	직경 7	1	동	고려	작은 구멍이 있는 방울	

번호	명칭	규격(cm)	수량	재질	시대	특징	사진
12	오보병	9.5×7.1	5	직물	고려	청, 백, 주, 흑, 황색. 오곡, 오향, 오보, 오약 등이 씌여 있었음.	
13	오곡		1		고려	건반, 볍씨, 콩 등	
14	오색사		1		고려	견사. 목합 내부에 있었음.	
15	심주		1	수정	고려		
16	사리		1		고려		
17	구슬	직경 0.5	5	옥	고려	중앙에 작은 구멍이 있음	

번호	명칭	규격(cm)	수량	재질	시대	특징	사진
18	사저교직답호	111x62	1	저마	고려	답호. 반수. 이면에 묵서로 시주자명 기록.	
19	직물류	47.9x19	19	비단 등	고려	용도 미상 직물편. 금박으로 무늬를 넣은 고급 직물도 있음. 소수의 이름이 적힌 것도 있음.	
20	불교경전류	31.6x11.5 30.6x57.4 16.1x54.4 38.1x38.2 36.1x16	5	한지	12세기	묘법연화경 권7, 구역인왕경,고왕관세음경,차인출불공역대화수경 묘법연화경은 감지 표지에 접철식. 대부분 목판본. 교장 속장경의 간기 있음	
21	다라니	18.2x54.7 37.5x33 37.6x33.3 27.4x53.2 52.4x29.8	5	한지	고려	목판본. 오대진언, 연화판다라니, 범자원권다라니, 단온진언, 불정방무구광명다리 등	
22	차인출불공역 대화수경			한지	고려		
23	충전용지				고려	충전용지. 이름	
계					23건 56점		

1. 발원문 종류와 내용

1) 전인혁 발원문

2-43 전인혁 발원문, 고려 1346년, 54.7x50.7cm, 수덕사 근역성보관

大元至正六年丙戌九月初八日 田仁奕.

判事 陳光明.

　　宋氏.

黃元桂, 金彦, 朴宏, 開花, 月花女,

安莊, 於衣莊.

知識眞冏 發願. 今同願信男女等,

及法界一切, 同修無盡觀音行,

願同登无上佛果菩提尒.

대원 지정 6년(1346) 병술년 9월 초 8일 전인혁 판사 진광명, 송씨. 황원계, 김언, 박굉, 개화, 월화녀, 안장, 어의장, 지식 진경이 발원합니다. 지금 함께 발원하는 남녀들 및 법계의 일체는 함께 다함이 없는 관음행을 닦아 함께 무상불과보리에 오르기를 기원합니다.

2) 미타복장입물색기彌陀腹藏入物色記

青木香　藿香　沈香　乳香 丁香　苟子　荷子

人蔘　甘草 桂心 瑠璃 琥珀 眞珠 生金　生銀

大黃 小黃 牛黃 雌黃　雄黃 心鏡 心珠 喉鈴　　五色

帛 五色糸十五尺 乾飯 五穀 黃幅子 舍利同 八葉司

靑花 大靑 大綠 朱紅 黃漆 南粉 漆 阿膠

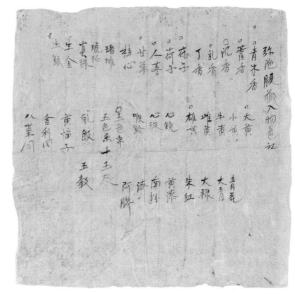

2-44 미타복장입물색기. 고려 1346년, 35.1x35.9cm, 수덕사 근역성보관

3) 가야산 문수사당주 미타복장동원문伽耶山 文殊寺堂主 彌陁腹藏同願文.

施主.

施主.

施主.

幹善道人 祖能. 同願 道 ■

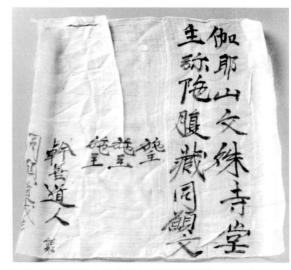

2-45 미타복장동원문. 고려 1346년, 수덕사 근역성보관

4) 가야산 문수사당주 미타복장발원문伽耶山 文殊寺堂主 彌陁腹藏發願文[*]

2-46 가야산 문수사당주 미타복장발원문, 고려 1346년, 520x50cm, 수덕사 근역성보관

勸善道人 祖能, 同願道人 戒共, 施主 老僧 性如, 施主, 施主/ 慈旦東, (수결?)/ 大護軍 洪瑞, 崔氏夫人/ 夫介/ 和尙/ 卞瑞/ 金純/ 毛如里/ 兪翰, 兪子迪, 兪子由, 江華/ 陸邦■¹/ 元眞/ 赤世/ 康主/ 荷頭奴/ 玉由忠/ 同願 洪倚, 洪二元/ 林鵝/ 四奇, 張公/ 林柱張, 金龍守/ 崔山/ 大三/ [수결]²/ 松彥/ 崔進/ 金石/ 法筵, 承安, 性全, 了正, 景冗, 莫叔/ 申命珠/ 大難/ 李均/ 心/ 崔天用/ 元口/ 立旭/ [수결]/ 順初/ 李力柱/ 双龍/ 元順/ 同住極樂國感 令口伊, 得材, 李先, 金良/ 力成/ 遠朋/ 明小古里, 万次伊, 元白/ 大長/ [수결]/ 李子達/ [印]호리병문양/ [인] '卍'자 문/ 姜邉掛, 黃長孫/ 宗補/ 洪仁/ 孫岳/ 李和向/ [수결?]/ 孫次忠/ 石伊/ 柳璟瞢/ 同願 柳璟瞢/ 陳古甫, 蔡莽, 思賢/ 伍尉 孫莊/ 金山, 金連, 石伊, 黃世/ 潘師子/ 文區/ [수결]/ 陳鳳岭, 南氏女, 陳德方/ 田信/ 辛頭信/ 幺曰, 古承, 朴小莊, 朴見都只, 金牛我/ 丁鑯祐, 丁仁甫, 丁充林, 丁白, 丁龍/ 韓氏, 崔婢祿/ 古邑尹, 自連, 沙佐只, 今金, 夫金, 金龍, 四月/ 全奴介/ 林堅/ 金天/ 釋奇/ 朴氏/ 正心, 元米/ 李强尹, 李玲用, 金松/ 李和尙/ 尹口直/ 申方/ [수결]/ [수결]/ [수결]/ 黃萲柱, 李成元/ 戒桓延/ 李松, 李均, 李儒/ 仁連/ 乃所乃/ 善見/ 內隱莊, 元一條/ 重尹, 朴■/ 信規/ 末乙伊, 李禾, 大難/ 全順奇, 長緣, 全成宝, 斤小伊/ ■加尹, 夫介/ 立連³/ 金尹/ 六如/ 太汸/ 金丁/ 安火疾, 李甫/ 文用和/ 李林彥, 李材/ 全林, 全守/ 貝照, 法典/ 元淑/ 元性/ 金光/ 王良甫/ 元口桐⁴/ 天起/ [수결]/ [수결]/ 曹麻柳/ 德龍/ 伏雉甲, 龍尹, 立黃, 昔示, 文甫/ 朴口/ 元閃, 元之大/ 千束/ 洪夫介/ 尹世/ 石公/ [수결]⁵/ 金坦掛/ 夫介, 亼莃如坡/ 朴示祺/ 加朴/ 李翕/ 崔安孺仿竹,

---

亡父 迪, 亡母 爲仁, 亡妻 憚氏, 亡妹 粉伊, 亡弟 之甫, 亡弟 宝英, 劉妙蓮/ 尹亡突之亡■女[6], 長光, 伐介, 愁介, 僧

寸, 娘良, 尹華龍, 尹光, 尹洪/ 崔十德/ [수결?]/ 邢正/

崔氏女, 申希補 孝養嫂同生安養世界 供養諸佛願/ 達奇/ 金延/ [수결]/ 夫介/ 元世, 朱正/ 小甫/ 韓奇

/ 韓龍/ 月明/ 金婦/ 馬劉/ 曹馬相/ 世心.

5) 아청색주(鴉靑色紬)

2-47 아청색주. 고려. 34.5x46cm. 수덕사 근역성보관

柳同錄, 韓氏, 鄭 都 領, 韓氏, 韓斤龍, 韓加火夫介, 趙慟, 趙炎暉, 趙氏, 趙氏, 允万, 趙暾, 兪國.

走莊, 於莊, 火金, 平音, 宋伊, 於毛, 瑞正, 鳥別卜守, 馬沙, 卜守母, 夫介, 佛知, 龍奴, 兪仇莊, 金斤重.

吾文伊, 每金, 鄭端, 元鍊, 石金, 方加, 吾亡, [수결], 白同, 吾龍, 十卬伊, 夫三, 重伊, 金日, 金斤松.

三夫伊, 小夫介, 姜大夫介, 戒元, 金加, 千守, 甫全, 夫隱伊, 小斤伊, 夫隱伊, 趙波比大, 奴文金, 小斤, 口比介.

6) 만초용문라(蔓草龍紋羅)

施主 奉順大夫

礪山郡

女

2-48 만초용문라. 고려. 28x56.1cm. 수덕사 근역성보관

7) 황색사엽과용문사(黃色四葉窠龍紋紗)

金守, 金氏, 金成柱, 寶德,

志哲

方劉

2-49 황색사엽과용문사. 고려. 87.7x3.41cm, 30.6x4.5cm. 수덕사 근역성보관

8) 충전용지

2-50 충전용지. 고려. 35.3x34.2cm. 수덕사 근역성보관

徐量. 金氏女. 慶莊. 末彦. 小兒. 難莊. 阿只女. 末龍. 小斤伊女. 孝道. 石金. 干金. 黃氏. 朴氏. 加伊本. 朴堅.

9) 목합 내 봉잠지대封箴紙帶

施主 錦州郡夫人 琴氏, 前典法左郞 任恕

施主 夫人兪氏, 趙暾, 性如

化主 戒洪, 祖能

同願 徐元, 正宣, 徐氏女, 崔鄭氏, 徐元之大, 眞呂, 任之琯,

張氏, 韓氏

[阿彌陀佛印]

2-51 봉잠지대. 고려. 9.7x4.9cm. 수덕사 근역성보관

10) 연화판다라니

李連

2-52 연화판다라니와 묵서 세부. 고려. 37.5x33cm. 수덕사 근역성보관

11) 불정방무구광명다라니

六如(陸如)

2-53 불정방무구광명다라니와 묵서 세부, 고려, 52.4x29.8cm, 수덕사 근역성보관

12) 사저교직답호(絲紵交織搭胡)

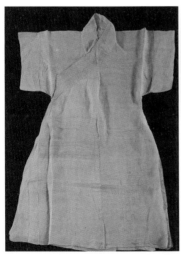

盧氏, 趙暾, 兪氏, 兪氏, 趙暾

2-54 사저교직답호, 고려, 111cm, 수덕사 근역성보관

2. 발원문의 특징

전체 복장물 가운데 발원자들의 정보를 알려주는 각종 묵서 복장물은 총 12종으로〈표2-22〉재질에 따라 직물류와 한지로 구분된다. 전인혁 발원문, 복장입물색기, 붉은 글씨가 적힌 봉잠지대, 충전용지, 그리고 다라니류는 한지이고, 그 외의 묵서 복장물은 모두 직물이다.

이 가운데 우선 주목되는 것은 절단된 직물 2종이다. '가야산 문수사 당주 미타복장동원문伽耶山 文殊寺堂主 彌陀腹藏同願文'(이하 동원문)과 '만초용문라蔓草龍紋羅'(이하 용문라)이다. '동원문'이라는 제목의 이 직물은 29 cm에 불과하고 '同願 道 ■'의 글자를 경계로 절단되어 있다. 내용도 '施主. 施主. 施主. 幹善道人 祖能' 만이 나와 있을 뿐이다. '동원문'은 '문수사 당주 미타복장발원문彌陀腹藏發願文'의 앞부분과 거의 똑같은 점에서 어떤 문제로 다시 작성했던 흔적으로 이해된다. '동원문'은 29cm만 남기고 절단된 점, '가야산 문수사당주 미타복장동원문伽耶山 文殊寺堂主 彌陀腹藏同願文'과 '가야산 문수사당주 미타복장발원문伽耶山 文殊寺堂主 彌陀腹藏發願文'의 제목이 유사한 점, 두 발원문의 직물 재질이 동일한 점, 施主/施主/施主/幹善道人 祖能/同願 道 ■의 순서와 '勸善道人 祖能/同願道人 戒洪/施主/施主/施主'의 순서가 유사한 점에서 그러한 추정이 가능하다.

'용문라'는 '동원문'과 다른 의미로 절단된 것으로 보인다. '시주 봉순대부 여산군 여施主 奉順大夫/ 礪山郡/ 女'만 기재되어 있어 발원자가 누구인지 알 수 없다. 봉순대부가 당시 정3품에 해당하는 문산계의 명칭이라는 점으로부터 시주자는 최소한 6품인 참상參上이상의 관직자로 이해된다. 봉순대부의 관계를 고려하면, '여산군礪山郡'은 아마 '여산군부인'에서 부인의 부분이 절단된 것으로 판단된다. 봉순대부와 여산군부인은 부부 사이로 보이며 '여女'는 그들의 딸일 가능성이 있으나 단언할 수는 없

〈표2-22〉 문수사 금동아미타여래좌상이 발원문 목록

순번	명칭	재질	크기(세로x가로)	내용	인명
1	전인혁발원문	한지	54.5x50.7cm	판사민광명判事陳光明 등이 발원	11
2	미타복장입물색기	한지	35.1x35.9cm	복장납입물 목록	0
3	미타복장동원문	직물	50x29cm	간선도인 조능幹善道人 祖能	?
4	문수사당주 미타복장발원문	직물	50x520cm	근선도인 조능勸善道人 祖能과 계홍戒洪 등의 명단이 있음	214
5	아청색주	紬	84.5x46cm	유동록柳同錄 등의 명단	57
6	만초용문라	羅	28x56.1cm	봉순대부와 여산군부인	2
7	황색사업과용문사	紗	3.4x?/4.5x30.6	2점이고 인명이 있음	6
8	봉잠지대	한지	9.7x4.9cm	금씨琴氏 등의 인명이 있음	17
9	사저교직답호	絲紵	111x62cm	조돈 유씨 등의 이름	3*
10	충전용지	한지	35.3x34.2cm	14장에 인명이 기재	16
11	다라니 류	한지		다라니류에 이련李連과 육여六如의 이름이 있음.	2
12	총계				328

*조돈과 유씨의 이름이 중복되어 있어 1명으로 파악.

다. '용문라'에서 고민해야 할 문제는 왜 이름 중간을 절단하였는지이다. 고려시대 불복장 직물 가운데 의도적으로 절단되어 불상에 납입된 사례는 온양민속박물관 소장 복장물 가운데 자색자고리, 흰색 저고리, 흰색 초적삼 3종이 있다.[7] 깃부분에 발원의 내용이 간략하게 기재되어 있는 이 옷들은 의도적으로 반을 절취하여 납입한 것이 분명하다. 이렇듯 옷을 절단하여 납입한 것은 특정한 의미를 가졌을 것이나 현재로서는 그 의미를 파악하기 어렵다. 온양민속박물관 불복장의 절취 의류의 존재를 고려하면, '용문라' 역시 특정한 의도를 가지고 절단하여 복장에 납입한 것으로 이해된다.

인간印刊된 다라니 혹은 만다라에 자신의 이름을 적어 불장에 납입하는 사례는 고려시대 복장물에서는 흔한 현상이다. 온양민속박물관 복장물, 광주 자운사 복장물, 1322년 천수관음 복장물에서 납입된 다라니 혹은 만다라가 확인되었고, 특히 온양민속박물관 복장물에서는 묵서 인명이 기재된 만다라가 확인되었다. 다만 문수사의 경우 복장의 빈공간을 채우기 위해 충전용지를 납입하였고 그 충전용지에도 시주자의 이름이 묵서되어 있다는 점이 특이하다. 충전용지에 시주자의 이름을 기재한 사례는, 고려시대의 경우 문수사 아미타여래좌상 복장물이 유일하다.

문수사 발원문에서 주목되는 점은, 발원의 내용이 거의 없다는 사실이다. '가야산 문수사당주 미타복장발원문伽耶山 文殊寺堂主 彌陀腹藏發願文'은 구체적인 발원의 내용 없이 발원자의 이름만 묵서되어 있다. 유일하게 전인奕仁奕발원문에 "지금 함께 발원하는 남녀들 및 법계의 일체는 함께 다함이 없는 관음행을 닦아 함께 무상불과보리에 오르기를 기원합니다(今同願信男女等, 及法界一切, 同修無盡觀音行, 願同登无上佛果菩提尒)."라는 구체적인 발원내용이 기재되어 있다. 또한 간략한 발원내용은 발원자의 이름이 적힌 복장물에서도 확인된다. '가야산 문수사당주 복장발원문伽耶山 文殊寺堂主 彌陀腹藏發願文'에 이름을 올린 이들 가운데 유일하게 최씨여崔氏女, 신희보申希補, 효양비孝養婢만이 함께 극락왕생하고 모든 부처를 공양하겠다는 원(同生安養世界 供養諸佛願)을 명시하고 있을 뿐이다.

발원자의 명단이 기재된 복장물 가운데 가장 많은 수의 발원자가 적혀 있는 발원문은 '가야산 문수사당주 미타복장발원문'으로 대략 214명에 달한다.[8] 하단부에 다양한 필체로 기재되어 있는 이 발원문은 쓰여진 행에 따라 판독되어 보고되었으나, 필사자가 여러 명이므로 필체에 따라 분류하는 것이 타당하다. 인명은 동일한 필체로 여러 명이 기재된 경우와 발원자마다 필체가 다른 경우가 있다. 2명 이상의 인명이 동일한 필체로 나열되어 있는 경우는 37건으로, 2명이 나열되어 있는 경우가 18건, 3명은 8건, 4명은 4건, 5명은 3건, 6명 7명·8명·9명이 각 1건이다. 인원수로는 121명으로 발원문에 기재된 214명 발원자의 56.54%를 차지한다. 2명 이상의 인명이 동일한 필체로 기재된 발원자들은 주로 가족구성원 혹은 승려들이었다. 예컨대, 최안해라는 인물은 이미 사망한 자신의 부모, 처, 형제의 이름을 나열하였다(崔安海託付, 亡父 迪, 亡母 爲仁, 亡妻 愼氏, 亡妹 粉伊, 亡弟 之甫, 亡弟 宝英). 동일한 필체로 쓰여진 '정전우丁錢祐, 정인보丁仁甫, 정충림丁充林, 정백丁白, 정룡丁龍' 역시 가족 단위의 발원으로 판단된다. 이에 반해 '구조具照, 법전法典'과 같은 승려의 이름도 동일한 필체로 기재되어 있었다. 한편 이 발원문에는 발원자의 수결만 되어 있는 경우도 있다. 발원문에 수결만 남기는 사례는 장곡사 약사여래좌상의 발원문에서도 확인되는 현상이다. 다만 수결로 판독할지 아니면 글자로 판독할지 여부는 파악하기 어려운데 이 발원문에서는 14건의 수결을 확인하였다.[9]

'가야산 문수사당주 미타복장발원문' 다음으로 많은 발원자의 인명이 기재되어 있는 곳은 묵서 아청색주鴉靑色紬이다. 동일한 필체로 기재된 이 직물의 명단은 4열로 작성되어 있고 총 57명의 발원자 이름이 확인된다. 1열에는 13명, 2열에 15명, 3열에 14명, 4열에 14명의 이름이 기재되었다. 흥미로운 점은 1열에는 상층계급에 속한 성씨소유자들이 대다수를 차지하고 있는 것에 반해 2열 이후부터는 성씨 소유자의 수가 현격하게 감소하고 있다. 1열의 경우, 이름이 나열된 13명 가운데 12명이 성씨소유자이고, 2열은 16명 가운데 3명, 3열은 14명 가운데 4명, 4열은 14명 가운데 3명이 각각 성씨 소유자이다. 1열의 성씨소유자 가운데 조씨趙氏성을 가진 이들이 다수를 차지하고 있어 가족과 권속으로 생각할 수도 있으나, 후술하겠지만 조돈趙暾과 조염휘趙炎暉는 본관이 다르다. 따라서 이들을 모두 한가족 혹은 권속으로 파악하기는 어렵고 몇몇 가족들과 권속들이 함께 작성했거나 아니면 단월檀越로 참여했을 가능성도 있다. 정확한 사정을 이해하기는 어려우나, 후자일 가능성이 높아 보인다.

'봉잠지대封箴紙帶'에는 성씨소유자와 승려의 이름이 붉은 글씨로 적혀 있는데, 이들은 불상조성과 복장납입에 주도적인 역할을 한 것으로 판단된다. '봉잠지대'에 이름이 적힌 이들은 다른 발원문에서도 이름이 확인되는데, 예컨대 조돈趙暾, 성여性如, 계홍戒洪, 조능祖能은 모두 다른 발원문에도 이름을 올리고 있다. 특히 조능과 계홍은 '가야산 문수사당주 미타복장발원문' 작성을 주도한 인물로 보여 봉잠지대에 기재된 인물들이 주도적으로 불상을 조성하였을 가능성이 높다.

3. 발원자

문수사 아미타여래좌상의 조성과 복장안립에 참여하여 복장물에 자신의 이름을 기재한 사람은 총 328명이다. 그러나 동일한 이름이 기재된 경우가 있으므로 실제 발원자의 수는 328명 보다 작다. 같은 이름이 기재된 경우는 다시 3가지 경우로 구분할 수 있다. 같은 복장물에 같은 이름이 기재된 경우, 다른 복장물에서 같은 이름이 확인되는 경우, 그리고 양자의 경우가 모두 존재하는 경우이다. 이균李均, 유득수柳得隋, 대난大難, 석이石伊는 '가야산 문수사당주 미타복장발원문'에서 이름이 중복되어 확인되고, 부은이夫隱伊는 아청색주에서 이름이 2번 나온다. 계홍戒洪, 박견朴堅, 박씨朴氏, 석금石金, 성여性如, 육여六如, 조능祖能, 조돈趙暾, 중이重伊, 진경眞冏, 한씨韓氏는 '가야산 문수사당주 미타복장발원문', '아청색주', '봉잠지대' 등에서 각각 이름이 확인된다. 부개夫介는 '가야산 문수사당주 미타복장발원문'에서 4번 이름이 중복되고 아청색주에도 이름이 기재되어 있다. 이름이 중복된 발원자의 상세한 내역은 〈표2-23〉과 같다.

〈표2-23〉 이름이 중복되어 기재된 발원자

순번	이름	복장기록물의 종류	비고
1	조돈趙暾	아청색주/봉잠지대/사저직교답호	동일인
2	박견朴堅	미타복장발원문/충전용지	동일인
3	계홍戒洪	미타복장발원문/봉잠지대	동일인
4	조능祖能	미타복장발원문/봉잠지대	동일인
5	성여性如	미타복장발원문/봉잠지대	동일인
6	육여六如	미타복장발원문/다라니	동일인
7	진경眞冏	전인혁발원문/봉잠지대	동일인
8	박씨朴氏	미타복장발원문/충전용지	동명이인
9	한씨韓氏	미타복장발원문/아청색주/봉잠지대	동명이인
10	중이重伊	미타복장발원문/아청색주	동명이인
11	석금石金	아청색주/충전용지	동명이인
12	부개夫介	미타복장발원문/미타복장발원문/미타복장발원문/ 미타복장발원문/아청색주	동일인
13	이균李均	미타복장발원문/미타복장발원문	동명이인
14	유득수 柳得隋	미타복장발원문/미타복장발원문	동일인
15	대난大難	미타복장발원문/미타복장발원문	동일인
16	석이石伊	미타복장발원문/미타복장발원문	동일인
17	부은이 夫隱伊	아청색주/아청색주	동일인

문제는 이름이 중복되어 기재되어 있는 이들이 과연 동일인인지 아니면 동명이인인지의 여부이다. 기본적으로 이름만을 가지고 해당 인물이 동일인인지 동명이인인지 판가름 하기는 어렵다. 다만 성씨를 소유한 여성의 경우(朴氏, 韓氏)와 흔히 사용되는 하층민의 이름인 경우(夫介, 石金, 大難)는 동명이인으로 간주된다. 이에 반해 조돈趙暾, 박견朴堅과 같이 이름이 온전히 기재된 남성 성씨소유자의 경우 동일인일 가능성이 높아 1명으로 간주하였고, 이는 계홍戒洪, 조능祖能, 성여性如, 육여六如, 진경眞冏과 같은 승려도 마찬가지라 판단된다. 또 동일한 발원문에 같은 필체로 이

름이 기재된 유득수柳得隋, 부은이夫隱伊도 동일인으로 간주하는 것이 타당해 보인다. 따라서 전체 발원자 328명에서 이름이 2번 중복된 박수 등 11건과 3번 중복된 조돈을 1명으로 간주하면 13명의 이름은 중복되어 기재된 것으로 파악된다. 여기에 봉잠지대에 조돈 앞에 기새된 부인유씨夫人兪氏와 사저교직답호에 조돈과 함께 기재된 유씨는 동일인일 가능성이 높다. 따라서 전체 발원자는 328명에서 동일인이 중복되어 기재되었을 14명을 제외한 314명 내외로 추정된다.

고려시대에는 향리층 이상의 사람들이 성씨를 소유하고 있어, 성씨소유자는 고려시대 지배계급에 속한다고 할 수 있다. 발원자의 이름 가운데에는 김일金日처럼 성씨소유자로 파악하기 어려운 이름도 있고, 원성元性과 원적元淑처럼 승려의 이름으로 간주되는 이름도 있어, 이름만으로 성씨소유자의 정확한 수를 파악하기란 쉽지 않다. 다소간의 오차를 감안하면서 성씨를 가진 이들을 추려보면, 대략 161명으로 전체 328명 발원자의 49.1%를 차지한다. 따라서 문수사 아미타여래좌상의 조성과 복장납입에 참여한 발원자의 50%가량은 상층계급 구성원이다. 상층계급 발원자들 가운데 성씨 혹은 작호를 가진 상층계급 여성은 26명으로 상층계급 발원자의 16.1%, 전체 발원자의 8.28%를 차지한다.

발원자들 가운데 관직명 혹은 작호가 기재된 경우는 매우 드물다. 전인혁田仁奕 발원문의 판사判事 진광명陳光明, '가야산 문수사당주 미타복장 발원문'의 대호군大護軍 홍서洪瑞와 오위伍尉 손장孫莊, 만초용문라蔓草龍紋羅의 봉순대부奉順大夫와 여산군부인礪山郡夫人, 봉잠지대封箴紙帶의 금주군부인錦州郡夫人 금씨琴氏와 전전법좌랑前典法左郎 임서任恕만이 관직, 관계 혹은 작호명이 인명 앞에 기재되어 있다. 판사는 특정관서의 판사로 이해되는데 충선왕 이후 판사는 주로 전교시典校寺, 위위시衛尉寺와 같은 '~시'의 판사를 말하며 품계는 정3품이었다. 봉순대부 역시 충목왕 당시 정3품에 해당하는 관계였다. 봉순대부와 여산군부인이, 판사 진광명과 송씨가 함께 기재된 점과 판사와 봉순대부가 같은 관계이고 여산군부인이 여산 송씨와 유관한 작호일 가능성이 높다는 점을 고려하면, 봉순대부와 여산군부인은 진광명과 송씨로 추정할 수 있으나, 추론적 접근만이 허용될 뿐이다.[10] '가야산 문수사당주 미타복장발원문'에는 대호군大護軍과 오위伍尉의 직명이 기재되어 있다. 대호군은 종3품에 해당하는 직이고 오위는 교위校尉의 별칭으로 정9품직이다. 봉잠지대封箴紙帶에 기재된 전법좌랑典法左郎은 종6품직이다. 따라서 관료들의 품계를 보면 정3품부터 정9품에 걸쳐 있음을 알 수 있다. 그런데 관료이면서도 관직 혹은 관계를 쓰지 않고 자신의 이름만 쓴 경우도 있다. 예컨대 조돈은 『고려사』에 자신의 열전이 있고[11], 조염휘趙炎暉도 충숙왕의 측근으로 활약한 인물로[12] 관직이 밀직사密直司 우부대언右副代言에 이르렀으며[13], 최안해崔安海의 죽은 동생 최지보崔之甫도 우부대언右副代言을 역임하였다.[14] 따라서 관직명이 기재되지 않은 경우도 있어 관직명이 없다고 관직자가 아니라고 보기 어렵다. 그럼에도 문수사 아미타여래좌상의 조성과 복장납입에 참여한 인물 가운데 종 2품 이상의 고위직의 존재는 확인되지 않는다.

발원자들 가운데 『고려사』와 같은 문헌에서 단편적인 행적이 확인되는 인물은 조돈趙暾이다. 조돈은 아청색주, 봉잠지대, 사저직교답호에 이름이 나오는 발원자일 뿐 아니라, 자신의 열전이 있을 정도로 잘 알려진 인물이다. 한양 조씨인 조돈趙暾은 조부 조휘趙暉 대에 용진현龍津縣으로 이주하였다. 몽고가 침입하자 정주定州 사람 탁청卓靑과 함께 몽고에 투항하였으며, 쌍성총관부가 설치된 후 초대 총관에 임명되었다.[15] 조휘의 조카 조돈은 약관의 나이로 충숙왕을 섬겨 감문위監門衛 낭장郎將을 거쳐 좌우위左右衛 호군護軍에 임명되었으나 충숙왕이 사망하자 다시 용진으로 돌아와 공민왕 5년 쌍성총관부가 수복될 때 조카 조소생趙小生과 뜻을 달리하여 고려로 귀부하였다.

조돈의 아들은 조인벽趙仁璧, 조인경趙仁瓊, 조인규趙仁珪, 조인옥趙仁沃
이다.[16] 조인옥은 이성계의 조선 개국에 적극적으로 참여한 인물로 유명
하다. 조돈이 고려에서 적극적으로 활약한 시기는 공민왕 5년 쌍성총관
부 수복 이후이며 그 이전에는 충숙왕을 섬겼다가 충숙왕이 사망하자
용진현으로 낙향하였다. 그렇다면 문수사 아미타여래좌상이 조성될 당
시 조돈은 용진현으로 낙향해 있었거나 최소한 정치적 영향력이 크지
않았을 것이다. 충숙왕 사후 조돈이 낙향한 자세한 이유는 확인할 수 없
으나, 조적曹頔의 난과 같은 정치적 변란이 주요한 원인이었을 것으로 보
인다. 조돈이 발원한 봉잠지대와 사저교직답호에는 조돈과 나란히 '부인
유씨夫人兪氏' 혹은 '유씨兪氏'의 이름이 기재되어 있어 유씨와 조돈을 부
부관계로 파악할 여지가 크다. 하지만 『고려사』에는 조돈의 부인에 대한
기록이 없고 『씨족원류』에는 조돈의 부인은 평리評理 이홍복李洪福의 딸
로 기록되어 있다. 따라서 유씨 부인과 조돈을 부부로 단정하기는 어렵
지만 조돈이 재취再娶하였을 가능성도 있을 것이다.

조돈과 함께 아청색주에 이름을 올린 조염휘趙炎暉도 충숙왕대 활동했
던 인물이다. 풍양 조씨인 조염휘는 충숙왕 복위 원년(1332) 원에 머무르
고 있던 왕의 지시로, 민상정閔祥正 등과 함께 고려로 와서 충혜왕의 폐행
이었던 윤석尹碩, 손기孫琦, 김지경金之鏡 등을 구금하였다.[17] 민상정이 충
숙왕의 대표적인 폐행이었던 점을 고려하면 조염휘 역시 충숙왕의 폐행
으로 충혜왕에 대해 적대적으로 활동하였을 것으로 판단된다. 충숙왕이
사망한 뒤, 조염휘는 조적의 난에 가담하였다. 그러나 반란이 실패하여
순군에 감금되었다가 원나라로 압송되었다.[18] 원으로 압송된 후 조염휘
의 행적은 사료에서 확인되지 않으나, 불상의 조상에 참여한 것으로 보
아 충목왕 2년까지는 생존해 있었던 것으로 보인다. 그는 4남 1녀를 두

었는데, 장남은 조사충趙思忠이고, 2남은 조사공趙思恭, 3남은 조사겸趙思謙, 4남은 조덕린趙德麟이며, 사위는 원주 원씨인 원의元顗이다. 2남 조사공은 공민왕 17년 신돈을 제거하려다 신돈에 의해 살해당했고[19] 3남 조사겸은 신돈의 당여가 되어 관직이 판관에 이르렀으나 신돈이 처형된 뒤 유배되었다.[20] 조사공과 조사겸이 공민왕대 활약한 점을 보아 조염휘의 가계는 고위직에는 진출하지 못했으나 충혜왕 이후 가세는 유지하고 있었던 것으로 보이고 이런 분위기에서 문수사 아미타불조상의 조상에 참여한 것으로 이해된다.

충숙왕대 활동한 인물로는 최지보崔之甫도 있다. 최안해는 이미 사망한 자신의 가족을 아미타불에게 부탁하는 발원을 했는데(崔安海託付, 亡父迪, 亡母 爲仁, 亡妻 愼氏, 亡妹 粉伊, 亡弟 之甫, 亡弟 宝英), 최안해가 어떤 인물인지 확인할 수 없으나 그의 동생 중 한명인 최지보는『고려사』에서 행적이 확인된다. 충렬왕 원년 10월 좌복야左僕射 한강韓康이 지공거知貢擧가 되고 승선承宣 박휘朴恒이 동지공거同知貢擧가 되어 최지보를 급제시켰다.[21] 최지보는 충선왕 5년 김심金深과 함께 권한공權漢功과 최성지崔誠之의 죄상을 적은 글을 작성해 원나라 휘정원徽政院에 올리는데 적극적으로 가담하면서 원나라에 거주하고 있던 충선왕의 환국요청에 참여했으나 실패하여 도주하였다.[22] 최지보와 함께 활동했던 인물인 김심金深, 이규李揆, 신언경申彦卿은 모두 충숙왕 세력으로 활동했다. 김심은 충숙왕대 관직이 도첨의중찬에 이르렀으며, 이규는 충숙왕의 측근이었다가 충숙왕이 사망한 후 충혜왕의 묘정에 배향된 인물이고 신언경은 충숙왕의 내료였다. 그래서인지 최지보 역시 충선왕이 토번으로 유배된 후 충숙왕이 권력을 강화하려 한 충숙왕 8년 10월 우부대언右副代言에 임명되었다.[23]

대호군大護軍 홍서洪瑞도 불상의 조성에 참여하였는데, 홍서는 충숙왕이 복위한 뒤 충혜왕 일파를 제거할 때 장형杖刑에 처해진 인물이다.[24] 그런데 이후 홍서는 충혜왕과 결별하고 충숙왕 측에 가담한 것으로 보인다. 충숙왕이 복위한 뒤, 권력을 휘둘렀던 신청申靑과 가까이 지내면서 충혜왕의 측근 송팔랑宋八郞과 홍장洪莊을 구금하는데 앞장섰다가[25] 충혜왕이 복위하자 섬으로 유배되었다.[26]

가야산 문수사당주 미타복장발원문에 이름이 올라 있는 이련李連과 장송張松 역시 충숙왕과 충혜왕대 활약했던 인물이었다. 이련은 충숙왕이 원나라 수도에 억류되어 있을 동안 심왕옹립운동을 저지한 신하들을 공신으로 책봉할 때, 2등 공신에 책봉된 인물과 동일인일 가능성이 높다.[27] 장송은 충혜왕의 측근인물로 충혜왕이 원으로 압송된 뒤 섬으로 유배된 인물로 보인다.[28]

행적을 확인할 수 있는 발원자들은 일정한 특징을 지니고 있다. 이미 사망한 최지보의 경우를 제외하면, 이들은 충목왕 즉위 후 권력으로부터 멀어진 인물로 조돈, 조염휘, 홍서가 대표적이다. 이련 역시 충숙왕 14년 이미 봉익으로 치사해 있었고 장송은 충혜왕의 폐행이었으나 충목왕의 즉위와 함께 축출되었다. 따라서 문수사 아미타여래좌상의 제작과 복장 납입에 참여한 관인들은 이미 권력에서 멀어져 있는 인물들이 다수였다.

그들이 권력에서 멀어진 이유는 충숙왕과 충혜왕대 권력투쟁의 결과였다. 충숙왕과 충혜왕은 즉위와 복위를 반복하며 심왕瀋王 왕호王暠와 더불어 고려왕위를 두고 다투고 있었다. 발원에 참여한 조돈, 조염휘, 홍서 등은 이 권력투쟁에 적극 가담하였고 그 결과 발원문이 작성된 충목왕 2년 즈음에는 정치권력으로부터 멀어지게 되었다.

1   복장물의 현황에 대해서는 '수덕사근역성보관, 『지심귀명례至心歸命禮』, 2004'를 참조.

2   기존 판독문은 원봉元鳳으로 판독. 수덕사 근역성보관, 앞의 책, 14~15쪽.

3   수덕사 근역성보관, 앞의 책, 14~15쪽에서는 수결로 판독.

4   기존 판독문에서는 允稱로 판독하였으나 필자는 달리 판독했다.

5   기존 판독문은 '大彦'으로 판독했으나 수결로 보는 것이 타당해 보인다.

6   기존 판독문에서는 '三可女'라 판독하였으나 '亡■女'로 판독하는 것이 타당해 보인다.

7   해인사 목조비로자나불의 복장물에서도 반으로 절취된 직령直領이 확인되었는데, 이 직령은 고려말에 납입된 것으로 추정된다. 수덕사 근역성보관, 앞의 책, 86~87쪽.

8   발원문에는 수결, 인장 등만 있는 경우가 있다. 이들은 발원자 수에서 제외하였다.

9   『지심귀명례至心歸命禮』(수덕사근역성보관, 2004)에서는 수결을 20건으로 조사한 바 있다.

10 『씨족원류』에 의하면 여산 송씨이자 충렬왕의 폐행이었던 송자상宋子詳의 사위 중 진광우陳光祐라는 인물이 있어 진광명과 동일인일 가능성도 제기된다. 『씨족원류』, 보경문화사 영인, 1991, 358쪽.

11 『고려사』 권111, 제신 조돈.

12 『고려사』 권35, 충숙왕 후원년 2월 무진일.

13 『씨족원류』 보경문화사 영인, 1991, 288쪽.

14 『고려사』 권35, 충숙왕 8년 10월 경술일.

15 『고려사』 권130, 열전 43, 반역, 조휘.

16 『고려사』 권111, 제신 조돈.

17 『고려사』 권35, 충숙왕 복위 원년 2월 무진일.

18 『고려사절요』권25, 충숙왕 복위 8년 8월, 11월.

19 『고려사』권132, 열전 반역 신돈;『고려사절요』권28, 공민왕 17년 10월.

20 『고려사』권43, 공민왕세가 공민왕 17년 7월 신유일.

21 『고려사』권73, 선서지 선장 충렬왕 원년 10월.

22 『고려사』권104, 열전 제신 김심.

23 『고려사』권35, 충숙왕 세가 충숙왕 8년 10월 경술일.

24 『고려사』권35, 충숙왕 세가 충숙왕 후원년 3월 경오일; 을해일.

25 『고려사』권124, 열전 폐행 신청.

26 『고려사』권36, 충혜왕 세가 충혜왕 후즉위년 5월 병술일.

27 『고려사』권35, 충숙왕 세가 충숙왕 14년 11월 무자일.

28 『고려사』권37, 충목왕 세가 충목왕 즉위년 윤2월 병인일.

Ⅶ. 삼성미술관 리움
은제아미타여래삼존좌상

삼성미술관 리움(LEEUM)에서 소장하고 있는 은제아미타여래삼존좌상銀製阿彌陀如來三尊坐像은 가장 최근에 소개된 작품이다. 이 삼존상은 본존인아미타여래를 중심으로 지장보살과 관음보살이 협시한 상으로 원래 불상의 소재지는 확인할 수 없다. 대략 15cm내외의 삼존불상은 은 70%, 구리 30%로 주조되었으며 아미타여래의 복장을 막은 밑면에는 "박수ㅁ朴守ㅁ"로 판독되는 명문이 확인된다. 삼존상은 각각 복장물이 납입되어 있었으나 아미타여래와 관음보살의 복장만을 조사하여 확인하였다. 그러나 복장물의 상태가 양호하지 못해 불상의 상단에 있는 복장까지 완전히 조사하지 못했으며 지장보살의 경우 복장은 아직 개봉하지 않은 상태여서 복장물의 전체적인 양상을 확인하기는 어렵다.

삼존상의 조상과 관련된 발원문은 관음보살좌상의 복장에서 나온 '~대덕동발원문大德同發願文'뿐이다.

2-55 은제아미타여래삼존불상, 고려 1383년,
15.6cm, 삼성미술관 리움

〈표2-24〉 은제아미타여래좌상 복장물 목록

번호	명칭	규격(cm)	재질	시대	특징	사진
1	은제합		은	고려	내부 청동후령 금제편 볍씨, 향목 등	
2	수정심주		수정	고려		
3	오색직물과 보석, 향목 등		목재		내부에 향목 등 다수	
4	남색직물 및 오색사		직물			
5	직물		직물		평직에 자수	
6	향목		목재		다수	
7	한지		한지		밑면 막음지 충전용 한지	

〈표2-25〉 은제관음보살좌상 복장물 목록

번호	명칭	규격(cm)	재질	시대	특징	사진
1	대덕동 발원문	33.9 x35.0	한지	洪武16년 (1383)		
2	한지와 남색직물		한지	고려		
3	각종 볍씨 및 향목		곡물	고려		
4	오색사			고려		
5	한지		한지	고려	충전용 한지	

1. 발원문 내용과 특징

삼성미술관 리움(LEEUM)은 은제아미타여래삼존좌상銀製阿彌陀如來三尊坐像을 소장하고 있다.[1] 아미타여래를 본존으로 하고 지장보살과 관음보살이 협시한 이 불상의 정확한 소재지는 확인할 수 없다. 은제아미타삼존불좌상은 소금동불로서는 큰 규모에 속하며, 불상 앞에는 마치 불단을 연상케하는 은제난간 그리고 뚜껑이 없는 금동합과 뚜껑을 갖춘 은제합 등 모두 7점이 함께 발견되었다. 이 금동합은 양측에 매달 수 있는 작은 구멍이 있어 현향로懸香爐의 구실을 했을 것으로 짐작되며, 함께 발견된 청동합은 향을 담았던 그릇으로 추정된다. 은제난간은 너비44.2cm, 높이 4.5cm로서 불상 대좌와 같은 높이인데 앞에 배치하면 마치 전각 내부의 불단 위에 앉아 있는 불상처럼 보이는 효과가 있다. 전체는 ㄷ자 형태로 구부러지는 측면과 정면은 못으로 고정하였으며 어자문과 점선조, 선각을 이용하여 상단부에는 운문을, 하단부에는 연당초문을 아름답게 조각하였다. 삼존불은 본존불인 아미타를 중심으로 오른쪽에 관음보살과 왼쪽 지장보살로 이루어졌다. 본존불 15.6cm, 관음보살상 15.5cm, 지장보살상 14.7cm인 삼존불상은 대좌와 광배 등을 따로 만들어 끼우는 형식으로 제작되었는데, 대좌 5.5cm, 광배 23cm로 전체를 맞추면 약 30cm 정도 된다. 재료는 불상과 대좌, 난간은 은과 구리합금이며, 광배는 순동純銅 등 각기 다른 재료를 이용하여 조각 효과를 높였다. 광배는 순동으로 복잡한 만초문을 새긴 다음 투조하였는데 이러한 기법은 고려시대 보살상의 보관에 이용된 것이다. 이 은제불상은 대좌, 난간 등은 귀한 은제합금을 이용하였고 광배는 순동으로 차별화하였으며, 여래와 관음상의 머리에는 역시 귀한 재료인 푸른색의 석청石靑을 칠하는 등[2] 당시로서는 고가의 재료를 사용한 점이 특징이다. 아미타여래의 복장을 막은 밑면에는 "박수□朴守□"로 판독되는 명문이 확인되었다.

삼존상의 조성과 관련된 정보를 알려주는 발원문은 관음보살상에서 확인되었다. 발원문은 복장물의 바닥면에 맞추어 접혀진 채 발견되었다. 발원문 위로 여러 복장물들은 한지나 직물로 싸여져 있었고 개봉하지 않아 내용물을 확인하지 못했다.[3]

한지(33.9cm×35.0cm)에 묵서로 쓰여진 '~대덕동발원문'은 총 37행이고 각 행마다 쓰여진 글자의 수는 상이한데, 현재 결락된 부분이 많아 정확한 글자수는 확인하기 어려우나, 각 행마다 대략 50자 내외의 글자가 묵서되어 있다. 원문의 판독이 가진 문제를 명료히 하기 위해 기존 판독과 다를 경우 주석을 부기하여 두었다. 발원문의 훼손으로 인해 판독이 불가능한 경우는 '( )'과 '■'으로 표기하였는데, 결락된 글자를 확인할 수 없을 때는 '( )'로 글자수를 파악할 수 있을 때는 '■'로 구별하였다. 훼손되지 않았더라도 판독하지 못한 글자는 '□'이라 표기하였으며 기존 판독문과 상이하게 판독하였을 경우에는 진하게 표기하고 밑줄을 그었다.

2-56 대덕동발원문, 고려 1383년, 33.9×35cm, 삼성미술관 리움

1행 : (결락)大德同發願文稽首十方佛及一切菩薩恒沙諸祖師微塵善知識我今悉於前志心發弘願 自從無
　　始來 ■ ■ ■

2행 : 失發露盡懺悔誓願不復造未盡懺悔罪得道乃 口 口於未得道前身無一切病壽命無中夭冤讎不相逢道
　　心恒不退勤加修梵行

3행 : 他魔所攝乃至毒蟲獸至心命終時不見諸惡相身無受苦痛心亦不散亂一心無生定捨此形骸後十方廣佛
　　利上品道

4행 : 口生與諸大菩薩親侍如來前 ■盡未來際作無盡佛事如其業不盡未得生佛會更不墮三塗及諸八難中
　　出處 口樂國

5행 : 正信法王家六根無不具 ■ ■ ■香潔聰明懷正直智慧俱多聞更發清淨願童眞早出家親近名師友不墮
　　諸邪見常

6행 : 如救頭燃志求無上道願 ■ ■道後度生爲急切不入於涅槃誓入濁惡世具足文殊智 ■ ■普賢行 紹彌
　　勒大慈及觀音

7행 : 大悲勇猛若釋迦敬如(常不)輕過 ■微塵利供養諸三宝悉以圓滿音弘揚正法輪普 ■ ■合識 万心成解
　　脫惟願十方佛

8행 : 慈悲各證明合手大悲願念念常增長至心發願已歸命禮三宝希 口 口覺 ■覺其志僧覺淸法 口海覩海珠
　　覺宗

9행 : 志燗覺守法宗覺ㅣ志元海珦玄宗覺靜覺明覺兩喜覺玲海頂覺幻勝堅義禪 ■通信戒許天尤德幻

10행 : 三莊長日(■光邦 ■ ■禧)澄海明志湖洪善徐彦伍木金覺 ■覺演覺心海富覺一(海 ■ ■ ■ ■玹
　　口珎 ■ ■)白豆伊

11행 : 加切伊趙莊金伊信云(■ ■)金氏法勝朴良姜我伊古音伊洪僧上老朴忠桂朴龍金氏藥加伊古音伊
　　■其中伊普光

12행 : 沙也伊金龍(■ ■ ■史)中僧五乙廣大加而加伊小斤同小斤加伊德龍元吉冬白朴龍之乙巳古音伊
　　(■ ■)加於知哲金每

13행 : 邑金六月長 ■德多正難辛加勿同德万花所乙伊趙連万莊小仇伊伊夫冬乙位俺莊吳順還莊豆損眞元
　　水山崔松氏(■ ■夫伊)勝心姜林

14행：覺斤內隱珠仙金每邑金姜金覺輪召史金甲金礼(■■■伊)加伊石三元長召史長白金延卜其芎只金三佛明召史

15행：于者李德走只德龍姜神今音相內隱莊姜莊仇莊■伊■本加伊韓德古音莊德其小斤金眞祿楊月灰覺莊知解

16행：覺座兩松仁桂元幹金忠七月車元仁桂(金■■)大英金卢臣招寧平君■■丑奄心匈省岑覺岑志邊尙敦志當志邊信禪

17행：无衣海口志珎天申丁香仏奴勝永豆彦(■■■衆生)覺乳玉戒李巳蓮李■■李稙志究海珎妙義惠心義明善輪志淵

18행：仇礼伊卜龍奉伊善現石莊那斤(■■■■)曉道寶雲安佳義乳海兪文殊守龍尹氏僧統元万良元万山玉夅曾連

19행：介勿伊(■■■■■本)徐松知伊智宣(■■■且普■■■)加也只那口乃長祐於口長元加只加長守邦石覺洪普明守贊

20행：金加伊內隱加伊彌也奴金取金仁思丁加伊魚■■珎李氏小斤加伊(忠進■山)得口李敢得守道人大龍眞加而伊

21행：波道其召史四界朴龍內隱只佛復(■■■■)莊羿伊內隱達海龍■金■眞金松海明開上古音三芎加伊奴介芎万

22행：仏台洪連万月口未每邑金龍伊蓮德都■■都丁光永觀音毛伊莊加音(■■)古大開固玄令蒙古大豆彦全氏丁贊丁光起丁光甫

覺明妙仲

23행：丁氏丁氏祿莊順生姜延命仇花金松禿固法守夫介加而■切同信明万月松年赤北山加伊多乃召史於去只漢守朴守

24행：口龍裵氏邦斤乃月湖占加伊德龍文松海口西隱伊元守思益今音伊奴介双龍明月口口小古■4■■隱哲金中只

25행：黃珎當■志山內隱伊六月永丹宝德覺崇內隱貴則年勝加金莊省如洪彦乙山乃加平所韓加達云同莊丁

26행 : 卜守毛知知(■ ■ ■ 喜 ■)韓莊害吾 ■建大龍伊喜善内賤伊洪豆方牛本奉伊守 ■ ■ 珎伐月金 ■ 崔
光

27행 : 右知 ■ 小台金 ■ 伊朴安守珎長疾万今加伊房伊永年於連古音伊内賤伊(延屯 **결락**)/

28행 : (月**결락**)加伊車同恩山重海呂介 □孫金夫崔松靑德無其只朴光占火伊介(金■ ■ ■ 5)金 □ 李松
申月金

29행 : 莊二月元万豆之(■ ■ ■)石金朴千羔松朴龍業龍縢冲能將末志雨月呂金加伊中山海呂宝臨朴文李
山自正善應崔德 □良沙僧

30행 : 每邑金志淸(**결락** ■)如海明覺夆方祿月台富平龍宝善金仍走伊夫介朴公仁哲勝池違禪知■ 莊覺
悟慧明趙元觀 □法

31행 : 宗加乙末志禪志深覺寬吾金德 ■定業金縢空順安翁主李氏珎吾李成桂李完桂趙仁洪(也 □於 ■
■ ■)内龍莊喜哲金麗志禪那

32행 : 定戒 □林 □ □洞志定(□ **결락**)志油忍朋慧海覺光志油志眞登明行心志興覺哲海空文成祿莊 ■
■ 金莊志紅金彦金加伊宗 □

33행 : 覺峯信惠志淡志珎(**결락** ■ ■)志德海因 □ 6 □ 鎚釋珎尙敦海祥善宋志城覺 □ 7(■ ■ 培完)覺
敏覺生志 □

34행 : 志分志得 □ 8 □海印 ■空海禪洪智定猛信寶天珏釋幻道惠吉祥梵雄志德覺延

35행 : 信廻禪訥 □空進志志根志向志明法連戒淨聖廻法眼勝哲志 ■明惠志珎違南戒空德 ■

36행 : ■ ■志微祿德伊文伊文守妙道妙惠妙明妙安妙安妙洪妙嚴妙觀妙洛如 ■.

37행 : 洪武十六年四月十五日造仏必化主海珠同願道人覺眞覺輪勝心.

　　고려시대 복장발원문의 기재 형식은 통일되어 있지 않으나 1행에 제
목을 쓰고 행을 바꾸어 2행부터 발원문을 쓰고 그 다음 발원자들의 이름
을 나열하는 사례가 많다. 장곡사 약사여래좌상의 발원문, 문수사 아미
타여래좌상의 발원문, 1322년 천수관음보살 발원문, 부석사 관음보살좌

상의 결연문은 모두 그런 형식으로 기재되어 있다. 하지만 '~대덕동발원문'은 1행에 제목을 쓰고 바로 뒤이어 발원의 내용을 묵서했다. 1행부터 8행까지 발원의 내용을 기재한 뒤, 행을 바꾸지 않고 연이어 36행까지 발원자의 이름을 나열하고 행을 바꾸어 37행에 발원문을 작성한 날짜와 시주자와 동원자의 이름을 기재했다. 이러한 기재방식은 납입된 관음상의 크기가 작아 지면이 협소했다는 점이 하나의 이유일 것이다.

발원문에서 우선 주목되는 것은 제목에서 나오는 '~대덕大德'의 존재이다. 대덕은 승과 급제자에게 부여된 승계였는데 교종선敎宗選에 급제하면 대덕大德 → 대사大師 → 중대사重大師 → 삼중대사三重大師 → 수좌首座 → 승통僧統 순으로 승급하였고, 선종선禪宗選에 급제하면 대덕 → 대사 → 중대사 → 삼중대사 → 선사禪師 → 대선사大禪師 순으로 승급하였다. 고려말이 되면 이들 승계에 중덕中德이 추가되어 승계가 분화되긴 하나 전기의 제도와 큰 차이는 없었다.[4]

제목 다음으로 1행부터 8행까지는 불상을 조성으로 이루려 하는 발원의 내용이 구체적으로 적혀 있다. 결락된 부분이 있어 정확하게 번역할 수는 없으나 확인 가능한 부분을 중심으로 번역하였다.

~대덕동발원문

"시방불 및 일체 보살, 항하사와 같은 여러 조사, 티끌처럼 많은 선지식께 머리를 조아립니다. 우리들 모두는 지금 이전보다 큰 서원誓願을 내기를 마음에 두었습니다. 무시無始 이래로부터 (결락), 참회를 다하여 드러내니, 서원하건대 다시는 참회를 다하지 않는 죄를 짓지 않아 득도하여 (결락). 득도전이라면 몸은 일체의 병이 없고 장수하여 요절하지 않으며, 원수와는 서로 만나지 않고 도심道心이 항상 쇠퇴하지 않아 삼가 범행梵行을 닦으려 합니다. 다른 마귀가 이끄는 곳에 이르고, 독충과 짐승들이 이르러도, 목숨이 다하는 시간까지 모든 악상惡相을 보이지 않겠습니다. 몸은 고통을 받지 않으며 마음도 산란해지지 않으니 일심무생으로 선정하여 이 육신을 버린 이후, 시방 많은 사찰들의 상품도에 (왕생하여) 여러 대보살과 함께 직접 여래를 모시기 전 영원한 미래의 때에 다함이 없는 불사佛事를 만들되 만약 그 업이 미진하여 부처님의 세계에 태어나지 못하더라도, 삼도와 모든 8난이 있는 곳에는 떨어지지는 않을 것입니다. 극락에 나아가 법왕의 적寂을 바르게 믿어 6근六根이 갖추어지지 않음이 없을 것입니다. (결락) 총명하되 정직하며 지혜롭되 다문多聞을 갖추어, 더욱 청정한 발원을 내니 동진童眞으로 일찍이 출가하여 이름난 스승과 친구들을 가까이하고 모든 삿된 견해에 떨어지지 않을 것입니다. 항상 머리에 붙은 불을 끄듯이 무상도無上道를 구하는 데 뜻을 둘 것입니다. 바라건대 (결락) 후에는 중생의 계도를 시급한 일로 삼아 열반에 들어가지 않을 것입니다. 혼탁하고 사악한 세상에 들어가 문수보살의 지혜를 갖추며, 보현보살의 행함을 (결락)하며, 미륵보살의 큰 사랑[大慈]를 이으며, 관음보살의 큰 자비[大悲]에 미치며, 석가모니처럼 용맹하며, 상불경보살처럼 공경하여 지극히 짧은 시간을 지나더라도 모든 삼보三寶를 공양하고 원만을 모두 갖추어 바른 법륜을 널리 들어 (결락) 모든 마음[萬心]의 해탈이 이루어지기를 서원합니다. 삼가 바라건대, 시방의 모든 부처들께서는 자비로 각각 증명해 주소서. 손을 모아 대자비의 서원을 생각할 때마다 항상 증장도록 해 주소서. 지극한 마음으로 발원하며 삼가 삼보三寶에 귀의합니다."

발원의 내용은 크게 3부분으로 구성되어 있다. 서두에는 득도하여 극락에 가기 전까지는 무명장수하고 원수와 만나지 않은 채 도심을 닦아 마귀나 독충이나 짐승들이 자신을 괴롭혀도 악상惡相을 보이지 않을 것을 기원하고 있다. 이어 선정하여 극락에 간 뒤에도 여러보살과 함께 여래를 모시기 전에 불사佛事를 행해 삼도三途와 팔란八難에 떨어지지 않은 채, 정법正法을 믿어 6근六根을 갖추며 지혜롭고 총명하게 태어나 출가하여 무상도無上道를 깨닫는 것에 뜻을 두겠다고 서원했다. 마지막으로 도를 깨달은 뒤에도 중생의 도생度生을 급선무로 삼아 열반에 들지 않은 채 문수, 보현, 관음, 석가, 상불경 보살처럼 중생을 이끌어 모든 사람이 해탈할 수 있도록 하겠다고 발원했다. 자신의 안녕, 수행, 중생의 도생과 같은 서원의 내용은 개운사 소장 목조아미타여래좌상의 1322년 천정 혜흥의 발원문, 온양민속박물관 소장 '주성미타복장입안발원문', '김도발원문', '영가군부인 김씨 발원문'과 유사하다. 특히 온양민속박물관 소장 '주성미타복장입안발원문'의 "勇猛如釋迦 敬如常不輕, 智慧如文殊 行願若普賢, 慈如觀世音 悲等彌勒尊"과 "其足文殊智, ■■普賢行, 紹彌勒大慈, 及觀音大悲, 勇猛若釋迦, 敬如(常不輕)"의 두 구절은 거의 일치하고 있다. 이러한 유사성은 아미타여래라는 동일성에서 기인한 것이라 생각된다. 개운사와 온양민속박물관 소장 복장물이 모두 아미타여래에 납입되었으므로 세 불상에 납입된 발원문 내용의 유사성은 14세기 아미타신앙의 특징으로 간주할 수 있을 것이다.

2. 발원자

발원의 내용 다음에는 발원자 이름이 행에 따라 나열되어 있다. 8행 중반부에서 37행까지 이어진 발원자의 이름은 띄어쓰기, 신분 등이 표기되어 있지 않을 뿐 아니라 결락된 부분까지 있어 정확한 발원자의 수를 확인하기 어렵다. 한편 승려는 273명이고 재가신도는 266명으로 발원자수를 파악하면서 전체 발원자를 600명 정도로 추산하기도 한다.[5] 이러한 연구를 고려하면서, 발원문에 기재된 이름을 분류해 보았다.

발원문을 바탕으로 재판독한 발원자의 수는 최소 516명이다. 여기에는 글자의 수를 파악하지 못해 '(■)'로 표기한 이들이 제외되었다. 결락되어 제외된 부분이 총 26곳이고 26곳에 1명만 결락된 것으로 파악해도 전체 발원자 수는 최소한 542명은 넘을 것으로 판단된다. 이러한 발원자의 수는 장곡사 약사여래좌상 '백운白雲 발원문'의 1,079명에 이어 두 번째로 많은 수치이다.

다수의 발원자들의 참여보다 더 주목되는 점은 다른 불상과 달리 발원에 다수의 승려들이 참여하였다는 사실이다. 앞서 전체 발원자의 48.8%(252명)정도가 승려의 법명을 사용했다는 점은 이미 언급한 바 있다. 이러한 수치는 문수사 아미타여래좌상의 복장에서 발견된 '가야산 문수사당주 미타복장발원문'의 발원자 구성과 좋은 대조를 이룬다. 전체 214명의 발원자가 참여한 발원문에서 승려의 법명으로 파악된 수는 44명으로, 전체의 발원자의 20.56%에 불과하다. 1322년 천수관음보살의 복장발원문의 경우 전체 307명 발원자 가운데 승려의 법명을 사용하는 발원자는 57명으로 전체 발원자의 18.56%였다. 따라서 많은 수의 승려가 불상의 조상에 참여하였다는 점은 은제아미타여래삼존좌상 복장물의 주요한 특징 가운데 하나이다.

물론 당시에는 재가신도이면서 승려의 법명을 사용하는 경우도 있어 법명을 기재하였다고 그가 곧 승려라 규정할 수는 없다. 예를 들어 '신륵사 보제존자 사리석조비문神勒寺 普濟禪師 舍利石鐘碑文'의 단월질檀越秩에는 속명과 법명이 함께 기재되기도 했다. '상락군 김씨묘영上洛郡 金氏妙英', '진강군 유씨묘현晉陽郡 柳氏妙玄'과 같은 표현이 그것이다. 따라서 법명을 사용했다고 그 사람을 곧장 승려로 간주하기는 어렵다. 하지만 재가신도가 속명俗名을 사용한 사례가 더 많았던 점을 고려하면, 일반적으로 승려는 발원자로 참여할 때 법명을, 재가신도는 속명을 사용한 것으로 간주해도 무방할 것이다.

그런데 다수 승려의 참여 때문인지, 성씨를 소유한 상층계급 구성원의 발원은 매우 제한적이었다. 선체 542명의 발원자 가운데 결락으로 첫 글짜 혹은 전체 글자를 파악할 수 없는 51명을 제외하면, 온전히 성명을 파악할 수 있는 발원자는 491명이다. 491명의 발원자 가운데 성씨를 소유한 이들은 113명으로 23%를 차지한다. 성씨 가운데 '金'의 성을 가진 이들은 다소 조심스러운 접근이 필요하다. 예컨대 '金莊'의 경우 이를 '김장'으로 읽어야 할지, '금장'으로 읽어야 할지의 문제가 발생한다. 전자의 경우라면 성씨를 가진 상층계급구성원으로 간주할 수 있으나 후자의 경우면 평민 혹은 노비의 이름으로 파악할 수도 있다. 조적의 난을 진압하는데 공을 세운 대호군大護軍 김장金莊이 존재한 점, 우왕禑王의 유모 장씨의 이름이 금장金莊이었던 점을 고려하면 양자의 가능성이 모두 존재한다. 때문에 일단 여기서는 전자로 간주하여 성씨소유자로 파악한다. '김매읍金每邑'과 '김가이金加伊'이 역시 이와 유사한 문제가 있다고 판단되나 '김장'과 마찬가지로 성씨 소유자로 간주하였다.

이렇게 성씨소유자를 관대하게 파악해도, 은제아미타여래삼존좌상의 발원자 가운데 성씨소유자의 비율은 다른 불상의 복장발원문에 비해 낮다. 발원자 가운데 성씨 소유자의 비중이 가장 낮은 장곡사 약사여래좌상의 경우도, 성씨 소유자는 전체 발원자의 30%를 상회하나, 은제 아미타여래삼존좌상의 경우 발원자 가운데 성씨 소유자의 비율은 23%에 불과하다.

승려와 성씨소유자가 대략 71.8% 정도 차지하였다면 나머지 28%정도는 하층민 혹은 노비로 이해된다. '가이加伊', '고음이古音伊', '내은內隱', '소근小斤' 등은 당시 흔히 사용되던 하층민, 여성, 노비의 이름이었다. 우왕이 총애한 '봉가이鳳加伊'가 권신 이인임李仁任의 계집종이었던 점을 고려하면 가이 혹은 ~가이는 하층민 여성 혹은 계집종의 이름으로 이해된다. 이성계의 부친인 이자춘李子春은 두 명의 여비에게서 서자를 각각 1명씩 두었는데 이원계李元桂와 이화李和가 그들이다. 그런데 이원계의 모친은 내은장內隱藏이라, 이화의 모친은 고음가古音加라 각각 불렀다.[6] 따라서 '내은~'과 '고음~' 역시 여비의 명칭이었다.[7] 기본적으로 이름만을 대상으로 그의 신분을 밝혀내기란 쉽지 않다. 그러나 하층민의 이름의 특징도 무시할 수 없어, 이름을 통해 신분을 규명해 보면 1383년의 발원문에서 하층민으로 간주할 수 있는 이는 총 93명으로 발원자 491명의 18.94%를 차지하고 있다.

한편 조선시대 하층민 여성의 지칭어로 알려진 '소사召史'는 하층민 이름에서 제외했다. '소사'는 14행에서 3번, 21행에 1번, 23행에 1번 총 5번 기재되었다. 조선시대의 경우 '소사'는 평민여성의 지칭어였다. 소사는 호적戶籍에 '김소사金召史', '이소사李召史' 등으로 기재되어 평민 여성의 지위를 나타내는 지칭어였다. 즉 '소사'는 '~씨'로 지칭될 수 없었던 평민여성을 부르는 용어였고 콩쥐팥쥐의 '~쥐'와 같은 의미를 가졌다.[8] 문제는 고려시대에도 '소사'가 그런 의미로 사용되었는지이다. 만약 조선시대처럼 '소사'가 신분을 지칭하는 용어라면 발원문에 기재된 '소사'를 사람으로 간주할 수 없다. 고려시대의 호적자료에서도 '소사'라는 용어는 확인되는데 '광산김씨호구단자光山金氏戶口單子'와 유경柳璥의 공신녹권에서 확인할 수 있다. 그런데 고려시대 사용된 소사는 평민여성의 칭호가 아니라 신분과 관계없이 사용되었으며 특정여성의 이름 즉 고유명사로 사용되었다. 본문의 소사 역시 특정신분을 지칭하는 단어이기보다 당시에 흔히 사용하던 인명으로 간주했다.

발원자의 구성 못지않게 어떤 이들이 발원에 참여하였는지의 문제도

중요하다. 앞서 언급한 것처럼 발원자들의 상당수는 승려들이었고 '각覺
~', '지志~', '묘妙~' 계열의 이름을 가진 승려들이 많았다. '각~'으로 시
작되는 승명은 모두 33명으로, 이 가운데 각관覺寬, 각봉覺峯, 각명覺明, 각
수覺守, 각숭覺崇, 각오覺悟, 각연覺演, 각일覺一, 각종覺宗, 각청覺淸, 각홍覺洪
등 11명은 고려후기 다른 문헌에서도 이름이 확인된다. 「향산윤필암기香
山潤筆庵記」에 등장하는 보제선사의 제자 각청覺淸, 「금강산윤필암기金剛山
潤筆菴記」의 각봉覺峯, 「신륵사대장각기神勒寺大藏閣記」에 등장하는 각홍覺洪
과 각종覺宗, 상주 사불산 「윤필암기潤筆庵記」의 각관覺寬, 「신륵사보제선
사석당기神勒寺普濟禪師石幢記」의 각수覺守, 「향산윤필암기」와 「보제존자탑
지」에 기록된 각청覺淸, 「향산안심사사리석종기香山安心寺舍利石鐘記」의 각
오覺悟, 「안심사지공나옹사리석종비安心寺指空懶翁舍利石鐘碑」의 각일覺一이
있다.[9] 그리고 「태고사원증국사탑비太古寺圓證國師塔碑」에 보이는 각명覺
明은 여러 번 등장하는데 그 중 하나는 원문의 중간 밑에 독립된 행으로
매우 크고 진하게 쓰여 있어 주목된다.

'지志~'의 승명을 가진 승려도 30명이나 된다. 다만 「묘향산안심사석
종비」에 등장하는 지염志淡과 지선志禪 그리고 「신륵사보제선사석당기」
에 보이는 지흥志興 정도만 다른 문헌에서 확인된다. 원문 중 묘도妙道,
묘혜妙惠, 묘명妙明, 묘안妙安, 묘홍妙洪, 묘엄妙嚴, 묘관妙觀, 묘낙妙洛 묘의妙
義, 묘중妙仲 등 '묘妙~'로 시작되는 승명은 모두 11명이다.

이들 승려 가운데는 직접 장인으로 활동한 승려들도 있었던 것 같다.
이 불상의 원문에는 법명만 있지만 다른 문헌에는 승명 앞에 일과 관련
된 수식이 있는 경우도 있어 확인된다. 즉 각연과 각청은 「여주신륵사보
제선사사리석당기」에 목수木手 각연覺演, 각청覺淸으로 나와 있다 그런데
「향산윤필암기」에도 '옛 터를 얻어서 집을 짓는데 세 기둥으로써 끝났
다'라고 하는 내용에서 각청이 목수였을 가능성을 다시 제시하고 있다.

이러한 승려의 면면에 대한 검토에서, 이들 승려들이 대개 고려 말의 고승이었던 나옹혜근懶翁慧勤과 유관하다는 점을 확인할 수 있다. 물론 동일한 법명을 사용한 이가 많으므로 법명만으로 승려의 성향을 파악하는 데는 일정한 한계가 있으나 설득력이 적지 않다. 나옹혜근의 직계 제자라 평가받는 무학자초無學自超[10]와 이 발원문의 시주자로 참가한 이성계李成桂의 관계를 고려하면, 고려말 불교계의 양대산맥 중 한명인 나옹혜근의 문도 혹은 그를 따르는 승려들이 이 불상의 조성에 참여했을 가능성이 높아 보인다.

승려가 아닌 시주자 가운데 단연 주목되는 인물은 이성계이다. "순안옹주 이씨順安翁主李氏, 진오珎吾, 이성계李成桂, 이완계李完桂, 조인홍趙仁洪"의 이름이 나란히 발원문에 올라 있다. 이성계는 조선을 건국한 태조이고, 이완계는 그의 형제로 이해된다. 그런데 이성계의 형제 중 이완계라는 인물은 확인되지 않는다. 주지하듯이 이성계에게는 이복형제가 2명 있었는데 한명은 이복형인 이원계李元桂이고 다른 한명은 이복동생인 이화李和이다. 종형제從兄弟는 백부 이자흥李子興의 아들인 이천계李天桂가 있다. 따라서 이완계는 이성계의 기록되지 않은 또 다른 형제이거나 아니면 이원계, 이화, 이천계의 다른 이름일 가능성이 있다. 그러나 이천계는 병진년인 1376년 다른 사람을 구타한 죄로 하옥된 후 사망하였으므로, 이성계와 함께 1383년의 발원에 참여하기는 어려웠을 것이다. 따라서 이완계는 이원계 혹은 이화의 다른 이름일 것이다.

이성계와 더불어 주목되는 인물은 조인홍과 영평군寧平君이다. 이완계 다음에 기재되어 있는 조인홍은 다른 기록에서 확인되지 않는 인물이다. 다만 이성계 집안과 사돈관계에 있던 한양 조씨 조돈趙暾의 자제들이 조인벽趙仁璧, 조인경趙仁瓊, 조인규趙仁珪, 조인옥趙仁沃이었던 점을 고려하면 조인홍 역시 이들의 다른 이름이었을 가능성을 배제할 수 없다. 영평군은 순안옹주 이씨順安翁主李氏와 더불어 작호명을 기재한 사례이다. 『고려사』에 의하면 영평군은 왕거王琚의 작호였다. 왕거는 신종神宗의 7대손으로 공양왕과는 종형제 사이이며, 이성계의 사돈인 정양군定陽君 왕우王瑀와도 종형제였다.

순안옹주 이씨 역시 작호가 확인되는 인물이다. 옹주는 후궁에 대한 칭호였으나 공민왕 이후 봉작제도가 문란해졌고 우왕대에는 그 폐단이 매우 심화되어 사비私妃와 관기官妓였던 봉가이鳳加伊가 숙녕옹주肅寧翁主로, 기생 칠점선七點仙이 영선옹주寧善翁主로 책봉될 정도였다.[11] 한편 공민왕대 이후 왕의 후비만이 옹주로 책봉된 것은 아니었다. 공민왕의 폐행이었던 김흥경金興慶의 모친 유씨柳氏는 적선옹주積善翁主에 책봉된 바 있으며[12] 우왕이 총애하던 궁인이었던 용덕龍德의 모친 역시 명선옹주明善翁主로 책봉되었다.[13] 따라서 순안옹주 이씨를 반드시 우왕의 후궁으로 간주할 수만은 없다. 그럼에도 우왕대 옹주의 작호가 남발된 점을 고려하면 순안옹주 이씨는 사서에 기록되지 않은 후궁일 가능성이 높아 보인다.

한편 22행의 정찬丁贊, 정광기丁光起, 정광보丁光甫는 가족 단위로 발원한 사례로 주목된다. 정찬은 공민왕대 활약했던 인물로 공민왕 13년(1364) 덕흥군이 침략하자 서북면 병마사에 임명되었으나, 순군에 하옥되어 사망했다. 당시 정찬의 휘하에는 병마사 목충睦忠이 있었는데, 목충은 정찬이 덕흥군과 내통한다고 무고하면서 자신의 군영을 공격하려 했다. 이에 위협을 느낀 정찬이 경복흥의 군영으로 와 무고임을 밝혔으나 왕에 의해 순군에 하옥되었고 분을 이기지 못해 사망하였다.[14] 정찬은 본관이 영광으로 정광기와 정광보는 그의 아들이었다.[15] 23행의 '정씨丁氏, 정씨丁氏' 역시 정찬과 유관한 인물로 추정된다. 정찬에게는 딸이 2명 있었는데 2명의 정씨는 정찬의 딸일 가능성도 있다. 다만 정찬의 아들들에 대한 기록이 사서에 남아 있지 않은 점을 고려하면 정찬이 서북면 병마사로 사망한 후, 그의 집안에서 고위관료를 배출하지는 못한 것으로 이해된다.

1383년 은제아미타여래삼존좌상의 복장발원문은 삼존상 가운데 관음보살상의 하단부에서 접혀진 채 발견되었다. 발원문은 일부 훼손되어 전체 발원의 내용과 발원자의 명단을 완전하게 파악할 수는 없으나 대략 500명 이상의 발원자가 참여하였다. 이 발원문은 다른 고려시대 복장발원문에 비해 승려가 발원자 가운데 많은 비중을 차지하고 있는 점이 특징이다. 발원자의 48.8% 정도는 법명을 사용한 승려로 판단된다. 많은 승려의 참여와 대조적으로 성씨를 소유한 상급계층의 참여는 적었다. 발원에 참여한 이들 가운데 이성계를 제외하면 고위관료로서 이름을 확인할 수는 있는 사람은 거의 없다. 1383년 아미타여래삼존좌상 조성에 참여한 발원자의 현저한 특징은 다수 승려의 참석과 상층계급 구성원의 낮은 참여라 할 수 있다.

1 삼성미술관 리움 은제아미타여래삼존좌상에 대해서는 정은우, 「1383년명 은제아미타여래삼존좌상과 복장물」, 『삼성미술관 LEEUM 연구논문집』6호, 2011 참조.

2 허우영, 「은제아미타삼존불 일괄 유물 재질연구」, 『삼성미술관 리움 연구논문집』6호 (2011,5), 74쪽.

3 정은우, 앞의 논문, 14~19쪽.

4 허흥식, 『고려불교사연구』, 일조각, 1986, 323~331쪽.

5 정은우, 「1383년명 은제아미타여래삼존좌상 발원문의 검토와 의의」, 『이화사학연구』43, 2011.

6 『태조실록』 권4, 태조 2년 9월 18일 경신일.

7 발원문에 기재된 하층민의 이름은 다음과 같다. ()는 빈도수를 기재한 것이다.   加也只, 加於, 加伊(4), 加長, 加切伊, 加只, 介金, 介勿伊, 古大, 古音, 古音伊(4), 古音莊, 古火伊, 仇礼伊, 仇莊(2), 今音伊, 那斤, 乃加, 內隱, 內隱加伊, 內隱貴, 內隱達, 內隱伊(3), 內隱莊, 內隱只, 奴介(2), 多乃, 德多, 德龍(3), 德■, 德幻, 豆万, 豆只, 冬乙位, 祿德伊, 祿月, 祿莊(2), 龍莊, 万今加伊, 每邑(2), 無其只, 邦斤乃, 房伊, 白豆伊, 峯方, 奉伊(2), 三戈, 三莊, 西隱伊, 石金, 石三, 石莊, 小古, 小仇伊, 小斤, 小斤加伊(2), 小斤同, 所乙伊, 吳金, 吳■建, 伍乙, 六月, 乙未, 乙巳, 乙山, 伊夫, 二月, 而伊, 莊加音, 莊豆攝, 將末, 莊丁, 長疾, 莊䎃伊, 占加伊, 則年, 七月,

8 소사의 의미와 변동에 대해서는 아래의 논문들을 참조하라. 김경란, 「조선후기 호적대장의 여성호칭 규정과 성격-단성호적을 중심으로」, 『역사와 현실』48, 2003. 배대온, 「우리말 '召史'에 대하여」, 『배달말』35, 2004. 차채은, 「召史의 변천에 대한 연구」, 『한국어학』55, 2012.

9 이 기록들은 『한국금석전문』중세 하: 이지관, 『교감역주 역대고승비문』고려편 4 (가산문고, 1997)를 참조하였다.

10 나옹혜근과 무학자초의 관계에 대해서는 황인규, 『고려후기 조선초 불교사 연구』, 혜안, 2003. 참조.

11   『고려사』 권135, 열전 반역 신우 11년 12월.

12   『고려사』 권124, 열전 폐행 김흥경.

13   『고려사』 권135, 열전 반역 신우 10년 11월.

14   『고려사』 권111, 열전 24 제신 경복흥.

15   『씨족원류』 무녕정씨, 783쪽.

Ⅷ. 기타 복장물 목록

1. 안동 보광사 목조관음보살좌상

안동댐 수몰지구에 위치해 현재의 위치(안동시 도산면 서부2리 산50-7번지)로 이전한 보광사에는 고려시대의 수작으로 꼽히는 목조관음보살좌상이 있다. 보광사 목조관음보살좌상은 수려한 보관, 화려한 영락장식, 그리고 기품있는 얼굴을 지니고 있으며, 남송대 불상양식을 이어받은 작품이다. 이 보살상은 2007년 불교문화재연구소에 의해 복장이 개봉되었다. 복장발원문이 발견되지 않아 정확한 불상의 조성시기와 경위를 확인할 수 없으나 복장물과 불상의 양식적 특징에 따라 13세기 작품으로 이해된다. 발견된 복장물은 10종 194점으로 이 가운데에는 1007년 개판된 보협인다라니와 법서총지집 등이 주목되며 경전으로는 화엄경소와 금강반야바라밀경 등이 나왔다. 또한 고려시대 복식사 연구에 의미있는 여성용의 '저고리'도 발견되었다.

번호	명칭	규격(cm)	수량	재질	시대	특징	사진
1	일체여래심비밀전신사리보협인다라니경 (一切如來心秘蜜全身舍利寶篋印陀羅尼經)	32×45 광폭 4.8~5.1 변상도폭 5.1×9.8	23장	한지	1007 年刊	권수'고려국총지사주진염광제대사석홍철경조보협인경찬인시보안불탑중공양시통화이십오년정미세기'	
2	범서총지집일부대비로자나성불경등일대성교중일승제경소설일체비밀다라니 (梵書摠持集一部大毗盧遮那成佛經等一代聖敎中一乘諸經所說一切秘密陀羅尼)	전곽 10×47.5	142 장	한지			
3	정원신역화엄경소권6 (貞元新譯花嚴經▨ 六)	전곽 28×50	1장	한지	1095 年刊	절첩본	
4	금강반야바라밀경 (金剛般若波羅蜜經) 장엄정토분제10 (莊嚴淨土分)	전곽 16×37.7	1장	한지	고려	목판본	
5	백지묵서불설인왕반야바라밀경(관공품) (白紙墨書佛說仁王般若波羅蜜經(觀空品))	전곽 27.5×76	1장	한지	고려	백지에 묵서	

번호	명칭	규격(cm)	수량	재질	시대	특징	사진
6	소진동(所詮童)	21×47.5	1장	한지	고려		
7	잡문(雜文)	전곽 25.5×29.5	1장	한지	고려		
8	범자다라니(梵字陀羅尼)	31.7×34	19장	한지	고려	중앙에 대일여래	
9	인본다라니(印本陀羅尼)	16.4×35.7	2장	한지	조선		
10	저고리(襦)	34.5×162.4	1점	견(絹)	고려	여성용 적삼	

2. 통영 안정사 금동여래좌상

통정 벽발산에 위치한 안정사에는 22cm의 작은 금동여래좌상이 봉안되어 있다. 밑면에 '사십이혜위등광물四十二惠威燈光佛'이라고 묵서되어 있는 이 불상에서 비교적 온전하게 보존된 복장물이 발견되었다. 불상 밑면의 복장공을 막은 나무 안쪽에 1976년 문화공보부의 소인이 발견되어 이 시기에 복장공의 개봉이 확인된다. 다만 조사된 복장상태로 보면, 당시 복장물은 꺼내지 않았던 것으로 짐작된다. 불교문화재연구소의 조사과정에서 확인된 복장물은 규모는 작지만 복장물의 순서와 배치가 온전히 확인되었다는 점에서 중요하다. 목장물의 납입순서는 맨 아래부터 목합을 싼 다라니(무릎부분)-발원문(무릎과 배의 경계)-천(배에서 가슴부분)-목합을 싼 다라니(가슴부분)-후령을 싼 견직물(가슴 위)이었다고 한다. 목합은 완전한 상태를 유지하고 있어 고려후기 목합의 외형 및 물목의 납입방식과 범자의 위치 등에 대한 중요한 정보를 제공해 준다.[1] 다만 규모가 작아서인지 경전류는 복장물에서 확인되지 않았다.

〈표2-27〉 안정사 금동여래좌상 복장물 목록

번호	명칭	규격(cm)	수량	재질	시대	특징	사진
1	발원문	7.8×9.5	1	한지	고려	주서	
2	후령통	높이 2.1	1	나무	고려	완형. 외면 팔엽형 연잎 그림. 내부에 원경,색사, 오보병, 벽옥통, 오륜종자.	

번호	명칭	규격(cm)	수량	재질	시대	특징	사진
3	후령	지름 1.3	1	은	고려	가장자리 연꽃 형으로 오므림	
4	후령 보	20.3×20.8	1	직물	고려	후령통을 싸는 용노	
5	금강계만 다라	34.5~36 33~41	3	한지	고려	인쇄본	
6	삼십칠존 만다라	18.2~36 18.7~38.8	3	한지	고려	인쇄본	
7	오색사		1	직물	고려	청, 백, 주, 흑, 황색	
8	견직물 일괄			직물	고려	백색비단이 뭉쳐져 있음	

3. 봉화 청량사 건칠약사여래좌상

봉화 청량사 유리보전에는 건칠약사여래좌상이 봉안되어 있다. 2007
년의 조사과정에서 복장물이 확인되었고 가정嘉靖 39년(1560) 작성된 발
원문에서 해당 불상의 연혁이 확인되었다. 지원 5년(1269 혹은 1339)에
개금불사가 있었고 가정 39년과 강희康熙 54년(1715)에 중수되었다. 확
인된 복장물은 19건 208점으로 경전류가 다수를 차지하며, 경전류 가운
데에는 초조대장경 인출본을 비롯하여 중요한 고려시대 다라니 등이 발
견되었다.[2]

〈표2-28〉 청량사 건칠약사여래좌상 복장물 목록

번호	명칭	규격(cm)	수량	재질	시대	사진
1	법계관식론 3 法界觀食論 三	55.0	3	한지	12세기	
2	육자대명왕진언/ 도상불심주 六字大明王眞言/ 圖像佛心呪	51.3×53.0 51.3×57.2	3	한지	13세기	
3	팔엽심연삼십칠존만다라/ 일체여래심전신사리보협인 진언 八葉心蓮三十七尊曼陁羅/ 一 切如來心全身事理寶篋眞言		166	한지	고려	

번호	명칭	규격(cm)	수량	재질	시대	사진
4	초조대장경 대반야바라밀경 권제269 初雕大藏經 大般若波羅蜜經 券第269	44.0×26.0	1	한지	고려	
5	전신사리보협인다라니/ 삼십칠존종자만다라팔엽일륜 全身舍利寶篋印陀羅尼/ 三十七尊種字曼陀羅八葉一輪	66.0×54.5 29.0×54.5	2	한지	1239년	
6	자비도량참법 권9 慈悲道場懺法 券9	33.8×56.7	1	한지	14세기	
7	금광명경 권2 金光明經 券2	22.0×34.0 22.0×36.0	2	한지	13세기	
8	대방광불화엄경 권제39 大方廣佛華嚴經 卷第卅九	29.0×93.0	1	한지	13세기	
9	전신사리보협인다라니 全身舍利寶篋印陀羅尼		1	한지	고려	

1   이용윤, 「불상봉안의식의 정수, 복장」 『불복장의식의 현황조사보고서』,
     대한불교조계종 불교문화재연구소, 2012, 20~21.

2   정은우, 「봉화 청량사 건칠약사여래좌상의 특징과 제작시기 검토」 『미술
     사연구』32, 2017.

     남권희, 「봉화 청량사 건칠약사여래좌상의 陀羅尼와 典籍資料」 『미술사
     연구』32, 2017.

제3부
고려후기 발원문 내용과 발원자

Ⅰ. 고려후기 발원문의 형식적 특징

　고려중기이래 불상 조성자와 후원자들은 불상을 조성한 뒤, 복장물을 안립했고 이는 조선시대까지 성행하였다. 간다라 지역에서 유래한 것으로 알려진 이 불교의례는 중국, 한국, 일본에서 '장장裝藏', '복장腹藏', '납입納入'으로 각각 명명되었다. 다만, 복장물의 불상 내부 안립 양상은 세 나라가 상이하였다.

　안립된 복장물은 그 자체로 불교의례를 이해하는 데 중요한 정보를 제공해 왔고 때문에 복장물과 관련된 연구들이 최근 왕성하게 진행되고 있다. 복장물에 대한 연구는 불상과 복장물목에 대한 연구[1], 불복장 의례의 형성과 그 특징에 대한 연구[2], 복장직물에 대한 연구[3], 복장경전에 대한 연구[4]로 대별할 수 있다. 복장물목과 의례에 대한 연구는 주로 미술사 분야에서, 직물에서 대한 연구는 고직물 연구자들에 의해서, 경전에 대한 연구는 주로 서지학에서 각각 진행하고 있으며 나름의 유의미한 성과를 거두었다.

　한편 복장물에는 통상 불상의 조성 혹은 수리에 참여하거나 복장안립 의례에 참여한 이들이 적은 발원문과 시주자들의 이름을 적은 복장물이 존재한다. 복장물 가운데 '복장발원문'은 해당 불상의 연혁과 발원자들에 대한 정보를 알려준다는 점에서, 묵서복장물은 시주자들에 대한 정보를 제공해 준다는 점에서 매우 중요하다.

3-1 장곡사 금동약사여래좌상 성불원문, 고려 1346년, 1058×47.8cm, 충남 청양 장곡사

현재까지 발원문이 안립된 불상은 총 9건으로, 개운사 소장 목조아미타여래좌상, 온양민속박물관 소장, 1322년 천수관음보살, 부석사 금동관음보살좌상, 문수사 금동아미타여래좌상, 장곡사 금동약사여래좌상(3-1), 1383년명 은제아미타여래삼존좌상[5], 자운사 목조아미타불좌상, 수국사 목조아미타여래좌상의 발원문이 각각 보고되었다.

이 가운데 자운사와 수국사를 제외한 7종의 발원문은 크게 발원의 내용을 적은 발원문과 복장물의 일부에 이름을 적은 묵서들로 구분할 수 있다. 발원문은 모두 14건, 묵서는 28건이 확인되었다. 28건의 묵서는 주로 발원자의 이름이 기재되어 있으며 그 재질은 다양하다. 이들 가운데 해당 불상의 조성목적과 발원자의 면모는 발원문에서 확인할 수 있다. 14건의 발원문은 몇 가지 기준에 따라 분류할 수 있다. 우선, 불상의 조성과 함께 복장에 안립된 발원문과 불상의 개금 등 중수重修 과정에서 안립된 발원문으로 구분된다. 개운사 소장 아미타여래좌상의 발원문이 중수발원문이고 나머지 발원문은 모두 불상의 조성과 더불어 안립된 것이다.

발원문은 기술방식에 따라서도 구분할 수 있다. 개운사, 온양민속박물관의 발원문은 모두 발원자의 발원 내용이 길게 기술되어 있고 그 다음 작성자의 이름이 기재되어 있는 형태이다. 이에 반해 천수관음, 부석사, 장곡사, 은제삼존상의 경우는 승려 혹은 발원의 주체가 발원의 내용을 기술한 뒤, 발원자의 명단을 나열하고 있다. 이러한 발원문의 기재양

상을 고려하면, 발원문의 기재형식은 크게 2부류로 나눌 수 있다. 특정 발원자 혹은 자신의 가족의 이름으로 발원문을 작성하는 형태와 승려가 발원의 내용을 적고 그 뒤에 발원에 참여한 이들의 명단을 나열하는 형태이다. 개운사 발원문, 온양민속박물관의 빌원문이 전지에 속하고, 천수관음·부석사·장곡사·삼성미술관 라울소장 은제아미타삼존상의 발원문은 후자에 속한다.

현전하는 발원문의 양상을 고려하면, 발원문의 기본적인 형태는 승려가 발원의 내용을 적고 그 뒤를 이어 발원자들이 간략한 발원의 내용을 적거나 이름만 기재하는 형태가 일반적이었다. 이들 발원문은 먼저 발원문의 제목이 있고, 다음으로 발원의 내용을 서술하고, 발원문을 작성한 연대를 기록한 뒤, 발원자들의 명단을 불규칙적으로 나열하였다. 다만 구체적인 서술방식에서는 차이가 있다. 예컨대 천수관음 복장발원문은 고려시대 발원문 가운데 유일하게 시주물목을 기재하고 발원자의 시주내역을 기술하고 있으나 다른 발원문은 발원자의 구체적 시주내용을 기재하지 않은 채 발원자의 명단만 나열되어 있다. 부석사·장곡사·삼성미술관의 발원문은 '보권도인普勸道人 계진戒眞', '친전사親傳師 백운白雲', '해주海珠'가 쓴 발원의 내용에 이어 발원자의 이름이 나열되어 있다. 이러한 형식의 발원문은 조선시대까지 이어져, 장륙사 건칠보살좌상의 복장발원문(1395), 천성산 관음사 목조관음보살좌상의 복장발원문(1502) 등은 모두 이러한 서술 형태를 취하고 있다.

한편 문수사 발원문은 발원의 형식에서 특이성을 가진다. 전인혁 발원문은 발원하는 시간을 먼저 기재하고 이어 발원자들의 명단을 나열한 뒤, "지금 함께 발원하는 남녀들 및 법계의 일체는 함께 다함이 없는 관음행을 닦아 함께 무상불과보리에 오르기를 기원합니다.(今同願信男女等, 及法界一切, 同修無盡觀音行, 願同登无上佛果菩提尒)"라는 간단한 발원의 내용을 서술

하였다. 특히 '미타복장발원문㴽陁腹藏發願文'에는 발원의 내용 없이 발원
자들의 명단만 나열되어 있다.

　이런 측면에서 보자면, 승려 혹은 특정인이 발원문을 작성하고 다른
발원자의 이름이 기재되지 않은 개운사 소장 복장 발원문과 온양민속박
물관 소장 복장발원문은 당시로서는 특이한 형태라 할 수 있다. 개운사
소장 복장 발원문 가운데 중간대사中幹大師의 발원문이 1274년에 작성되
었고 온양민속박물관 소장 복장발원문이 1301·2년에 작성되어, 시간의
변화에 따라 기술형태도 변화한 것으로 간주할 수 있으나, 개운사 소장
최춘崔椿 발원문과 천정天正과 혜흥惠興 발원문이 천수관음의 복장발원문
과 같은 해인 1322년에 작성되었다는 점을 고려하면, 작성시점의 문제
로 귀결할 수는 없을 듯하다. 보다 정확한 원인은 더 많은 고려시대 복장
발원문이 소개되고 조선전기 발원문에 대한 검토를 통해 파악될 수 있
을 것이다.

Ⅱ. 발원 내용

　일곱구의 불상에서 확인된 14건의 발원문 가운데 발원의 내용이 기술
되어 있는 것은 문수사의 '미타복장발원문'을 제외한 13건이다. 발원의
내용은 각 발원문 마다 상이하다. 매우 간략한 발원의 내용이 기재된 문
수사의 '전인혁 발원문'이 있고, 간단하지만 발원의 내용이 구체적으로
기재된 발원문(중간대사中幹大師의 발원문, 최춘崔椿의 발원문, 김도金鍍 발원문,
영가군부인永嘉郡夫人 김씨金氏 발원문, 천수관음주성원문千手觀音鑄成願文, 관음주성
결연문觀音鑄成結緣文, 삼성미술관 소장 발원문)도 있다. 이에 반해 비교적 장문
의 발원내용을 기술한 발원문도 있다('천정 혜흥의 발원문', '주성미타복장입

안발원문鑄成彌陀腹藏入安發願文', '법영法英발원문', '창녕군부인 장씨 발원문', '성불원문成佛願文')

발원 내용의 길고 짧음 보다 더 주목되는 사항이 있다. 안립된 불상에 따라 발원의 내용이 다소 상이하다는 점이다. 7구의 불상 가운데 4구는 아미타여래이고, 2구는 관음보살이며, 1구는 약사여래이다. 아미타여래의 복장발원문의 내용은 크게 2유형으로 구분가능하다. 자신(가족)의 극락왕생을 기원하는 유형과 수련을 통해 극락으로 가 아미타여래를 친견하여 득도한 후 다시 시방세계로 돌아와 중생의 계도를 서원하는 유형이 그것이다.

개운사 소장 아미타여래좌상의 복장발원문 가운데 하나인 '중간대사 발원문(1274)'과 '최춘의 발원문'은 모두 사망한 가족들의 극락왕생과 생존해 있는 가족들의 무병장수를 기원하고 있다. 중간대사는 아끼던 말을 팔아 금을 구입하여 개금을 위해 시주하면서 이렇게 발원했다. "바라는 바는 돌아가신 부모님과 육친六親들이 고통의 근원에서 벗어나 서방정토[安養]에서 태어나는 것입니다. 또 바라건대 제자가 죽을 때 부처님을 맞이하여 곧장 서방 극락에 이르러 6도[六趣]로 흘러들지 않게 해 주소서(所志, 先亡父母六親, 畫脫苦種, 俱生安養. 又願弟子以令終時, 來佛俀引, 直至西方, 不濵六趣爾.)"

최춘 역시 불상의 중수에 오승포 1필을 시주하면서 "돌아가신 홀어머니께서는 정토에서 영원히 살아가도록 해주소서(先亡扁母, 淨土終生 得時世方令是敎是遣.)"라고 빌었다. 특히 최춘은 사망하지 않은 이들의 안위도 염려하여 "현재 살고 있는 부부와 나이 딸과 자식 아울러 형의 무병장수(當住夫妻, 小女子息並兄, 無病長生)"도 기원했다.

한편 이러한 발원과 달리, 수행修行을 통해 무상보리에 이르거나 혹은 극락왕생하여 아미타여래의 설법을 들은 뒤, 깨달음을 얻어 다시 현세로 나와 중생의 계도를 서원한 발원도 있다. 천정과 혜흥은 10가지 서원을 발원문에 적었다. 아래의 내용은 그 가운데 대표적 5가지이다.

① 삼도팔란 및 변방, 척박한 땅 등 뜻하지 않은 곳을 벗어나 아미타불대천왕이 계신 곳 가까이에 있으면서 깨달음으로 나아가게 해 줄 것.

② 여자가 아니라 대장부의 모습을 갖게 해 줄 것.

⑥ 여러 중생들이 보리심을 내어, 삼보에 여러 물품을 공양하며, 빈궁한 이들에게 재물을 보시하며, 여러 병자를 치료하며, 악을 굴복시켜 함께 부처의 지혜를 이루게 해 줄 것.

⑨ 자신들의 보현행원이 빨리 성취하여 부처의 지혜에 이르도록 해 줄 것.

⑩ 허공계, 중생의 업, 중생의 번뇌가 다하면 자신의 서원도 다하게 될 것.

이러한 서원은 부분적으로 경전에 영향을 받고 있다. 앞서 언급한 것처럼, 10가지의 서원은 보현보살의 10행원에 영향을 받은 것이며, 특히 8번째와 9번째 서원은 보현보살의 10행원과 유관하다. 여인이 아니라 대장부로 태어나기를 바라는 것은 보현행원품에서도 확인되는 내용이나, 아미타불의 48가지 서원이기도 하다. 중생을 계도하는 보살의 서원을 모방한 이러한 발원의 대미는 자신이 부처의 지혜를 깨달아 중생들의 번뇌를 제거하는 것 즉 중생을 계도하는 것이었다.

이와 유사한 서원은 온양민속박물관 소장 복장발원문에서도 확인된다. 창녕군부인 장씨는 '주성미타복장입안발원문'에서 "모든 죄과가 이미 사라진다면 삼업三業은 청정해 지며, 현세에는 장애가 없고 신심은 안락해 져" 결국에는 "정토에서 태어나서 항상 정법을 듣게 될 것"을 서원했다. 만약 정토에 가지 못한다면, 승려가 되어 수행한 뒤 "보배로운 자리에 오래 머물지 않고, 다시 사바세계로 돌아와 중생들에게 고통을 벗어나도록 하여" 결국에는 중생들이 대열반에 들 수 있기를 서원했다. 창녕군부인 장씨 역시 수행 득도 후 중생의 계도를 천명하고 있는 것이다.

법영은 발원문의 말미에 자신의 서원을 세 가지로 요약했다. "첫번째 서원은 더할 나위 없는 깨달음[無上道]을 다하는 것이고, 두 번째 서원은 고통 받은 중생을 없어지게 하는 것이며, 세 번째 서원은 다음 번 이 몸이 정토에 태어나 항상 아미타부처를 뵙고 그림자가 형체를 따르듯 잠시라도 떠나지 않으며, 게으름 없이 삼업三業을 항상 받들어 속히 증지證地로 들어가 저의 서원을 이루어, 모든 중생이 정각을 이루기를 바라는 (一願窮證無上道 二願度盡苦衆生/ 三願次身生淨利 常令得見阿彌陀, 如影隨形不暫離 三業無倦常奉持/ 速入證地成我願 願共衆生成正覺)"것이었다. 법영 역시 수행 득도 후 중생의 계도를 서원한 것이다.

이러한 양상은 김도와 영가군부인 김씨의 발원에서도 확인된다. 김도는 자신의 수행 득도한 뒤 중생을 계도할 것임을 명시한 뒤, 사망한 자신의 친족들이 법계에 이르러 보리를 성취하기를 기원하였으며 마지막으로 자기 "집안의 위아래 권속眷屬들이 복과 장수를 누리며, 응당 정토에서 태어나기를 삼가 서원"했다. 영가군부인 김씨는 사망한 친족들의 이름을 나열한 뒤, 그들이 "아미타불의 자비력을 받들어 무명無明을 단박에 깨달아 극락에 이르러 부처를 보고 법문을 들어 빨리 해탈하고 다시 돌아와 일체의 제자와 모든 함령含靈들을 인도하여 이로움과 즐거움에 물들게 하기를 기원"했다. 이어 자신이 "임종할 때에 장애를 없이 부처의 신통력을 계승하여 정토로 왕생하여 빨리 보리[妙果]를 성취한 뒤 다시 세속[塵勞]으로 들어가 널리 미혹한 무리를 계도하기를 기원"했다. 영가군부인 김씨는 자신의 친족과 자신이 극락에서 아미타여래의 설법을 들은 뒤, 보리를 성취하고 다시 세속으로 돌아와 중생의 계도를 천명한 것이다.

1383년의 은제아미타여래삼존좌상의 발원문 역시 이와 흡사하다. 특히 '주성미타복장입안발원문'의 내용과 유사한데, 정토에 가기를 기원하고, 출가하여 득도한 뒤에는 "중생의 계도를 시급한 일로 삼아 열반에 들어가지 않을 것"을 서원했다.

이렇게 보면, 고려후기 아미타여래의 복장에 납입된 발원문은 부모의 극락왕생과 가족의 무병장수를 기본적인 내용으로 하면서 자신의 수행과 득도, 그리고 득도 후의 중생계도를 핵심적인 내용으로 삼고 있다. 부모와 친족의 극락왕생과 현존하는 가족의 무병장수는 자주 확인되는 신앙형태이다. 문제는 중생 계도의 서원이다. 극락왕생, 아미타여래의 친견과 수기授記, 그리고 시방세계 중생에 대한 계도는 고려후기 유행한 40권본 『화엄경』의 보현행원품의 내용과 일치한다. 고려후기에는 보현행원품의 사경이 적지 않으므로,[6] 당시 보현행원품은 승려들과 신도들에게 널리 읽혔을 것으로 추정되며 아미타신앙에도 일정한 영향을 미쳤을 것이다.[7] 다만 약사여래의 12대원, 아미타불의 48대원, 용맹한 석가, 지혜로운 문수보살, 자애로운 관음보살, 은혜로운 미륵불 등이 발원문에서 확인되는 것으로 보아 특정한 사상의 일방적인 영향이라기보다는 보현행원품의 내용을 중심 줄거리로 하면서도 다양한 신앙적 요소가 습합되어 있었던 것으로 이해된다. 발원문이 전적으로 경전의 영향 하에서 작성된 것은 아니었다. 중국으로 가기를 서원한 창녕군부인 장씨의 사례는 원나라와 밀착되었던 당시 상황의 반영이었다.

그런데 아미타신앙과 밀접한 관련이 있는 관음보살의 복장발원문의 내용은 이와 상이하다. 현재 소개된 관음보살 복장발원문은 2건, 1322년 천수관음보살의 복장발원문과 1330년 부석사 관음보살좌상의 복장결연문이다. 천수관음보살의 복장발원문은 천수관음보살의 서원이 모든 보살 중의 제일임을 강조한 뒤, 『천수천안관세음보살광대원만무애대비심타라니경千手千眼觀世音菩薩廣大圓滿無礙大悲心陀羅尼經』(이하 『천수경』)의 내용 일부를 인용하여 천수관음이 천광왕정주千光王靜住如來에게 서원하는 내용을 기술하였다. "내가 마땅히 이른 곳에서는 일체 중생을 이롭게 할 것이니 저의 몸에서 천수천안이 생겨나도록 해주시고 이 서원이 나온 이후 때 맞추어 몸에서 천수천안이 모두 갖추어 질 것이다(若我當來堪能利益一切衆生, 令我身生千手千眼, 發是願已, 應時身上千手千眼, 悉皆俱足.)."라는 천수관음의 서원을 인용한 뒤, 천수관음에게 귀의하여 선인善因을 만들어야 한다고 강조하였다.

특히 천수관음의 "큰 서원이 매우 깊어 세상에서 손과 눈을 이와 같이 느껴 알 수 있으니 후세에 고난을 면하려는 자가 이것을 버리면 어디에 귀의하겠습니까? 그런 까닭에 빈도는 정성을 다해 천수대비존상을 주성합니다."라고 하여, 천수관음에 귀의하고 이를 통해 후세의 고난에서 벗어나기를 기원했다.

또 다른 관음보살의 복장발원문인 부석사의 사례도 천수관음과 내용이 유사하다. 보권도인 계진은 이 발원문에서 불보살이 중생을 평등하게 계도하려 해도 인연이 없는 중생은 계도하기 어려우므로 불상의 주성을 인연으로 삼아 현세에는 복을 구하고 내세의 극락왕생을 기원하고 있다.

천수관음과 부석사 관음의 사례는 당시 관음신앙의 한 측면을 보여주고 있다. 즉 관음에게 귀의하여 현세에서는 고난과 재앙을 없애고 내세에는 극락왕생을 기원했던 것이다. 이러한 내용은 중간대사와 최춘의 발원문과는 유사하나 나머지 다수의 아미타여래 복장발원문의 내용과는 차이를 보이고 있다.

유일한 약사여래의 발원문은 장곡사 약사여래좌상의 '성불원문'이다. 친전사 백운의 '성불원문'은 대략 4부분으로 구성되어 있다. 먼저 약사여래가 세상어디 어느 때나 계신 부처임을 기술하였다. 이어 약사여래의 공덕을 나열하였다. 약사여래는 "어두운 곳에서는 등불이 되어 비추고, 질병의 고통이 있는 곳에서는 의왕醫王이 되고, 고통의 바다에서는 배가 되어 건너게 해 주고, 굶주림과 추위에서는 옷과 먹거리를 만들고, 빈곤한 곳에서는 마음대로 보물을 만들고, 속박되어 있는 곳에서는 해탈왕解脫王이 되고, 감옥에서는 사면령을 내게 하고, 가뭄이 들 때에는 큰 비를 내리고, 독약을 먹었을 때에는 해약을 만들고, 호랑이와 늑대를 만날 때에는 큰 사자가 되고, 많은 새를 만났을 때는 큰 봉황이 되어" 인간이 대면할 일체의 재난을 막아주는 부처였다. 세 번째로는 이러한 공덕을 지닌 약사여래에게 귀의하여 설법을 들으면 누구라도 헤아릴 수 없는 복을 얻고 공덕을 쌓아 정토로 극락왕생할 수 있음을 기술하였다. 마지막으로 보살, 신중, 야차의 호위를 받는 약사여래의 모습과 그 가르침을 이어받아 불상을 조성하는 공덕에 대해 설명하고 있다. 약사여래의 공덕, 그에 대한 귀의, 그리고 재앙의 소멸과 극락왕생이 백운발원문의 주내용이었다.

고려후기 불상의 발원문은 안립된 불상의 종류에 따라 발원의 내용은 차이를 보인 아미타여래의 경우 수행, 깨달음 그리고 중생의 계도가 주내용이었던 반면, 관음보살, 약사여래의 발원문은 부처의 힘에 귀의하여 소재주복消災求福과 극락왕생을 기원했다.

다만 이러한 결론을 가지고 당시 신앙의 형태를 규정하기에는 이르다. 예컨대 1395년 작성된 장륙사 건칠보살좌상의 발원문은 수행과 깨달음 그리고 중생의 계도를 명시하고 있다. 일찍 출가하여 좋은 스승을 만나 수행한 뒤, 중생을 계도할 것[廣度衆生]을 서원하고 있어 불상의 종류가 발원의 내용을 결과했다고 단언할 수는 없다. 그럼에도 경향성 정도는 인정할 수 있고, 당시 복장발원에 드러난 신앙이 2가지 형태를 띠고 있었던 점은 용인될 수 있을 것이다.

Ⅲ. 발원자

앞서 언급한 것처럼, 승려의 발원 뒤에 이름을 기재하는 형식의 발원문은 고려후기 일반적인 형태였고 조선시대까지 지속되며, 발원자의 수도 가장 많다. 이런 형태의 발원문에 기재된 발원자의 수는 많으면 1,117명(장곡사)에서 적으면 32명(부석사)까지 다양했다.

발원자 수의 이러한 차이가 불교신앙의 문제인지, 불사 주관자의 정치적 능력의 문제인지, 지역적 사정이 반영된 것인지, 시대적 상황의 반영인지는 분명치 않다. 다만 같은 해 충청도 지역에서 조성된 장곡사 약사여래좌상과 문수사 아미타여래좌상의 발원자 수는 현격한 차이가 있다. 장곡사 약사여래좌상의 조상과 복장안립에 1,117명의 발원자가 참여한 것에 반해, 문수사의 그것에는 314명이 참여하여 장곡사가 약 3.4배가량 많다.

조선초의 경우이긴 하나 장곡사는 조선 태종대 '자복사資福寺'로 추천될 정도의 위상을 가지고 있었고[8] 질병과 무병장수를 보장하는 약사여래의 힘이 많은 발원자들을 불러모았을 가능성이 높다. 그럼에도 신앙의 차이가 발원자의 수를 결과했다고 보기는 어려울 듯하다. 1322년 천수관음보살사의 조상에는 307명의 발원자가 참여한 반면, 부석사 관음보살좌상의 조상에 참여한 발원자는 32명에 불과하기 때문이다. 아미타여래의 조성의 경우 이러한 차이는 더욱 확연하다. 문수사의 경우 314명의 발원자가 참여했으나 1383년 은제아미타여래삼존좌상의 조상에는 최소 516명의 발원자가 참여하였다. 따라서 발원자 수의 차이는 사찰의 정치적 역량, 시대적 상황, 신앙 등이 복잡하게 작용한 결과일 것이다.

발원자 수의 차이 못지않게 주목되는 점은 발원자들의 계급구성이다. 발원문에는 발원자들의 관직이나 직역이 기재되지 않은 경우가 많기 때문에, 계급구성은 이름을 근거로 파악 가능하다. 고려시대 향리층 이상이 성씨를 소유하였으며[9] 양반의 적통소생 여성만이 호적대장에서 '~氏'라 기재되었으므로[10] 성씨를 소유하고 '~씨'라 기재된 이들은 상층계급 구성원으로 간주할 수 있을 것이다. 아래의 〈표3-1〉은 7건의 복장기록물의 참여자수와 신분구성을 정리한 것이다.

아래 표에서 확인할 수 있듯이 전체 발원자 가운데 상층계급 구성원이 가장 많이 참여한 발원문은 천수관음 발원문(전체 발원자의 50.1%)이고 다음은 문수사 아미타여래좌상의 발원문(전체 발원자의 49.1%)이다. 가장 적게 참여한 발원은 부석사 관음보살상(15.6%)이고 이어 은제아미타여래삼존상(19.4%)이다. 문수사 아미타여래좌상과 은제아미타여래삼

〈표3-1〉 복장기록물의 발원자 수와 구성

발원문명	연도	전체 발원자	성씨소유자(%)		승려(%)	기타 하층민(%)
			남(%)	여(%)		
개운사 복장기록물	1274/1322	4	2(50)		2(50)	0
			2(100)	0		
온양민속박물관	1301/1302	39	26(66.7)		3(7.7)	10(25.6)
			15(57.7)	11(42.3)		
千手觀音 鑄成願文	1322	307	154(50.1)		57(18.4)	97(31.5)
			95(61.7)	59(38.3)		
부석사 觀音鑄成結緣文	1330	32	5(15.6)		11(34.4)	16(50)
			5(100)	0(0)		
문수사 彌陀腹藏發願文	1346	328	161(49.1)		50(15.2)	117(35.7)
			135(83.9)	26(16.1)		
장곡사 成佛願文	1346	1117	353(31.6)		282(25.2)	482(43.2)
			283(80.2)	70(19.8)		
은제아미타 大德同發願文	1383	516	100(19.4)		251(48.6)	165(32)[11]
			86(86)	14(14)		

* 중복되는 인명을 별건으로 인정한 수치

존좌상이 모두 아미타여래인 점을 고려하면, 불상 혹은 신앙의 종류가 상층계급의 발원참여에 영향을 주었다고 보기 어렵다. 이는 천수관음과 부석사 관음의 사례에서도 확인되는 바이다. 그럼에도 불구하고 부석사와 은제아미타여래좌상의 발원자 가운데 성씨소유자는 매우 적다.

여기에는 다른 이유가 있었다. 승려들이 다수 참여했기 때문이었다. 부석사의 경우 최소 11명의 승려가 발원에 참여하여 전체 발원자의 34.4%를 차지하고, 은제아미타여래삼존상의 경우 발원자의 48.8%에 해당하는 약 252명의 승려가 발원에 참여하였다. 그렇다면 승려의 참여와 성씨소유자 즉 상층계급구성원의 참여 사이에는 상관관계가 있다고 볼 수 있다. 문수사 아미타여래좌상의 조상과 복장안립에 참가한 발원자 328명 가운데 성씨소유자는 161명으로 전체 발원자의 49.1%를 차지하고 승려는 50명으로 15.2%를 점하고 있다. 1322년 천수관음보살상의 조상에 참여한 발원자의 상황 역시 문수사의 그것과 유사한데, 전체 발원자 307명 가운데 성씨소유자는 154명으로 전체 발원자의 50.1%를, 승려는 57명으로 18.4%를 차지한다. 따라서 성씨소유자가 다수를 차지하는 불상의 발원에는 승려의 수가 상대적으로 적고, 승려들이 주도한 발원에는 성씨소유자가 상대적으로 소수임을 알 수 있다.

발원자의 계층구성과 더불어 주목되는 점은 상층계급 구성원의 성별구성이다. 발원에 참여한 상층계급 구성원 가운데 남성이 평균 70%이상의 압도적 다수를 차지하고 있다. 천수관음보살상의 경우 상층계급 소속 발원자 가운데 남성이 61.7%를 차지하고 여성이 38.3%를 차지한다. 이에 반해 장곡사 약사여래좌상, 문수사 아미타여래좌상, 리움소장 은제아미타여래삼존상의 상층계급 발원자 가운데 80%이상이 남성을 차지했다. 장곡사의 경우 전체 상층계급 발원자의 80.4%, 문수사 아미타여래좌상은 83.9%, 리움소장 은제아미타여래삼존상은 86%가 남성이었다.

한편 발원문에 이름이 기재된 상층계급 구성원들 가운데에는 『고려사』 등에서 행적을 확인할 수 있는 인물도 있었다. 장곡사 약사여래좌상의 발원에는 백운 발원문에만 28명의 군부인郡夫人이 발원자로 참여했는데, 이들 군부인 가운데에는 이언충李彦冲의 부인이었던 강녕군부인江寧郡夫人 홍씨洪氏와 최안도崔安道의 부인인 박릉군군博陵郡君 구씨具氏의 이름도 보인다. 문수사 아미타여래의 조성에 참여한 이들은 주로 충숙왕대 활약하다 충혜왕 복위 후에는 권력에서 소외된 인물들이 눈에 띤다. 충목왕 당시 쌍성총관부로 낙향했던 조돈趙暾, 충혜왕 즉위 후 유배된 대호군 홍서洪瑞, 조적의 반란에 가담한 조염휘趙炎暉는 그 대표적 인물들이다.

천수관음상과 은제아미타여래삼존상의 발원자 중에는 세족출신이거나 저명한 인사도 포함되어 있다. 천수관음 발원문의 둘째 폭에는 '동원同願 조문근趙文瑾 최씨崔氏'의 이름이 보인다. 조문근은 횡천 조씨 조변趙忭의 아들이자 조충趙冲의 손자이다.[12] 은제아미타여래삼존상의 발원자 가운데 단연 주목되는 인물은 이성계이다. 우왕 9년 4월 당시 이성계는 문하찬성사門下贊成事 동북면도지휘사東北面都指揮使로 동북면을 위무하고 있었다.[13] 우왕9년은 정도전이 이성계를 방문하였던 때이기도 하다.

행적이 확인되는 발원자와 함께, 고려후기 불상의 복장발원은 단월과 향도 단위로 이루어지기보다 가족 혹은 노비를 포함한 한 집안 전체를 단위로 한 경우가 많았다는 점이 주목된다. 개운사 아미타여래좌상의 '최춘 발원문', 온양민속박물관 '주성미타복장입안발원문', '김도발원문', '영가군부인 김씨 발원문'은 모두 발원자들이 자신의 가족의 안녕과 극락왕생 등을 기원하였다. 1322년 천수관음보살 발원문에서는 조문근부부가 함께 발원에 참여하였고, 1346년 장곡사의 경우 이언충의 부인 강녕군부인 홍씨가 자신들의 아들과 더불어 발원에 참여하였으며 고씨녀

高氏女와 '일문권속一門眷屬'이 함께 발원에 참여하기도 했다. 문수사 아미타여래좌상의 발원에도 '최안해탁부崔安海託付, 망부亡父 유적迪, 망모亡母 위인爲仁, 망처亡妻 신씨愼氏, 망매亡妹 분이粉伊, 망제亡弟 지보之甫, 망제亡弟 보영宝英'이라고 하여 가족단위의 발원이 확인된다. 물론 모든 발원이 가족단위로 이루어진 것은 아니었다. 장곡사 약사여래좌상의 발원문에 참여한 발원자 중에는 발원문의 작성자 백운白雲의 제자인 여러 거사들도 있었다. '이 스승의 제자[此師徒弟] 운산거사雲山居士, 고산거사孤岩居士 김장金長, 현봉거사玄峯居士 이송李松, 묘봉거사妙峯居士 나윤영羅允英, 월암거사月嵓居士 김세金世, 서운거사瑞雲居士 최신경崔臣慶, 윤운거사閏雲居士 여유연余有蓮'은 그 대표적 사례이다.

이상에서 살펴본 것처럼, 고려후기 발원문은 발원자의 기재 양상에 따라 크게 2가지로 구분할 수 있다. 개별 발원자들이 자신의 발원내용을 적은 별도의 발원문을 불상에 납입하는 형태와 대표 승려가 발원의 내용을 작성하면 그 뒤에 자신의 이름을 기재하는 형태가 그것이다. 후자의 경우가 보다 일반적으로 사용되었으며, 특히 후자의 경우 발원자의 수는 발원문마다 차이는 있으나, 적게는 30여명에서 많게는 1000여명에 달했다. 이러한 발원자의 차이는 약사신앙와 미타신앙과 같은 신앙의 문제도 있겠으나 기본적으로는 불상 조성 당시 사찰 혹은 승려의 영향력에 의해 결정된 것으로 보인다. 발원자들의 구성도 다양했는데 성씨를 소유한 상층계급구성원이 50%에 달하는 경우도 있었으나 20%가 되지 않는 경우도 있었다. 다만 성씨소유자의 수가 적은 발원문에서는 승려가 다수 참여하였다. 이에 반해 성씨소유자가 다수 참여한 발원에는 승려 발원자의 수가 적었다. 발원자들은 주로 가족단위로 발원에 참여한 것으로 확인되며 장곡사의 경우 백운의 제자들인 거사들이 조직적으로 발원에 참여하기도 했다.

〈표3-2〉 고려후기 발원문 발원자

명칭			인명
온양민속 박물관	상층 계급	남	知都僉議致仕, 知內旨 金■, 金敏城, 金孝印, 宋耆, 崔文本, 上洛公 金氏, 崔晶, 俞時遇, 李申伯, 俞光器, 俞弘貞, 俞熙, 高夢卿, 國贐色員 金永丘.
		여	昌寧郡夫人張氏, 永嘉郡夫人 金氏, 宋氏夫人, 朴氏夫人, 田氏夫人, 李氏, 俞氏, 俞弘愼妻 李氏, 始寧郡夫人 柳氏, 俞氏仙駕, 李氏.
	승려		法英, 英敏, 光明
1322년 천수관음 보살좌상	상층 계급	남	朴□, 具碩, 許仁, 金□, 金本, 任松, 權, 曹□□, 高石, 鄭守道, 孫□□, 林□, 吳貞, 吳莊, 文氏李英, 李桂生, 李損, 元卿高, 盧■, 高益忠, 徐伯隱置伊, 李玄, 李□, 金寶鼎, 崔■, 張■, 朴尙, 裵久, 全民, 金子侯, 李□, 元琚, 金平, 趙文瑾, 金□, 金景善, 崔□, 全一想, 崔進良, 金東平, 金善大, 崔巨烈, 劉越, 吳□, 李莊, 元安, 李玄, 元暉, 金用走井洞, 林□, 康志正, 宋成老, 朴敦, 大丘縣令康□, 崔呂, 中軍錄事宋三栢, 安□, 李大鼎, 朴瑩, 智光□, 李□, 劉頭一, 文之類, 金極, 徐□, 金子松, 金永號, 尹成甫, 崔連, 金 崔戒洪, 居士 大虛, 文永, 林世, 朴□□, 金本玉, 金永仁, 周久椿, 康五丹, 梁淵, 梁琼, 羅□連, 梁瑞, 薛□, 居士李逈, 朴光祖, 鄭一祖, 益田, 周永据, 吳碩, 池□, 李寅玉, 朴元柱, 興威衛保勝散員鄭□, 金珗, 令同正 申守富.
		여	盧氏, 池氏, 鄭氏, 禹氏, 曹氏孫師, 金氏, 平壤郡夫人趙氏, 江晉郡夫人姜, 李氏, 允氏, 孫氏女, 庚氏, 俞氏女, 金氏女, 加氏, 李氏, 麻懸郡夫人洪氏, 韓氏, 張氏, 加氏女, 郭氏, 李氏, 金氏, 金氏女, 高氏女, 白氏女, 金氏夫人, 中原郡夫人, 金氏, 道康區趙氏, 盧氏, 朴氏, 鄭氏, 盧氏, 金氏, 鄭氏, 崔氏□, 文氏, 李氏, 申氏, 朴氏□, 李氏, 金氏, 金氏, 李氏, 朴氏, 盧氏, 李氏夫人, 裴氏夫人, 義興郡夫人朴氏, 尹承女子末, 黃氏, 李氏, 崔氏, 鄭氏, 姜氏女, 尹氏, 皮氏□, 孫氏.
	승려		□止, 竟眞, 觀菴, 光植, 勸化道人 天原, 道人 甫守, 道人 信□, 道人 難守, 梁瑞, 卍月, 妙禪, 法奇, 法宙, 法眞□, 甫■, 寶連, 福淑, 比□尼 願滲, 司空, 西安, 昔同, 善龍女, 世一, 世眞, 守眞, 守眞, 延花, 元琚, 元安, 元暉, 有玄, 益田, 日珠, 一冲, 林□, 長守, 正禪, 定珇, 制心, 宗瑄, 宗如, 宗玄, 池□, 智光□, 池晟, 天祐, 天柱, 淸戒, 平惠, 鶴城, 行因, 向西林 臣柱, 許仁, 玄□, 玄戒, 玄用, 惠根.
부석사 금동관음 보살좌상	상층 계급	남	金同, 金成, 金龍, 徐桓, 田甫.
		여	
	승려		淡回, 道者, 道淸, 同願 玄一, 法淸, 普勸道人 戒眞, 守旦, 心惠, 仁哲, 惠淸, 幻淸.

281

명칭			인명
문수사 금동 아미타여래 좌상	상층 계급	남	姜大夫介, 姜暹掛, 康住, 金加, 金光, 金斤松, 金斤重, 金良, 金婦, 金成柱, 金松, 金守, 金延, 金連, 金午我, 金龍守, 金日, 金天, 金坦掛, 金彦, 大護軍 洪瑞, 同願 柳㝵隋, 柳同錄, 柳㝵隋, 陸邦ㅁ, 林桂張, 亡父 迪, 亡弟 宝英, 亡弟 之甫, 文區, 文甫, 文用利, 朴堅, 朴堅, 朴見都只, 朴宏, 朴乃莊, 朴示祺, 朴■, 徐量, 徐元, 徐元之 大, 孫万忠, 孫岳, 申命珠, 申方, 辛願旨, 申希補, 伍尉 孫莊, 王良甫, 王由忠, 元岡, 元鍊, 元米, 元白, 元鳳, 元性, 元世, 元淑, 元一條, 俞仇莊, 俞國, 劉妙蓮, 俞子由, 俞子迪, 俞翰, 尹光, 尹世, 尹仁直, 尹洪, 尹華龍, 李强伊, 李均, 李均, 李林彦, 李 方柱, 李甫, 李丕, 李先, 李成元, 李松, 李連, 李儒, 李子達, 李材, 李珎用, 李和 尙, 李翕, 任之琯, 林鶴, 張松, 全奴介, 全林, 全成宝, 全守, 全順奇, 田信, 前典法 左郎 任恕, 鄭端, 鄭都領, 丁龍, 丁白, 丁仁甫, 丁錢祐, 丁充林, 趙暾, 趙暾, 曹麻柳, 曹馬相, 趙炎暉, 趙勴, 趙波比大, 陳光明, 陳吉甫, 陳德方, 陳鳳▨, 蔡椿, 崔佛承, 崔山, 崔安託付, 崔中德, 崔進, 崔天用, 韓加火夫介, 韓斤龍, 韓奇, 韓龍, 洪夫介, 洪倚, 洪仁, 洪仁元, 黃菀桂, 黃世, 黃元桂, 黃長孫
		여	趙氏, 趙氏, 韓氏, 韓氏, 金氏, 南氏女, 亡妹 粉伊, 亡母 爲仁, 亡妻 愼氏, 朴氏, 朴 ■, 尹仁奕之亡ㅁ女, 崔氏女, 崔氏夫人, 韓氏, 宋氏, 金氏女, 朴氏, 黃氏, 金氏, 錦 州郡夫人 琴氏, 夫人俞氏, 徐氏女, 張氏, 鄭氏, 崔氏, 韓氏.
	승려		勸善道人 祖能, 同願道人 戒洪, 老僧 性如, 元眞, 赤世, 康住, 法筵, 承安, 性全, 了正, 景沉, 莫淑, 立旭, 順㘐, 達朋, 元白, 宗植, 思賢, 玄白, 古承, 自連, 釋奇, 正 心, 李和尙, 戒桓延, 仁運, 善見, 信規, 六如, 法典, 元淑, 元性, 立黃, 普示, 元岡, 仚茶如坡, 長光, 僧寸, 邢正, 達奇, 元世, 朱正, 月明, 世心, 志哲, 性如, 戒洪, 祖 能, 眞岡, 陸如, 陸如.

명칭			인명
장곡사 금동 약사여래 좌상	상층 계급	남	朴天龍, 趙公, 姜仁鋼, 趙臣柱, □吏, 姜□□, 姜文, 姜松, 姜壽, 姜升楚, 姜仁富, 姜仁富, 姜指, 高加方, 高成起, 高如意, 郭富, 郭承□, 管軍千戶 偉佝, 權鍾, 金□, 金□, 金□, 金□尙, 金□祐, 金加介, 金加介, 金加介, 金光, 金□, 金千, 金德溫, 金同, 金同, 金良, 金龍, 金龍, 金龍, 金樓, 金三, 金成老, 金松, 金緣, 金連, 金玉祐, 金允栢, 金一, 金丁, 金之用, 金珎伊, 金緝, 金喆, 金花, 奇成, 金康同, 金个仁, 金戒□, 金光奇, 金枸, 金求, 金大直, 金碩, 金善伊, 金成, 金成當, 金成庇, 金成轍, 金世, 金松, 金松, 金守, 金守■, 金言祖, 金英祐, 金元, 金元, 金有溫, 金有輝, 金仁, 金仁蓋, 金長圭, 金千守, 金朶兒只, 金幸吉, 金睍男, 郎將 李今守, 盧元, 盧就與他女盧□夫介, 都永期, 東大悲院錄事 尹元桂, 同願 李雲龍, 李仁實, 李仁實, 鄭袞椿, 趙有武, 杜易, 羅典, 林堅优, 文加伊, 文金銳, 閔加易, 閔佛丁, 閔哲, 朴栄, 朴求祺, 朴奴介, 朴旦, 朴桓桂, 朴龍, 朴龍, 朴林, 朴芬, 朴松, 林松庇, 朴安碩, 朴仁柱, 朴華, 裴金, 裴日柱, 裴薦夫介, 白雀□, 白千習, 別將 □□□, 別將 金天利, 別將朴光眡, 司儀署令 兪亮, 徐文柱, 徐占金, 徐鼎, 徐天壽, 宋謙, 宋引龍, 宋安, 宋条典, 宋哲, 丞奉郎內府事丞 金允堅, 打輔軍千戶徐爲壯改名徐産, 辛架賢, 辛良, 辛松, 辛祐, 安德龍, 安朗忠, 安龍, 安鳳伊, 安富, 安松, 安之守, 安琛, 安天吉, 梁鴻起, 吳信, 伍尉 朴□, 吳仁成, 熊伊, 元古, 元利, 元澤, 魏英柱, 俞佛奴, 劉碩, 劉元鈎, 劉漢, 劉洪, 尹珪, 李加伊, 李光漢, 李究□, 李得成, 李惊, 李龍, 李甫介, 李夫介, 李三宝, 李上元, 李上元, 李松, 李松逸, 李臣戚, 李養, 李延, 李元, 李元甫, 李元生, 李仁實, 李長, 李長壽, 李長守, 李之宜, 李仟, 李天起, 李通, 李桓, 李候己, 林文義, 林栢, 林松, 林莊, 張壽龍, 張洪甫, 張孝堅, 田碩, 全成主, 全松, 全臣義, 全永斯, 前伍尉 金煥, 鄭䐬寵, 鄭䑏奴, 鄭分加伊, 鄭碩, 鄭喜阿, 鄭晉守, 曺□□, 曺公伯, 趙仇之, 曺龍, 曺林桂, 趙甫, 曺碩, 趙石, 曺順, 趙雄, 曺元石, 趙耳, 曺之□, 注藏, 張賀, 池称, 陳帶龍, 陳眼問, 蔡文吉, 蔡洪, 千戶 高朋花, 崔廣大, 崔問, 崔伯, 崔甫龍, 崔福, 崔辛佝, 崔玉溢, 崔元, 崔元起, 崔爲, 崔壬, 崔和尚, 判官 朴甫眼, 馮喜奇, 韓□, 韓枯勿, 閑德, 韓碩, 韓松, 韓羽, 鄉正 李文, 許文, 洪甫環, 洪之桂, 黃守, 黃寔, 黃哲, 黃希賫, 雲山居士, 孤岩居士, 金長, 玄峯居士, 李松, 妙峯居士, 羅允英, 月嵓居士, 金世, 瑞雲居士, 崔臣慶, 閬雲居士, 余有蓮, 碧巖居士, 洞峯居士, 佛喬, 雪月居士, 了祥, 金山居士, 永朧, 繡壽居士, 綿峯居士, 繡峯居士, 修善居士, 山宝居士, 英春居士, 洞空居士, 正聞, 含春居士, 仁熙, 閑空居士, 月山居士 丁金, 源峯居士 白達伊.
		여	博陵郡君 具氏 夫人, 扶寧郡夫人 金氏, 龍安郡夫人 崔氏, 杞城郡夫人 尹氏, 金山郡夫人 全氏, 義昌郡夫人 朴氏, 洛浪郡夫人 崔氏, 江寧郡夫人 洪氏, 公州郡夫人 李 獨 氏, 樂浪郡人 金氏, 升平郡夫人 張氏, 达縣郡夫人 張氏, 永嘉郡夫人 權氏, 扶寧郡夫人 金氏, 安敬翁主 朴氏, 嘉陽郡夫人 蔡氏, 金美郡夫人 崔氏, 丹山郡夫人 禹氏, □□郡夫人 金氏, 金城郡夫人 劉氏, 晋康郡夫人鄭氏, 陳海郡夫人 朴氏, 礼山郡夫人 高加良之, 礼山郡夫人 高願文, 居寧郡夫人 女 福連, 全義郡夫人 李氏, 金山郡夫人 全氏, □, 海州郡夫人 崔氏, 洛浪郡夫人 崔氏, 全州郡夫 丘氏, 金氏, 王氏, 李氏, 安氏, 張氏, 金氏, 夫人 張 康□, 金氏夫人, 金氏, 長氏, 同願 洪氏, 金氏夫人, 蔡氏夫人, 鄭氏, 權氏, 金氏, 鄭氏夫人, 余氏, 崔氏, 王氏, 丁氏, 朴氏, 長氏, 吳氏, 朴氏, 姜氏, 崔氏, 朴氏, 李氏, 尹氏夫人, □氏, 金氏女 □兒, 崔氏女, 金佐具女, 元竝女, 金氏女, 金氏女, 居寧郡大人 女 福連, 都氏女, 高氏女與一門眷屬.

명칭		인명
	승려	元龍, 同願門生 □宛, 君世, 兮金, 沙顔, 仏丁, 丹正, 德武, 仏香, 信海, 普明, 至德, 風龍, 瑞龍, 宝德, 子松, 德龍, 開寬, 元龍, 法奴, 仏宇, 宗與, 妙緣, 呂■, 無量, 宗守, 閔哲, 令含, 同願 大龍, 定金, 世皿, 了産, 惠覺, 和尙 廣大, 林文巖, 天老, 相心, 妙信, 惠連, 信心, 信念, 鶴城, 盧元, 達明, 惠山, 定之, 法延, 吉三, 戒金, 紂一, 正行, 佛丁, 和尙 棟■, 玄心, 正云, 戒眞, 法心, 達禪, 惠行, 正行, 正南, 性辱, 成安, 加悶, 降我, 碧峯, 開過, 重陽, 寬大, 佛燈 妙靈, 長老, 呂□, 之伯, 金樓, 石了, 用禪, 達明, 比丘 敍元, 達中, 比丘悟源, 比丘悟徹, 潘熙, 仙戒, 宣戒, 法伲, 德承, 初明, 英仲, 和□, 淸□, 潛守, 和尙, 佛大, 偉起, 孝道, 得守, 龍鳳, 守□, 比丘 靈祐, 宝其, 用宣, 元樽樽靑, 大難, 得賢, 雨□, 冬栢, 信元, 加道 孝連, 妙正, 靑龍, 元万, 且知, 知石, 桂守, 桂花, 蓮幹, 信花, 山德, 息鳥, 得明, 日珎, 背伺, 日珎, 達僙, 意珎, 玄日, 目才, 德莊, 天祿, 夫金, 元万, 道垂, 祖文, 甫称, 東連, 息走, 永連, 仁求, 英祢, 仏貞, 甫李, 那优, 滿月, 七甫, 永修, 香典, 羅典, 德龍, 法大, 迴大, 金花, 万升, 慈海, 明義, 佛龍, 金剛, 戒定, 日松, 慈戒, 杜易, 能成, 能佛, 占伊比丘 大明, 禪悅, 元万, 光漢, 宗定, 傳年, 達直, 成滿, 守□天王, 處容, 文殊, 佛奴, 普賢, 初明, 莫莊, 靑連, 善並, 閑德, 占知, 且知, 延生, 裸并, 靑蓮, 三玄, 芶樂, 万松, 舊漫, 智佯, 靈奉, 丁香, 中照, 之大, 破羅密伊, 預籍, 妙禪, 長祐, 守因, 占天, 和尙, 營景, 卜眞, 難松, 福守, 問佝和尙, 春已, 春坧, 長守, 金門隱世, 信甫, 觀音奴, 用正, 江金, 直臣, 公盖, 誼旀, 德之, 難差, 奉可, 仁比, 福壽, 大能, 意珎, 惠佺, 皂大, 元万, 卜大, □信, 忍謙, 大刃, 百水, 達均, 景□, 還作, 眼斤, 戒幻, 暮尹, 綠之, 龍甫, 閏世, 覺明, 智靑, 元龍, 河平, 明倚, 英壽, 津藏, 恩照, 龍宝, 天實, 守靑, 大雄, 波弓, 和相, 万性, 守尤, 君輔, 戒要, 羽伊, 走莊, 波會, 匹守, 匹智, 玄絽, 甫守, 勝加, 孝甫, 偉立, 万松, 偉祐, 万羊, 佛丁, □命, 偉允, 昌巡, 緣化道人 忍謙, 沙文 印音, 幹善道人, 延志, 德志, 覺明, 惠柱.

명칭		인명
삼성미술관 리움 은제 아미타여래 삼존좌상	상층 계급 남	姜林, 羌松, 姜神今, 姜我伊, 姜延命, 姜莊, 金覺輪, 金甲, 金姜, 金縢空, 金麗志, 金礼, 金龍, 金白, 金夫, 金三, 金松, 金松禿固, 金彦, 金仁思, 金中只, 金志淸, 金眞祿, 金忠, 金取, 金延, 金仍走伊, 寧平君 ■■, 都■■, 都丁, 文成, 文松, 文守, 朴公仁, 朴光, 朴良, 朴龍, 朴龍, 朴龍之, 朴文, 朴守, 朴安, 朴龍業, 朴千, 朴忠桂, 徐松, 徐彦五, 宋志城, 安佳義, 楊月灰, 吳順还, 元吉, 元万豆之, 元守, 元長, 李■■, 李敢, 李德, 李巳蓮, 李山, 李成桂, 李松, 李完桂, 丁光起, 丁光甫, 丁贊, 丁香, 趙連, 趙元觀, 趙仁洪, 車同, 車元, 崔光, 崔德, 崔松, 韓加達, 韓德, 韓莊害, 許天尤, 洪豆方, 洪連, 洪善, 洪僧上老, 洪彦, 洪智, 黃珎
	여	金氏, 金氏, 金六月, 裵氏, 辛加勿, 尹氏, 李氏, 全氏, 丁氏, 丁氏, 崔松氏, 順安翁主李氏, 趙莊金伊, 丁加伊.
	승려	■空, □空, □法, ■眞, ■珎, ■珎, ■通, 覺□, 覺幼, 覺寬, 覺光, 覺斤, 覺其, 覺璇, 覺兩, 覺玲, 覺輪, 覺明, 覺明, 覺敏, 覺峯, 覺山, 覺生, 覺守, 覺崇, 覺心, 覺延, 覺演, 覺悟, 覺乳, 覺一, 覺岑, 覺莊, 覺靜, 覺宗, 覺眞, 覺旺, 覺哲, 覺淸, 覺洪, 覺幻, 開固, 開上, 戒空, 戒淨, 觀音, 光永, 金覺輪, 吉祥, 達南, 大英, 德■, 德其, 德多, 德龍, 德龍, 德龍, 德嚴, 德幻, 道人大龍, 道惠, 敦海, 同德, 得守, 登明, 良元, 蓮德, 龍縢, 万山, 万月, 万月, 明覺, 明月, 明惠, 明道, 妙洛, 妙明, 妙安, 妙安, 妙嚴, 妙義, 妙惠, 妙洪, 无衣, 彌地攵, 梵雄, 法□, 法連, 法守, 法勝, 法眼, 法宗, 普光, 宝德, 宝臨, 普明, 宝善, 寶雲, 卜其, 仏奴, 佛明, 佛復, 仏台, 仏必, 沙僧, 沙也伊, 思益, 尚敦, 祥善, 釋幻, 禪那, 禪訥, 善輪, 善應, 禪知, 善現, 省如, 省岑, 聖廻, 守■, 守龍, 水山, 守珎, 守贊, 勝加, 勝堅, 勝心, 勝心, 勝永, 勝哲, 僧統元万, 信戒, 信明, 信宝, 信禪, 信云, 信廻, 心匈, 如■, 如海, 永年, 永丹, 玉戒, 玉夆, 牛本, 月昆, 月湖, 乳海, 音相, 義明, 義禪, 仁桂, 仁桂, 忍阴, 自正, 長白, 長祐, 長元, 長日, 長疾, 定戒, 正難, 定猛, 定業, 宗□, 宗加, 珠仙, 中山, 中僧, 重海, 曾連, 志□, 志□, 志究, 志根, 志淡, 志當, 志德, 志德, 志得, 志明, 志微, 志煩, 志邊, 志山, 志禪, 智宣, 志僧, 志深, 志淵, 志雨, 志元, 池達, 知伊, 志油, 志油, 志定, 志眞, 志珎, 志珎, 志珎, 知哲, 知解, 志向, 志湖, 志紅, 志興, 眞加, 珎尚, 珎珎, 眞元, 進志, 車同, 車元, 昆介, 天珪, 天申, 哲勝, 靑德, 丑菴, 冲能, 海□, 海□, 海空, 海珣, 海觀, 海龍, 海明, 海明, 海富, 海禪, 海印, 海因, 該宗, 海珠, 海珠, 海珎, 海昆, 海湏, 行心, 玄令, 慧明, 惠心, 慧海, 曉道, 喜富, 喜善, 禧澄, 喜哲.

1   문명대, 「고려 13세기 조각양식과 개운사장 취봉사목아미타불상의 연구」, 『강좌미술사』 8호(한국불교미술사학회, 1996); 同著, 「수국사 고려 (1239년) 목아미타불좌상의 연구」, 『미술사학연구』 255호(한국미술사학회, 2007); 온양민속박물관, 『1302년 아미타불복장물의 조사연구』(1991); 이분희, 「광주 자운사 목조아미타불좌상」, 『성보』 6호(대한불교조계종 성보보존위원회, 2004); 이승혜, 「불상의 성물 봉안」, 『정신문화연구』 38권 1호(한국학중앙연구원, 2015, 3); 정은우, 위의 책; 同著, 위의 논문; 同著, 「서일본지역의 고려불상과 부석사 동조관음보살좌상」, 『동악미술사학』 14호(동악미술사학회, 2013); 최성은, 「13세기 고려 목조아미타불상과 복장묵서명」, 『한국사학보』 30호(고려사학회, 2008); 同著, 『고려시대 불교조각 연구』(일조각, 2013).

2   이선용, 「佛腹藏物 구성형식에 관한 연구」, 『미술사학연구』 261호(한국미술사학회, 2009, 3); 이승혜, 「고려시대 불복장의 형성과 의미」, 『미술사학연구』 285호(한국미술사학회, 2015, 3); 정은우, 「고려시대 불복장의 특징과 형성배경」, 『미술사학연구』 286호(한국미술사학회, 2015, 6).

3   김영숙, 「고려시대 직물환경과 아미타불복장 직물의 성격」, 『고려의 불복장과 염직』(계몽사, 1999); 권순정, 「1302년 아미타불복장물 분석」, 『고려의 불복장과 염직』(계몽사, 1999); 수덕사 근역성보관, 『至心歸命禮』(2004).

4   남권희, 「12세기 간행의 불교자료의 연구」, 『서지학연구』 17호(한국서지학회, 1999, 6); 同著, 「고려시대 다라니와 만다라류에 대한 서지적 분석」, 『고려의 불복장과 염직』(계몽사, 1999); 同著, 「고려시대 『밀교대장』 권9의 서지적 연구」, 『서지학연구』 58호(한국서지학회, 2014, 6); 송일기, 「광주 자운사 목조아미타불좌상의 복장전적고」, 『서지학보』 28호(한국서지학회, 2004); 同著, 「개운사 아미타불 복장본 『화엄경』 연구」, 『서지학연구』 47호(한국서지학회, 2010. 12); 同著, 「수국사 복조아미타불좌상의 복장전적 연구」, 『서지학연구』 58호(한국서지학회, 2014).

5   1383년 은제아미타여래삼존좌상의 경우 복장발원문은 관음에서 나왔기 때문에 관음보살의 복장발원문으로 간주할 수도 있다. 그러나 아미타여래에서 발원문이 나오지 않은 점을 고려하면 이 발원문은 전체 삼존상의 조상에 참여한 이들이 작성한 것으로 이해되며 때문에 아미타여래의 발원문으로 파악했다.

6   고려후기 정토신앙에서『화엄경』보현행원품과 천태적 요소의 영향에 대해서는 이승희의 논문(이승희,『고려후기 정토불교회화의 연구-천태 화엄신앙의 요소를 중심으로』, 홍익대학교 미술사학과 박사학위논문, 2011)을 참조.

7   현재 전하는 전체 사경 경전 가운데 10%를 차지한다. '10%를 차지한다' 뒤에 '이데 세이노스케[井手誠之輔],「高麗の阿彌陀畵像と普賢行願品」, 『美術硏究』362, 1995.'를 추가

8   장곡사는 조선 태종대 '資福寺'로 추천될 정도의 중요사찰이었다.(『太宗實錄』卷14, 7年 12月 2日條(辛巳), 두 번째 기사.)

9   채웅석,『고려시대의 국가와 지방사회』, 서울대학교출판부, 2000, 130~144쪽.

10 손병규,『호적: 1606~1923』, 휴머니스트, 2007, 133~136.

11 164명 가운데에는 결락으로 이름을 파악할 수 없는 사람 최소 25명도 포함되어 있다.

12 『고려사』 권103, 열전 조충 부 조변.

13 『고려사』 권134, 열전 우왕 8년 7월.

年二歳於乙珎宝体長命

發願

火加伊長命

부록
원문

1. 개운사 목조아미타여래좌상

1) 중간대사 발원문 中幹大師 發願文

奉 佛弟子南贍部洲高麗國東深接大師中幹願./ 弟子幸得人身, 得丈夫身, 投僧出家, 慶幸可/量. 然愚暗, 所覆行不如志, 彷徨中間者, 可勝言哉?/ 是以 去愛, 所持馬售金, 塗古寺毀/無量壽佛. 所志, 先亡父母六親, 盡脫苦種, 俱生/安養 又願弟子以令終時/ 來佛倭引, 直至西方, 不灉六趣爾./

至元十一甲戌四月十二日 誌

2) 최춘崔椿 발원문

奉 佛弟子南贍部洲高麗國中部屬, 進士井洞一里居住崔椿願意,/ 金仏腹 腹藏造成良中, 伍升布壹疋, 進呈爲白去乎在亦. 先亡扁母, 淨土/終生 得時 世方令是敎是遣. 當住夫妻, 小女子息並兄, 無病長生, 包會/消除, 過年安泰, 年年加傳寧相万年, 所望成就令是敎事./

金佛前 至治二年閏五月十九日

3) 천정天正 혜흥惠興 발원문發願文

遣 佛弟子, 南贍部洲高麗國, 牙州鷲峯寺, 依止道人天正惠興,/ 懇發誠心, 敬修成/大慈大悲極樂導阿彌陀佛尊像. 莊嚴已畢, 歸命頂禮, 因發十/種大 願. 伏願/大慈大悲冥加覆護證明功德, 令天正惠興等所發願王 速得成就, 究 竟圓/滿其所願者./

一願. 願承阿彌陀佛願力, 從今生盡未來, 生生世世在在處處, 求離三塗八難,/ 及邊地賤地等不如意處, 若不得生諸佛淨土, 當生天上, 離諸欲/樂, 常得親近天主阿彌陀佛大天王所, 恒聞說法, 重習般若, 增長善根. 若生人間, 生正信家, 近善知識, 發菩提心,/ 進趣菩提. 若天若人, 至命終時, 身心適悅. 諸怖畏一利那/間, 隨願往生./

二願. 願承阿彌陀佛願力, 從今生盡未來, 生生世世在在處處, 不受女身具/丈夫相. 相好圓滿, 聰明正直, 好行仁義. 堅持禁戒五戒, 十/種具足修行, 遠離一切貧窮下賤, 及諸不善, 聖所呵法./

三願. 願承阿彌陀佛願力, 從今生盡未來, 生生世世在在處處, 常聞/大乘了義法門, 於諸名相, 亦不執著, 定惠等學, 明見佛性./ 遠離一切諸雜伎藝, 九十六種諸外道見, 及小乘學./

四願. 願承阿彌陀佛願力, 從今生盡未來, 生生世世在在處處, 常/得值遇教外別傳祖師法門, 一言之下, 頓了無生機用. 目/在宗教圓通, 以所得法, 開示未來, 令正法藏, 常住世間, 燈/燈相續, 明終無盡./

五願. 願承阿彌陀佛願力, 從今生盡未來, 生生世世在在處處, 常以/金銀柒布木石, 彩繪造成諸佛及菩薩像, 隨處安置./ 廣造論疏, 流通法門, 云便隨宜, 開示演說, 廣造伽/藍及蘭若處, 安集眾僧, 精修行道, 令三寶種,/ 永不斷絕./

六願. 願承阿彌陀佛願力, 從今盡未來, 生生世世在在處處, 勸諸/眾生見佛聞法, 發菩提心, 以種種供具, 供養三寶, 以種/種財寶, 布施貧窮, 以種種藥物, 療治諸病, 以種種/方便, 教化調伏, 同期無上佛果菩提./

七願. 願承阿彌陀佛願力, 從今生盡未來, 生生世世在在處處, 以我/所修如上功德, 悉以迴向三世父母 師長 眷屬 善惡知/識 若冤 若親 及非冤親見面聞名, 諸結緣者, 平/等饒益. 現在三塗及八難中, 在若處者, 先得解脫./ 同趣無上佛果菩提./

八願. 願承阿彌陀佛願力, 從今生盡未來, 生生世世在在處處, 修習/普賢廣大行願, 如經所設, 禮敬 稱讚 供養 懺悔 隨/善 請轉 請住 隨學 恒順 迴向, 此十種業, 皆得隨順, 身/口意業, 無有疲猒./

九願. 願承阿彌陀佛願力, 從今生盡未來, 生生世世在在處處, 令我所/修普賢行願, 速得成就. 其足圓滿普賢菩薩, 悉皆同/等於十方微塵刹土, 廣布身雲, 莊嚴國土, 成熟衆/生, 同入菩薩大悲光中, 同成無上佛果菩提./

十願. 願一切衆生, 皆同我願, 虛空界盡, 衆生業盡, 衆生煩惱/盡, 我願乃盡者./

　　　　以如上十種願王莊嚴./

無上佛果菩提, 于以上祝./

皇帝陛下萬萬歲./

　大尉王殿下灾消福集 速還本國./

　大駕行李利覲/

天遞如意速還/

　藩王殿下, 福壽增延. 諸王宗室, 各保康寧. 文虎百寮, 忠貞輔國/

　天妖地怪, 應時消滅. 百穀登揚, 萬民樂業./

佛日增輝, 祖燈永耀. 法界含靈, 同霑利樂者./

　　　　至治二年壬戌年, 八月十三日./

上金比丘和光.　　書寫選部書員令同正 孟自沖./

--------------------------이접----------------------

　　　　同願 禪師和光/

　　　　化主　天正/

　　　　戒玄 崔七/

比丘尼 性金 施主 普月 同願 李仁桂/

　　수결(?)　　李氏

　万古 夫僧 千一 及自三

2. 온양민속박물관

1) 주성미타복장입안 발원문

鑄成彌陀腹藏入安發願文

稽首十方佛 圓滿修多羅, 菩薩聲聞衆 微塵善知識, 天上及人間 梵釋四王等, 不捨本慈悲 證明我誓願. 我從多劫來 具造諸惡業,

設得人生報 乃因愛欲故, 受此垢穢身 不得爲法器. 性識不聰敏 昧於聖所說, 上闕安心訣 次負誦習因, 知作不知作 衆罪無有量.

過去諸罪業 因今懺悔滅, 現在之所作 五逆十惡罪, 六重無量等 種種諸罪惡. 對於三寶前 披誠發露懺, 不復故誤犯 捨邪而歸正.

諸罪既盡除 三業皆淸淨, 現世無障礙 身心快安樂. 及待此報盡 無諸病苦惱, 心意無散亂 如入諸禪定, 不落三塗苦 不處中陰幽,

卽生於淨土 恒常聞正法. 今生若未蒙 所向不如意, 誓不失人生 出托於中國, 寄娠正信家, 稟受男子身. 不作國王位 不爲大臣官,

童眞而出家 專向於內敎, 不犯非律儀 戒根永淸旭. 體不離袈裟 食不違盂鉢, 壽不而中夭 恒爲衆所範, 不爲利養敬 廢質而毁形形.

東方尊藥師 西方主彌陀, 十二四十八 以種種大願, 勇猛如釋迦 敬如常不輕, 智慧如文殊 行願若普賢, 慈如觀世音 悲等彌勒尊,

度苦卽普達 滅罪以無邊, 修行得道後 不久住寶位, 還到娑婆界 度脫苦衆生. 如有一衆生 未蒙我敎化, 我不取正覺 皆令得安樂.

常懷樂謙下 柔輭而忍辱, 不啖魚與肉 不食茹與薰, 敬愛諸含識 如我等無異. 或作善畫師 綵畫作佛像, 或以金銀寶 或以石木膠,

七寶與百服 莊嚴而恭敬. 或微塵數劫 無盡佛出世, 於一一佛所 現種種身雲, 以香花燈燭 及種種供具, 承事而供養 無有疲厭心.

或得筆三昧 書寫諸經典, 擣黃金爲紙 燒瑠璃爲墨, 乃至骨爲筆 以髓血爲水. 不惜身所有 不貪世欲樂, 種種莊嚴飾 恭敬而奉持,

字字及句句 普放無量光, 一一光所觸 廣饒益衆生. 或於諸病苦 爲作善明醫, 或於諸失路 爲示其正路, 或於諸暗夜 爲顯現光明.

或見我形像 或聞我名聲, 飢者得美食 渴者得甘飲, 貧窮得珍寶 寒裸得好衣. 熱喝得淸凉 負戴得輪蹄. 滿足諸願海 終訂菩提果,

地獄中苦惱 解脫相煎迫, 畜生中苦惱 皆得滅癡暗, 餓鬼中苦惱 皆悉得飽食臭. 圓滿陀羅尼 具足波羅蜜. 現在與過去 父母及姑姨(亡母后曺氏) (亡長兄曺氏)[1],

伯叔及親姻 兄弟姉妹等, 自他及親疎 奴婢諸眷屬, 世世生生中 所結冤讐懟, 相遇不相遇 解釋非解釋, 皆入平等觀 同爲般若中.

水火王賊難 刀兵疾疫難, 獅子虎兒難 犲狼蛇虺難, 龍魚魔鬼難 墮溺刺縊難, 未得於道前 悉得無怖畏. 山川岳瀆間 林藪岩石中,

及以虛空住 上下諸神祇, 速脫神趣報 共證無生忍. 我以此誓願 普及諸含靈, 不出生死海 卽成大涅槃. 虛空界無邊 衆生界無盡,

如是乃可盡 我願不可盡. 南無和南 諸佛之本母 摩訶般若蜜

　　大德五年歲在金牛夷則 淸信戒弟子高麗國昌寧郡夫人張氏 誌(印)

2) 법영法永 발원문

至心歸命 盡虛空界 諸佛菩薩. 眞身常住 周遍法/界 我之肉眼 不親知見. 願以道眼 見我歸依. 惟願/慈悲 不捨本願 哀愍覆護 我之身心. 令法種子 速疾/增長 使我惡海 及以業海 煩惱大海 悉竭無餘. 我功德/海 願悉成就 智慧大海 淸淨具足. 諸佛世尊 有大慈悲 有大誓/願 無依無歸 無有救護 爲作歸依 爲作救護 度諸衆生 於生/死海 永斷三惡 無量苦惱. 願當受戒 誠心懺悔

令我恐懼/ 悉得消滅. 我之所有 煩惱業垢 惟願現在 諸佛世尊 以大悲水/ 洗
除令淨. 我從無始 生死以來 所造十惡 五無間業 無量無邊 恒沙/衆罪 今悉
懺悔 願得滅除. 現所造業 誠心發露 所未作者 更不/敢作 已作之罪 不敢復
藏. 身三 口四 意三業行 破齋 破戒 破威儀/等 一切重罪 今悉懺悔 願得滅
罪. 如是過去現在 所作惡/業 無量無邊 若輕若重 應受惡報 不適意者 願悉
盡/滅 令無有餘. 願諸衆生 更不復受 三途苦報 十二難生 諸/餘苦事. 惟願弟
子 生生世世 不受胎報 蓮花化生 童眞/出家 常受梵行 親近善友 離諸惡友.
無始以來 所結怨讐/ 未得道前 無復相對 重復至誠 歸命三寶 普爲一切衆/
生懺悔 發無忘.

一一塵中塵數佛 種種菩薩衆圍繞
我今歸依發弘/願 惟垂大悲證微誠
願共衆生所有罪 皆悉發露盡懺悔
後不復造恒持戒 速得淸淨戒度行
願共衆生離堅貪 內外財物施衆生
不見可愛而不捨 速得圓滿施度行
願共衆生離瞋恚 一切害苦皆忍受
勇猛精進修諸善 菩薩行願速成滿
願共衆生離癡闇 理量二智速現前
諸佛教海無不知 隨機籌說度衆生
願共衆生離婬欲 不受輪廻胎藏報
蓮花化生爲父母 心淨柔軟無盡垢
藥師如來十二願 彌陀四十八大願
十方諸佛諸願海 願我與彼皆同等
文殊普賢諸智行 彌勒觀音大慈悲

願蒙大聖攝受力　速得圓滿盡無餘
願此一期報將盡　七日以前知時至
離諸惡緣發正信　承佛接引生淨利
見佛聞法悟無生　蒙彼如來授記已
化身無數百俱氏　智力廣大遍十方
身入種種諸利海　承事種種諸佛海
分別種種諸法海　深入種種諸智海
清淨種種諸行海　圓滿種種諸願海
成就種種三昧海　圓滿種種波羅蜜
遍現種種諸趣身　度脫種種諸衆生
願我以此誓願力　遍衆生界攝諸願
衆生界盡我願盡　生界不盡願不盡
此願究竟如法性　廣大圓滿若虛空
一一盡利念念中　塵數諸佛成正覺
我今一切皆勸請　廣轉無上大法輪
十方塵利盡三際　所有諸佛與菩薩
二乘賢聖及衆生　一切功德皆隨喜
我此勸請及隨喜　懺悔發願所生善
及身口意所作善　稱同法性普廻向
一願窮證無上道　二願度盡苦衆生
三願次身生淨利　常令得見阿彌陀
如影隨形不暫離　三業無倦常奉持
速入證地成我願　願共衆生成正覺
能所歸及能所懺　能所求度不可得
願共法界諸衆生　同入無相般若海

大德五年辛丑六月日弟子法英

3) 창녕군부인 장씨 발원문

至心歸命 盡虛空界 諸佛菩薩. 眞身常/住 周遍法界 我之肉眼 不親知見. 願以道眼/ 見我歸依. 惟願慈悲 不捨² 本願 哀愍覆護/ 我之身心. (令)³法種子 速疾增長 使我惡海/ 及以業海 煩惱大海 悉竭無餘. 我功德海 願悉成就 智/惠大海 淸淨具足. 諸佛世尊 有大慈悲 有大誓/願 (無依)無歸 無有救護 爲作歸依 爲作救護 度諸衆生/ 於生死海 永斷三惡. 無量苦惱 願當受戒 誠心懺/悔 令我恐懼 悉得消災. 我之所有 煩惱業垢 惟願願/現在 諸佛世尊 以大悲水 洗除令淨. 我從無始 生死以來 所/造十惡五無間業 無量無邊 恒沙衆罪 令悉懺悔 願得/除滅. 現所造業 誠心發露 所未作者 更不敢作 已作之罪/ 不敢覆藏. 身三 口四 意三業(行)破齋 破戒 破威儀等一切衆/罪 今悉懺悔 願得(滅除)⁴. 如始過去現在所作 惡業無量無邊/ 若輕若重 應受惡報 不適意者 願悉盡滅 令無有/餘. 願諸衆生 更不復受 三途苦報 十二難生 諸(餘)苦事. 惟願/弟子 生生世世 不受胎報 蓮花化生 童眞出家 常受梵/行 親近善友 離諸惡友. 無始以來 所結怨讐 未得道/前 無復相對. 重復至誠 歸命三寶 普爲一切衆生懺/悔 發無忘.

一一塵中塵數佛 種種菩薩衆圍繞
我今歸依發弘願 惟垂大悲證微誠
願共衆生所有罪 皆悉發露盡懺悔
後不復罪恒持戒 速得淸淨戒度行
願共衆生離堅貪 內外財物施衆生
不見可愛而不捨 速得圓滿施度行
願供衆生離瞋恚 一切害苦皆忍受

勇猛精進修諸善　菩薩行願速成滿

願供衆生離癡闇　理量二智速現前

諸佛教海無不知　隨機譯說度衆生

願共衆生離婬欲　不受輪廻胎藏報

蓮花化生爲父母　心淨柔軟無塵垢

藥師如來十二願　十方諸佛諸願海

彌陀四十八大願　文殊普賢諸智行

願我與彼皆同等　願蒙大聖攝受力

彌勒菩薩大慈悲　速得圓滿盡無餘[5]

願此一期報將盡　七日已[6]前知時至

離諸惡緣發正信　承佛接引生淨利

見佛聞法悟無生　蒙彼如來授記已

化身無數百俱侅　智力廣大遍十方

身入種種諸刹海　承事種種諸智[7]海

分別種種諸法海　深入種種諸願[8]海

(清淨種種諸行海　圓滿種種諸願海)

成就種種三昧海　圓滿種種波羅蜜

遍現種種諸趣身　度脫種種諸衆生

願我以此誓願力　遍衆生界攝諸願

衆生界盡我願盡　生界不盡願不盡[9]

(此願究竟如法性　廣大圓滿若虛空)

一一盡中[10]念念中　塵數諸佛成正覺

我今一切皆勸請　廣轉無上大法輪

十方塵刹盡三界[11]　所有諸佛與菩薩

二乘聖賢及衆生　一切功德皆隨喜

我此勸請及隨喜 懺悔發願衆生善

及身口意所作善 稱同法性普廻向

一願窮盡無上道 二願度盡苦衆生

三願次身生正[12]刹 常令得見阿彌陀

餘影隨形不暫離 三業無倦常奉持

速入證地成我願 願共衆生成正覺

能所歸及能所懺 能所求道[13]不可得

願供[14]法界諸衆生 同入無相般若海

　　　大德六年六月初七日立願

　　　　昌寧夫人張 (印)

　　匡靖大夫知都僉議事致仕 ▢ (手訣)

4) 김도 발원문

弟子金瑫 雖生邊土 聞熏/佛敎 知輪廻是苦惱 解脫是眞樂. 然以無始劫
來 業塵所蔽欲/ 修般若而益加昏亂 纔發善心而尋則退屈. 弟子從今日去 善
心增/長 業障消除 此報盡時 親承諸/佛放光 接引身心安樂. 如入禪定 卽得
往生極樂國土. 到彼國已獲六/神通 供養他方十萬億佛土 還入三途 度脫受
苦衆生 衆生界盡 我乃盡. 伏願先父/金氏靈駕 柳㬚 柳陘 洪氏 之讓 可心
之羖 金輪 所閑等靈駕 速離苦海/ 頓證菩提 兼及法界. 存沒含靈 速成佛果
一門上下眷屬 現增福壽 當生淨域. 謹誓.

　　　　大德六年六月六日 正承大夫 判秘書寺事 知內旨 金瑫 立願

5) 영가군부인永嘉郡夫人 김씨金氏 발원문

淸信戒弟子高麗國永嘉郡夫人金氏/ 金敏城/ 金孝印/ 宋氏夫人/ 宋耆/ 崔文本/ 上洛公 金氏/ 朴氏夫人/ 崔旵/ 田氏夫人/ 靈駕等願承/阿彌陀佛慈悲之力 頓脫無明 超到樂方 見/佛聞法 速得解脫 還度一切弟子與一切含靈 俱霑利樂. 臨命終時 離障碍 承/佛神力 往生淨城 速成妙果 還入塵勞 廣度群迷. 謹誌/

3. 1322년 천수관음보살상

[첫째폭]

千手觀音鑄成願文

夫十方諸太菩薩太悲大願雖曰甚/深, 我千手觀自在菩薩, 大願█/爲第一.
昔於千光王靜住如來前/, 卽發誓言, 若我當來堪 能利/益一切衆生, 令我身
生千手千/眼, 發是願已, 應時身上千手千/眼, 悉皆俱足. 大願甚深, 感得如/
斯手眼於世, 後世欲免苦難者, 捨/此何歸? 故貧道懇發霞誠, 欲鑄/成千手悲
尊像, 庶望諸善道/俗名, 抽隻手隨力隨喜, 以此善因/, 不亦宜乎?

皇希陛下 統御萬年, 大尉王殿下 壽千/秋,

當今主上保位天長, 文虎百僚, 各/保彊齡,

干戈不起, 永致太平, 禾穀/豊登, 法界含靈 丹霑潤益/ □

      (인) □

    (인) 至治二年壬戌七月日誌

       勸善道人　永農

[둘째폭]

同願盧氏　同願　　夫介

同願池氏　同願 道人難守 □□

同願朴□ (인) 同願 (인)　具碩

同願　　　　□

擧案 (인) 鄭氏 □ 禹氏□　許仁　卍月

   金□

金本　(인)　(인)　(인)　(인)

上金雪綿子　　　　任松
　　　　　權
上金幹一尺自称伊　　曹氏孫師
　曹□□　　之　　貝金
黃漆　□　　　　蒹威冲
香袋四十四 (인) (인)　江
香袋布一加都智　內隱伊 (인) (인)
　　　　　匡甫
金綿囊十乙高石　金氏孝玽衣
錦座子　鄭守道 (인)　(인)　江
占紙一點平壤郡夫人趙氏 江晉郡夫人姜 (인)
　　　　千金守眞
彩色 火加伊刀 伊蛋　同願孫□□　林□
占紅金 十乙 吳貞　　　伏金
　　　　吳莊
金幹十乙古伊 占文紙十乙古伊　占金紙十乙古伊 占文紙棉子一古伊
占甫 綿子十乙 綿貳古伊 古勺伊 文紙李英
峯伊女李氏允氏占物玄用綿子麻十乙且□
占紙一此女加良
占囊一 光植　占馱紙十乙□　玽衣文紙四月寶連
占貳古伊孫氏女 丁占勿伊占狀紙一點庾氏　又叱伊
　　　李桂生　　李損
占紙十乙點置藏占金綿香袋帕十乙占勿伊兪氏女　金氏女
□
占綿子三古是紒氏拍庄加氏丸比伊 李氏　同元卿高

占綿子三古是瘕懸郡夫人洪氏 同願 □□　同 昔同 眞

　　　　同　□　紅珎衣

占綿子十乙古是隱齊占錦子占忽加　占米一刀夫乙伊 盧

　　　　韓氏 張氏

占綿子十乙古是加角占綿子　夫才伊　(인)

占綿子三古是愁口　　高益忠　徐伯隱置伊

　　　　加氏女

占綿子二鐵善夫　天祐占香 一郭氏

占紙一貼馬□

占紙一貼李氏上同護　□占紙十乙□六月　　李玄

　忄伊

占　子廣大

占紙一貼李□金氏五務果　　占抉氏□　韓□ 世

占狀紙十乙貼□

　　　司空

占紅錦紋袋一　貝墮藏願出母長命願蓮一　　　□

占米二升金寶鼎 崔　張　朴尙

　　　宗玄金氏女高氏女白氏女

占綿子裵久金氏夫人宗瑄加伊奴介才□立願小斤女萬夫日女

　　守德女

　　全民 金子侯

衆生 正月 小莊今 勿伊 小斤伊 每方伊 所火伊 九月 伯在勝莊

戊母 令文伊 生令 鶴城 奉城木□立願 白□(인)　梁□

占綿子中原郡夫人左金綿子十乙古是金氏□□　金□

占綿子金安二子侯德女納綿子 占綿子貳古伊康三伊□

占綿子一貼其每伊 道康區趙氏　同願盧氏 李□

占綿線一㤼 注之伊　　　同願□

元珉金平

占糸干仕廷伊 朴氏納綿占卒高二　　　　從壯

占糸金正月 鄭氏 盧氏 大和尚　(인)　法勝

占狀紙十乙貼明神女新生男子千金　　　法奇

占狀紙十乙貼 金氏 同願鄭氏同願趙文瑾崔氏□

占香㤼一文氏 尹金 同願李氏　　　金□ 法宙

占香㤼一申氏 同顧丁□ 朴氏□

占綿子李氏　　同願金氏金氏仇伀李氏

占綿子朴氏金景善莊松加卜線連釜難者加介如良伊

占綿子盧氏 (인)　善龍女米一刀　崔□(인)

占延女石宿人宋　　加也之香㤼十乙 全一想

占白狀紙十乙貼茶香 李氏夫人裵氏夫人帛

占綿子四古是崔進良金東平　占儀願香㤼帛

占色糸義興郡夫人朴氏西角金善大　同願韓 □氏女

占綿子十乙古伊 血用　　崔巨烈水金時背金 劉越吳□

古公一綿子十乙古伊□□□□鳴加伊延花金氏奴杏立　李莊

古囊　(인)　尹承 女子末在伊黃氏

[셋째쪽]

擧案 鑄成金三百斤

　　　金本三升布六十疋

　　　蠟蜜二十斤

　　　黃漆

上金雪線子三斤

香岱四十

八葉筒

喉鈴

蓮臺座

錦座子

綵色

阿膠

眉光珠

淸鏡

七寶

五香

五藥

占銀瓶一口 元安

占金一貼 李玄

占香岱一 而乙才

占香岱一 李氏

占綿布一尺余 元暉

占香岱一犬伊

綿布百十崔氏

香岱一天柱

香岱一金用走井洞

占松炭四石林口香岱一

占香岱一福淑納白米一斗鄭氏

占香帒二康志正占香帒一姜氏女

一宋成老已納金釗龍

　勸化道人　天原

　　　　同願道人　甫守

　　　　　　世一中四

　　　　同願　　一冲宗如

　　　　同願郭□□□ 善初

　　　　　　□止 西安

　　　　　　朴敦□

　　　　同願大丘縣令康□

　　　　　　日珠

　　　　□　行凩 法眞□

　　　　同願連守□ 靈案

　　　　同願　崔呂

　　　　同願中軍錄事宋三栢

　　　　同願安□

　　　　同願李大鼎

　　　　同願朴　瑩

　　　　同願玄□

　　　　　智光□

　　　　同願李□

　　　　同願劉頭一

　　　　同願　□

　　定昌　　同願文之類 皮□

金極徐□

　　長守

同願金子松

　　尹氏

　　金永號

　　皮氏□

　　尹成甫

　　崔連

同願 有玄 淸戒 守眞 平惠

　玄戒 惠根 妙禪 竟眞

　　□　□

同願金　崔戒洪

同願 居士 大虛

同願池晟

同願文永 林世 光□

　　世眞

同願朴 □□金本玉

　　　□升布一疋

同願人金永仁

同願周久椿

同願康五丹

同願梁　　淵

　　梁琼

同願 □

　□

同願羅□連

同願梁　瑞

同願薛　　□

同願居士李逈正禪

同願比□尼　願滲

同願道人 信□

同願 朴 光祖

同願鄭　一祖　　益田

　　　　　　　來福

同願周 永据 同願等

　　　　　吳碩

同願孫 氏

池□

右五升布一疋李寅玉

　　　　　內大

同願朴元桂柱

　同願觀菴 制心

　同願興威衛保勝散員鄭□

　同願　　金玽

　同願 向西林 臣柱

　同願 □　香帒 十乙 □□　　　　同願令同正申 守富

　同願柳□　□□

이 원본은 허흥식 교수의 판독을 따랐으나 ■, □ 는 필자가 재 판독
한 것이다.

4. 부석사 금동관음보살좌상

南贍部洲 高麗國 瑞州地浮石寺 堂主觀音 鑄成結緣文/

盖聞諸仏菩薩發大誓願, 而度諸眾生也. 雖無彼我平等以視之, 然/仏言無
因眾生難化, 依此金口所說, 弟子等同發大願, 鑄成觀音一尊, 安于浮/石寺,
永充供養者也. 所以現世消災致福, 後世同生安養而願也./

　　天曆三年二月　日　　　　　　　　　誌

　　　　　　代願先主父母[15] 普勸道人　戒眞
　　　　　　　同願　玄一
　　　　　　　心惠　金同
　　　　　　　惠淸　兪石
　　　　　　　法淸　田甫
　　　　　　　道淸　金成
　　　　　　　幻淸　國達
　　　　　　　達淸　難甫
　　　　　所火伊　万大
　　　　　淡回　伴伊三
　　　　　　　　道者
　　　　　　　　万大
　　　　　　　　國沙
　　　　　　國樂三
　　　　　　　　石伊
　　　　　　　　仁哲
　　　　　　　　徐桓

同
防

八
火
仍

旦
守

閑
國

三
惡

金龍　　豸守

5. 장곡사 금동약사여래좌상

十方如來佛祖 靈感慈悲光/明普照 常住廣大/無生不滅淨土 結緣/四生六道三途八/八難 成佛願文/

如是我聞 盡虛空界/ 常寂光中 三身四智/ 五眼六通 三十二相/ 八十種好 十八不共/ 八萬隨形 相好光明/ 福慧具足 功德圓滿./ 淸淨法身窮虛空界/ 圓滿報身遍十方國/ 三類化身周利塵土/ 光明照曜普遍三千/ 明淨琉璃過於日月/ 法体性光含塵沙界/ 滿月界中無障無碍/ 大尊大聖大願大力/ 大慈大悲大喜大捨/ 南無東方滿月界中/ 天上人間最尊最聖/ 大藥師瑠璃光佛./ 夫我佛者 慈悲無盡/ 願發無窮 十二大願/ 普度衆生. 於黑闇處/ 爲明灯照 於病苦中/ 爲作醫王 於苦海中/ 爲作舡度 於饑寒中/ 爲作衣食 於貧困中/ 作如意寶 於枷鎖中/ 作解脫王 於囚罪中/ 作赦書藥 於枯旱中/ 降大口雨 於毒藥中/ 作大良藥 於狼虎中/ 作大獅子 於衆鳥中/ 作大鳳凰 於一切處/ 無不救度. 其此佛者/ 能度四生 能接六道/ 三途八難 聞名生天/ 法界怨親 蒙光得道/ 癡聾瘖啞 憶念圓明/ 八苦八邪 稱名轉聖/ 邊小下劣 念號大乘/ 凡夫黑闇 暫聞淨土./ 若男若女 憶念稱名/ 所求願心 無不圓滿/ 信者受者 滅罪塵沙/ 奉者行者 獲福無量/ 見聞隨喜 決定蓮池/ 恭敬供養 定成佛祖/ 歸依禮拜 決得人師/ 歌詠讚歎 定生淨土/ 稱名禮念 定免三災/ 課誦持諷 決離八難/ 功能無量 不可言窮./ 一念刹那 福無邊量/ 慈雲普覆 遍滿十方/ 是八菩薩 前後圍遶/ 日光月光 左右照臨/ 十二神王 方圓守護/ 七千藥叉 晝夜歸依/ 八部龍天 護持不退./ 證佛證明 賢聖讚歎/ 祖祖親傳 師師相受/ 灯灯相續 炎炎不滅/ 汝等弟子 各有成佛/ 銅鑄尊像 今古流傳/ 普結良緣 同獲福慧/ 以此功德 接引四生/ 度脫六道 八難三途/ 同生淨土 上報四恩/ 下救迷有 又爲唯願/ 皇帝萬歲 國王千秋/ 滿國文武 增添祿位/ 風調雨順 國泰民安/ 佛日重輝 法輪常轉/ 大證明師十方諸佛等衆/ 親傳師白雲(花押)/

나. 발원자

① 앞면-후반부

此師徒弟 雲山居士, 孤岩居士金長, 玄峯居士李松, 妙峯居士羅允英, 月嵒居士金世,

瑞雲居士崔臣慶, 閒雲居士余有蓮/ 姜□□, 金氏, 姜指, 姜升楚, 姜仁富, 王氏, 李氏, 金千守, 朴担桂, 元龍/ 朴松/ 同願門生 □宛, 黃哲/ 林松, 林栢/ 李養/ 韓□, 君世/ 甫奴, 兮金/ 同願 趙有武, 趙公, 沙顔, 元武, 八開, 都伊, 趙臣柱, 仏丁, 丹正, 德武, 阿介, 都音大, 仏香/

万伊, 安氏, 張氏, 元澤/ 金允栢, 全臣義/ 劉元鉤, 李仁實/ 金玉祐/ 田大/ 同願信海/ 秉呂/ 同願心任長/ 金絹, 普明, 佛婢, 至德, 金□祐, 風龍, 瑞龍, 宝德/ 張尋龍, 子松/ 白千習, 李長守, 金成老, 白雀守, 洪之桂, 金一, 崔壬/ 金元, 裵薦夫介/ 別將 朴光珉, 朴天龍, 加伊, 姜仁鋼, 田金, 德龍, 開寬, 夫金, 介同, 錄伊, 元龍, 金廷/ 盧絹, 法奴(수결?)/ 旦前/ 任易/ 石順/ 仏宇/ 同願 鄭袁椿/ 安之守/ 宗興/ 同願 李仁實, 李光漢, 金氏, 二月, 安金龍/ 廣大/

黃希賚/ 李元甫, 李仟/ 妙緣, 陳帶龍, 呂■/ 無量/ 宗守/ 甫介, 甫大/ 夫介/ 金加介/ 閔哲/

承奉郎內府事丞 金允堅/ 令含/ 鞍藝/ 宋□, 廣大/ 金加介/ 成占/ 巫占/ 同願 大龍/ 趙□/ 尹珪, 定金, 世皿/ 博陵郡君 具氏 夫人, 扶寧郡夫人 金氏, 龍安郡夫人 崔氏, 夫人 張 康□, 內□金長宁立願/ 崔玉溢/ 張巫/ 吳仁成/ 朴林/ 幕奴/ 崔廣大/ 了産/ 惠覺, 囘■/

裵日柱/ 朴松庇, 崔和尙, 和尙 廣大/ 林文羲/ 池称/ 夫介, 元之大, 天老/ 全成主/ 加伊/ 相心/ 愈孫/ 尹氏/ 妙信/ 林□/ 杞城郡夫人 尹氏/ 大難, 朴□/ 馮喜奇 長命/ 姜松/ 惠連/ 梁鴻起/ 臥丁/ 加伊/ 金山郡夫人 全氏(인)/ 信心, 信念/ 佛德/ 鶴城/ 盧元, 許文/ 義昌郡夫人 朴氏, 小斤大, 達明/ 日■,

上叱德, 卞三, 元浣, 金龍, 惠山, 定之, 法延, 吉三, 戒金, 夫介/ 紆一, 趙三, 正行/ 佛丁(수결)/ 日珎, 朴華, 李松逸(수결)/ 裴金, 和尙棟■, ■尹, 金三/

■龍, ■金/ 金喆(수결), 玄心, 正云(수결) , 戒眞/ 李千/ 奴个/ 禪旭, 口口, 法心, 達禪/ 金德溫, 文金銳/ 齊斤女/ 件伊女/ 曹之口/ 元吉, 元利/ 曹元石, 顧之, 張宇, 口口口/ 惠行/ 正行/ 元之大, 大元 伯顔帖木兒 長壽, 金元, 金碩/ 覺明, 惠明/ 朴龍, 金成, 金成富, 金氏女 口兒, 崔氏女/ 碧巖居士, 奴伊介女/ 金大直/ 正南, 性辱, 南一/ 成安/ 加悶/ 加伊件, 劉碩, 加向, 夫介, 金善伊, 金言祖, 九千, 熊伊, 降我, 碧峯, 加伊, 開過, 重陽, 寬大/ 金口/ 金■■■, 雲■■■, 洞峯居士 佛香, 雪月居士 了祥, 佛燈 妙靈, 四加伊 編莊, 金山居士 永朧/ 繡壽居士, 綿峯居士, 繡峯居士, 修善居士, 山宝居士, 英春居士/ 三金/ 長老, 夫斤甫/ 呂口/ 金光奇/ 朴求祺/ 奇成/ 之伯, 金樓, 李臣戚, 金康伺/ 張孝堅, 金求/ 蔡文吉, 蔡洪/ 朴旦/ 石了/ 用禪, 達明/ 夫介/ 曺公伯, 曺林桂/ 比丘 豧元/ 達中/ 比丘悟源/ 比丘悟徹/ 潘熙/ 同願 劉長/ 呂林/ 金龍/ 崔辛佝/ 辛之守/ 仙戒/ 金口/ 宣戒/ 庚得堅/ 法■/ 德承/ 曺順, 延加伊/ 施主 洛浪郡夫人 崔氏(인)/ 徐口秀, 大万, 初明, 李延/ 趙雄/ 權錘/ 金氏夫人, 卜龍, 加伊, 凡伊/ 英仲/ 安龍/ 金仁/ 和口, 淸口, 鳳花, 叨水/ 山加伊/ 潛守/ 和尙/ 天龍/

洪世/ 文口/ 佛大/ 金氏, 辛松, 介龍, 偉起, 孝道, 金光, 夫介/ 金仁蓋/ 安珎, 口伊, 得守/

龍鳳/ 般若女/ 崔元起/ 金佐具女/ 郭富/ 李元生/ 夫介/ 金丁/ 長氏/ 守口/ 夫介/ 同願 洪氏/ 辛架賢/ 江寧郡夫人 洪氏, 李候己, 李三宝, 李上元/ 宋守龍/ 施主 打輔軍 千戶 徐爲壯 改名 徐産, 妻 公州郡夫人 李 獨 氏(인), 母 樂浪郡人 金氏(인)/ 比丘 靈祐/ 朴架/ 宝其/ 汎仁枉/ 用宣/ 同願 元榑榑靑/ 大難, 得賢, 龍起, 韓松/ 同願 申胜/ 雨口/ 全永斯/ 升平郡夫人 張氏/ 迭縣郡夫人 張氏/ 德芬/ 莊金, 卜龍, 方幾, 金干, 冬栢/ 次長/ 李疋維/ 姜口

大(수결)/ 信元, 卜大/ 小勿伊, 小斤伊/ 裵裟 鄭金, 加道 孝連/ ■伊/ 閔佛
丁, 斤□金生/

妙正/ 永嘉郡夫人 權氏(인), 扶寧郡夫人 金氏(인)/ 鄭□/ 奴介, 王玹/ 魏
英炷/ 任穗/ 金□/ 金加介/ 安敬翁主 朴氏/ 阿吟班个康里 土氏(수결), 波
溪氏 地藏奴, 判官 朴龍眼, 古音放, 都兒赤, 別將 金天利, 獨阿伊, 曹碩, 曹
龍, 金佰, 靑龍, 元万, 夫障伊, 朴芬, 乃火伊, 金龍, 且知, 知石, 庄錢, 朴龍, 桂
守, 桂花, 蓮幹, 信花, 占易伊, 山德, 千金/ 金同/ 息鳥/ 得明/ 李元/ 同願 李
雲龍/ 冬栢/ 嘉陽郡夫人 蔡氏(인)/ 日琁/ 所求皆成願□裔/ 背佀/ 日琁/ 達
償/ 意珎/ 宝鐵女 宝鉢, 元之男 宝鏡, 許□(수결), 張洪甫, 元竝女, 金睍男/
巨勿□/ 玄日/ □見/ 六月/ 毛□天/ □加介/ 徐仁白/ 男升咎/ 四月/ 男佛/
金成轍/ 金美郡夫人 崔氏(인), 金氏夫人, 趙仇之, 司儀署令 兪亮, 前伍尉 金
煥, 金氏女, 重金, 金朶兒只, 古邑外女, 万莪女, 八乙冱奴, 闍生/ □養彰/ 目
才/ 吳信/ 德莊/ 天祿, 不介/ 夫金/ 林世/ 元世, 馬湜, 聖漢守/ 元万/ 丹山郡
夫人 禹氏(인), 龍□/ 夫介/ 道垂/ 金松/ 千戶 高明花/ 靑加伊/ 全松/

長延/ 双衣/ 熊加伊/ 凡龍/ 金刀伊/ 白介龍/ 祖文/ 蔡氏夫人/ 鄭氏, 權
氏, 虎伊, 甫称/ 順壯, 万金, 應念, 巾之金/ 木北, 毛古金, 闍加昜/ 南月, 仍次
伊, 三月, 三伊丹, 側伊, 要處, 个堅/ 東連/ 朴奴介/ 康阿只, 所還, 大虎伊, 加
伊/ 側金, 仍邑三/ 万仁/ 徐鼎/ 韓羽/ 方介龍/

仁□/ 金个仁/ 二走/ 巨毛女/ 息走/ 永連/ 李長壽, 李天起/ 于也, 安松,
□莊, 韓枯勿, 仁求, 金□, 刀凡□/ 万德/ 英祢/ 金龍/ □加伊, 鄕正 李文(수
결)/ 同願 李仁實/ 李究□/ 金氏/ 元央/ 李得成/ 高成起/ 夫介, 加介/ 哲伊,
□莊/ 仏貞, 仍仍伊分生/ 惟湛, 白肩/ 古旀, 夫介/ 終湯伊, 巾隱金/ 郞將 李
今守, 夫人 □□郡夫人 金氏, 鄭氏夫人, 陳眼問, 小斤伊, 主加, 三月/ 李□
/ 仇之金/ 余氏/ 金幸吉/ 吉加伊, 仇內伊/ 冬□/ 亡君个/ 崔氏/ □琎, 加伊/
大花/ 今音龍/ 黃守/ □□/ 崔爲/ 甫李/ 金松, 林莊, 姜仁富, 王氏, 加伊/ 桂

□/ 李松/ 那伏/

楠盈/ 滿月/ 朴□/ 朴仁柱/ 丁氏(인)/ 加元/ 七甫/ □□伊/ 天壬(인)/ 都□世/ 水龍/ 三月/ 金松/ □吏/ 永修, 香典, 金龍, 文加伊, 羅典, 德龍, 廻尒衣, 法大, 迴大/ 金花/ 金城郡夫人 劉氏, 朴氏/ 金枸/ 朴安碩, 金氏女/ 万升, 文世/ 合伊/ 全世, 四只/ 干金/ 吉者史, 世蓬伊/ 加勿/ 芿加伊, 仍英伊/ 曹□□/ □吉□/ 兪□/ 小花/ 慈海, 明義/ 佛龍/ 金剛/ 戒定/ 日松/ 慈戒/ □立三/ 李長/ 杜易/ 能成, 能佛/ 洞空居士 正聞, 林堅伏, 長氏, 含春居士 仁熙, 閑空居士, 月山居士 丁金, 源峯居士 白達伊/ 沈奴介, 李夫介, 李甫介/ 古竹, 安松/ 占伊比丘 大明, 大叱夫介/ 禪悅/ 徐天壽/ 洪甫環/ 戶□重賢奴/ 注藏 張賀/ 松□伊, 占永伊/ 崔慈/ 万德/ 夫乙伊, 各白, 古松, 元万, 金同/ 使加伊, □佛丁, 黃寔, 仇魚/ 光漢, 吳氏, □賤/ 巾金, 千平/ 李松/ 宋□/ 宗定/ 卞城(수결), 傳年/ 金有溫, 崔氏, 善妙, 金有輝, 李上元, 朴氏/ 六□同生淨土/ 加伊/ 鄭鞠龍, 鄭分加伊, 鄭堯阿/ □浩/ 郭承□, 宋條典, 吾乙万, 月者/ 高氏女與一門眷屬/ 達直, 金世, 金守, 安富, 崔福, 康淥, 成滿, 奴連/ 守□天王, 金光, 處容, 文殊, 佛奴, 普賢/ 晋康郡夫人 鄭氏, 姜氏, 任□□, 鄭晋守, 夫介/ 大伊, □天/ 衛賣伊, 仍叱隱, 加勿伊, 仇叱隱, 四階/ 金之用, 之松/ 吉星/ 伍尉 朴□(수결)/ 豽之/ 梁元/ 卜三/ 李哉/ 徐文柱/ 田碩/ 東大悲院錄事 尹元柱/ 管軍千戶 偉佝, 凡三/ 鄭碩/ □□伊, 李加伊/ 徐占金, 仇佊, 仇叱加, 八豆伊, 初明, 古靑伊, 九月伊, 八爾小□, 石勿伊, 莫莊, 陰伊/ 月正, 開花, 延夫伊, 乃斤乃, 靑連, 善並, 閏月, 三月, 丹伊, 閑德/ 韓碩, 李桓, 趙耳/ 趙石/ 金元/ 占知, 且知, 延生, 身子伊, 裸幷, 靑蓮, 三玄, 个莊伊, 終生伊, 文加伊, 芍樂/ 徐立/ 万松/ □月/ 舊漫/ 石爾/ 徐□伊/ 達知石/ 古□三/ 奴介, 智恠, 卜呂, 四月伊/ 靈奉, 松丁丁, 三月伊/ 松伊, 永花, 卜化, 廣大/ 四桂, 加伊, 松郞太/ 金長圭, 金英祐/ 安鳳伊, 安德龍/ 鄭衿奴/ 宋謙, 文□/ 加金/ 李惊, 佛伊/ 正月, 丁香/ 中照/ 之大/ 崔伯/ 小斤呂史/ 長守/ 大伊女, 万莊女,

三月女/ 無双女/ 小斤阿福龍女, 可阿女/ 李龍, 崔甫龍/ 破羅密伊/ 金上优子 金龍, 金碩/ 預籍/ 陳海郡夫人 朴氏/ 加史/ 礼山郡夫人 高加良之, 礼山郡夫人 高願文/ 小金/ 妙禪/ 熊伊/ 長祐/ 居寧郡夫人 女 福連, 高如意, 李之宜/ □□卑/ □世/ 守因/ 占天/ 金□尙, 和尙, 古□□, 牛豆伊女/ 高加方/ 金氏/ 營景/ 內㵛達/ 月/花/ 尼耳嘉伊/ 卜眞/ 難松/ 令成■/之孤/ 福守, 帝石奴/ 問徇和尙/ □称□性, □元/ 荳三, 無□付伊/ 伐介/ 春已, 春圻/ 長守/ 金門隱世/ 巨个伊, 加伊/ 夫介/ 宣亦/ 宝珎伊/ 信甫/ 觀音奴/ 限衣三/ 七月/ 夫介/ 夫介/ 奴介/ 占疋/ 用正, 江金/ 直臣/ 徐□/ 姜壽/ 姜文(수결?)/ 辛良/ 公盖/ 占來/ 誼旀/ 德之/ 兪佛奴/ 難差/ 奉可/ 仁比, 水精女, 福壽/ 大能, 意珎, 惠住, 夫介/ 內藏/ 廣大三/ 金守■/ 白達/ 皀大, 金成, 介龍, 宋哲, ■王伊/ 元万/ 卜大/ □信/ 忍謙.

② 앞면 발원문 첫머리

長命氏, 甫守, 鄭甫生, 勝加, 孝甫, 崔氏, □種, 李通, 趙甫, 奴介, 合音伊, 加羅, 奴介, 偉立, 万松, 朴氏, 李氏, 崔問, 廣大, 馬加伊, 偉祐, 万羊, 介加伊, 佛丁, 沒■, □命, 仍邑金, 偉允, 加伊, 偉凡三改名偉伯, 加伊, 凡伊, 徐莊/ 昌巡, 都氏女, 德龍/ 又斤女, 悅宜女/ 都永期.

③ 부착 직물

全義郡夫人 李氏 發願(흰색)/ 金山郡夫人 全氏妹 生生世廣㴑衆生 丁女 成男(문양)/ 年二歲 於乙珎 宝體 長命 以發願, 火加伊 長命(녹색)/ 別將 □□□, 海州郡夫人 崔氏 發願文, 尹氏夫人, □氏(금색).

④ 뒷면

大刃, 百水, 文石, 石中, 達均, 金松, 景□, 還作, 召耳, 綠莊, 龜土, 眼斤, 戒幻, □□, 暮尹, 綠之, 悉■, 麁伊, 常□, 龍甫, 閏世, 小尹, 要尹, 覺明, 智靑, 龜三/ 佛丁, 有加伊/ 堅內/ 元龍, 河平/ 金成庇, 仇□古, 內隱伊/ 徐松/ 明倚/ 元眙, 元延, 奴介, 金戒□, 熊伊, 金住/ 未慮大, 卜龍, 加伊, 英壽/ 恩照/ 占勿伊/ 津藏/ 馬訪女, 巾之金, 龍宝, 天實, 守靑, 大雄, 波弓/ 金每/ 閔氏/ 朴氏/ 順莊/ 和相, 四月/ 加勿伊/ 臭伊/ 光一伊/ 万■/ 守尤, 與□, 六伊, 則金, 金同, 延富伊/ □□伊, □□伊/ 甫先束, 加耶之, ■加伊/ 三月, 夫介/ 君輔, 戒要, 羽伊/ 走莊, 加伊/ 避氏, 之乙起, 祁量, 高封, 乾之/ 波會, 德夫, 宋安, 辛祐/ 劉洪, 劉漢, 匹守, 匹智, 玄絽/

6. 문수사 금동아미타여래좌상

1) 전인혁 발원문

大元至正六年丙戌九月初八日 田仁突.

判事 陳光明.

宋氏.

黃元桂, 金彦, 朴宏, 開花, 月花女, 安莊, 於衣莊.

知識眞問 發願. 今同願信男女等, 及法界一切, 同修無盡觀音行, 願同登无上佛果菩提尒.

2) 가야산 문수사당주 미타복장발원문伽耶山 文殊寺堂主 彌陁腹藏發願文

勸善道人 祖能, 同願道人 戒洪, 施主 老僧 性如, 施主, 施主/ 慈旭東, (수결?)/ 大護軍 洪瑞, 崔氏夫人/ 夫介/ 和尙/ 卜瑞/ 金訰/ 毛知里/ 兪翰, 兪子迪, 兪子由, 江華/ 陸邦■/ 元眞/ 赤世/ 康住/ 荷郎奴/ 王由忠/ 同願 洪倚, 洪仁元/ 林鶴/ 四奇, 張松/ 林桂張, 金龍守/ 崔山/ 大三/ [수결]/ 松彦/ 崔進/ 金石/ 法筵, 承安, 性全, 了正, 景沉, 莫淑/ 申命珠/ 大難/ 李均/ 心/ 崔天用/ 元口/ 立旭/ [수결]/ 順彻/ 李方柱/ 双龍/ 元順/ 同生極樂國願 令勿伊, 得財, 李先, 金良/ 方戌/ 達朋/ 明小古里, 万欠伊, 元白/ 大長/ [수결]/ 李子達/ [印]호리병문양/ [인] '卍'자 문/ 姜暹掛, 黃長孫/ 宗植/ 洪仁/ 孫岳/ 李和向/ [수결?]/ 孫万忠/ 石伊/ 柳得隋/ 同願 柳得隋/ 陳吉甫, 蔡椿, 思賢/ 伍尉 孫莊/ 金山, 金連, 石伊, 黃世/ 潘師子/ 文區/ [수결]/ 陳鳳■, 南氏女, 陳德方/ 田信/ 辛願旨/ 玄白, 古承, 朴万莊, 朴見都只, 金午我/ 丁錢祐, 丁仁甫, 丁充林, 丁白, 丁龍/ 韓氏, 崔佛承/ 古邑伊, 自連, 沙佐只, 今金,

夫金, 金龍, 四月/ 全奴介/ 朴堅/ 金天, 釋奇/ 朴氏/ 正心, 元米/ 李强伊, 李
珎用, 金松/ 李和尚/ 尹仁直/ 申方/ [수결]/ [수결]/ [수결]/ 黃菟桂, 李成
元/ 戒桓延/ 李松, 李均, 李儒/ 仁運/ 乃斤乃/ 善見/ 內隱莊, 元一條/ 重伊,
朴■/ 信規/ 末乙伊, 李丕, 大難/ 全順奇, 長祿, 全成宝, 斤小伊/ ■加伊, 夫
介/ 立迪/ 金伊/ 六如/ 太芿/ 金丁/ 安火疾, 李甫/ 文用和/ 李林彦, 李材/
全林, 全守/ 其照, 法典/ 元淑, 元性/ 金光/ 王良甫/ 元口桐/ 天起/ [수결]/
[수결]/ 曹麻柳/ 德龍/ 伏粧伊, 龍伊, 立黃, 普示, 文甫/ 朴口/ 元恫/ 元之大/
千束/ 洪夫介/ 尹世/ 石公/ [수결]/ 金坦掛/ 夫介, 仚茶如坡/ 朴示祺/ 加朴/
李翁/ 崔安海託付, 亡父 迪, 亡母 爲仁, 亡妻 愼氏, 亡妹 粉伊, 亡弟 之甫, 亡
弟 宝英, 劉妙蓮/ 尹仁奕之亡■女, 長光, 伐介, 愁介, 僧寸, 娘良, 尹華龍, 尹
光, 尹洪/ 崔中德/ [수결?]/ 邢正/

崔氏女, 申希補 孝養婢同生安養世界 供養諸佛願/ 達奇/ 金延/ [수결]/
夫介/ 元世, 朱正/ 小甫/ 韓奇/ 韓籠/ 月明/ 金婦/ 馬劉/ 曹馬相/ 世心.

7. 삼성미술관 리움 은제아미타여래삼존좌상

1행 : (결락)大德同發願文稽首十方佛及一切菩薩恒沙諸祖師微塵善知識
我今悉於前志心發弘願 自從無始來■■■

2행 : 失發露盡懺悔誓願不復造未盡懺悔罪得道乃口口於未得道前身無
一切病壽命無中夭冤讎不相逢道心恒不退勤加修梵行

3행 : 他魔所攝乃至毒蟲獸至心命終時不見諸惡相身無受苦痛心亦不散
亂一心無生定捨此形骸後十方廣佛利上品道

4행 : 口生與諸大菩薩親侍如來前■盡未來際作無盡佛事如其業不盡未
得生佛會更不墮三塗及諸八難中出處口樂國

5행 : 正信法王寂六根無不具■■■香潔聰明懷正直智慧俱多聞更發清
淨願童眞早出家親近名師友不墮諸邪見常

6행 : 如救頭燃志求無上道願■■道後度生爲急切不入於涅槃誓入濁惡
世具足文殊智■■普賢行 紹彌勒大慈及觀音

7행 : 大悲勇猛若釋迦敬如(常不)輕過■微塵利供養諸三宝悉以圓滿音弘
揚正法輪普■■合讚 万心成解脫惟願十方佛

8행 : 慈悲各證明合手大悲願念念常增長至心發願已歸命禮三宝希口口
覺■覺其志僧覺淸法口海覩海珠覺宗

9행 : 志煩覺守法宗覺山志元海珦該宗覺靜覺明覺兩喜富覺玲海湏覺幻
勝堅義禪■通信戒許天尤德幻

10행 : 三莊長日(■光邦■■禧)澄海明志湖洪善徐彦伍木金覺■覺演覺
心海富覺一(海■■■■玹口琛■■)白豆伊

11행 : 加切伊趙莊金伊信云(■■)金氏法勝朴良姜我伊古音伊洪僧上老
朴忠桂朴龍金氏藥加伊古音伊■其中伊普光

12행 : 沙也伊金龍(■■■史)中僧五乙廣大加而加伊小斤同小斤加伊德

龍元吉冬白朴龍之乙巳古音伊(■■)加於知哲金每

13행 : 邑金六月長■德多正難辛加勿同德万花所乙伊趙連万莊小仇伊伊
夫冬乙位倦莊吳順還莊豆損眞元水山崔松氏(■■夫伊)勝心姜林

14행 : 覺斤內隱珠仙金每邑金姜金覺輪召史金甲金礼(■■■■伊)加伊
石三元長召史長白金延卜其乭只金三佛明召史

15행 : 于者李德走只德龍姜神今音相內隱莊姜莊仇莊■伊■本加伊韓德
古音莊德其小斤金眞祿楊月灰覺莊知解

16행 : 覺晖兩松仁桂元幹金忠七月車元仁桂(金■■)大英金白臣拍寧平
君■■丑菴心匈省岺覺岺志邊尙敦志當志邊信禪

17행 : 无衣海□志琜天申丁香仏奴勝永豆彦(■■■衆生)覺乳玉戒李巳
蓮李■■李稙志究海琜妙義惠心義明善輪志淵

18행 : 仇礼伊卜龍奉伊善現石莊那斤(■■■■)曉道寶雲安佳義乳海兪
文殊守龍尹氏僧統元万良元万山玉夆曾連

19행 : 介勿伊(■■■■■本)徐松知伊智宣(■■■且普■■■)加也只
那□乃長祐於□長元加只加長守邦石覺洪普明守贊

20행 : 金加伊內隱加伊彌也奴金取金仁思丁加伊魚■■琜李氏小斤加伊
(忠進■山)得□李敢得守道人大龍眞加而伊

21행 : 波道其召史四界朴龍內隱只佛復(■■■■)莊覀伊內隱達海龍■
金■眞金松海明開上古音三乭加伊奴介乭万

22행 : 仏台洪連万月□未每邑金龍伊蓮德都■■都丁光永觀音毛伊莊加
音(■■)古大開固玄令蒙古大豆彦全氏丁贊丁光起丁光甫
覺明妙仲

23행 : 丁氏丁氏祿莊順生姜延命仇花金松禿固法守夫介加而■切同信明
万月松年赤北山加伊多乃召史於去只漢守朴守

24행 : □龍襄氏邦斤乃月湖占加伊德龍文松海□西隱伊元守思益今音伊

321

奴介双龍明月ロロ小古■16■■隱哲金中只

25행: 黃珎當■志山內隱伊六月永丹宝德覺崇內隱貴則年勝加金莊省如
洪彦乙山乃加平所韓加達云同莊丁

26행: 卜守毛知知(■■■喜■)韓莊害吾■建大龍伊喜善內隱伊洪豆方
牛本奉伊守■■珎伐月金■崔光

27행: 右知■小台金■伊朴安守珎長疾万今加伊房伊永年於連古音伊內
隱伊(延屯 결락)/

28행: (月결락)加伊車同恩山重海昆介ロ孫金夫崔松靑德無其只朴光古
火伊介(金■■■[17])金ロ李松申月金

29행: 莊二月元万豆之(■■■)石金朴千羔松朴龍業龍縢沖能將末志雨
月昆金加伊中山海昆宝臨朴文李山自正善應崔德ロ良沙僧

30행: 每邑金志淸(결락 ■)如海明覺夆方祿月台富平龍宝善金仍走伊夫
介朴公仁哲勝池遠禪知■莊覺悟慧明趙元觀ロ法

31행: 宗加乙末志禪志深覺寬吾金德■定業金縢空順安翁主李氏珎吾李
成桂李完桂趙仁洪(也ロ於■■■)內龍莊喜哲金麗志禪那

32행: 定戒ロ林ロロ洞志定(ロ결락)志沺忍閉慧海覺光志沺志眞登明行
心志興覺哲海空文成祿莊■■■金莊志紅金彦金加伊宗ロ

33행: 覺峯信惠志淡志珎(결락 ■■)志德海因ロ[18]ロ鎖釋珎尙敦海祥善
宋志城覺ロ[19](■■培完)覺敏覺生志ロ

34행: 志分志得ロ[20]ロ海印■空海禪洪智定猛信寶天珪釋幻道惠吉祥梵
雄志德覺延

35행: 信廻禪內ロ空進志志根志向志明法連戒淨聖廻法眼勝哲志ロ明惠
志珎達南戒空德■

36행: ■■志微祿德伊文伊文守妙道妙惠妙明妙安妙安妙洪妙嚴妙觀妙
洛如■

37행 : 洪武十六年四月十五日造仏必化主海珠同願道人覺眞覺輪勝心.

일러두기

- ‘/’ : 발월문에서는 행의 구분을 표시. 발원자의 경우 서체가 다를 경우를 표시.
- ‘□’ : 필자가 판독하지 못한 글자를 표시.
- ‘■’ : 결락으로 판독하지 못한 글자를 표시.
- ‘(인)’ : 도장을 지칭함.
- 한글자만 있거나 수결만 있는 경우는 판독하지 않았음.
- ‘( )’ : 결락되었으나 필자가 유추한 글자.

1   작은 글씨로 옆에 기재되어 있음.

2   법영 발원문에서는 '捨'로 표기되어 있다.

3   창녕군부인 발원문에는 없으나 법영발원문에 있어 ( )표기해 첨가해 두었다. 이하에서는 별도의 주석없이 ( )로 표기해 두었다. 허홍식은 창녕군부인의 발원문에도 '令'이 있는 것으로 판독하였으나 원문을 확인해 보면 '令'은 없다.

4   법영 발원문에서는 '得' 뒤에 ''라는 글자가 있다.

5   藥師如來十二願~速得圓滿盡無餘까지는 법영발원문과 순서가 다르다. 법영발원문에는 "藥師如來十二願 彌陀四十八大願/ 十方諸佛諸願海 願我與彼皆同等/ 文殊普賢諸智行 彌勒觀音大慈悲/ 蒙大聖攝受力 速得圓滿盡無餘."의 순서로 되어 있다.

6   법영 발원문에는 '以'로 표기되어 있다.

7   법영 발원문에서는 '佛'로 표기되어 있다.

8   법영 발원문에서는 '智'로 표기되어 있다.

9   법영 발원문에서는 이 구절 뒤에 ()의 구절이 있으나 여기서는 생략되었다.

10   법영 발원문에서는 '刹'로 표기되어 있다.

11   법영 발원문에서는 '際'로 표기되어 있다.

12   법영 발원문에는 '淨'으로 표기되어 있다.

13   법영 발원문에는 '度'로 표기되어 있다.

14   법영 발원문에는 '共'으로 표기되어 있다.

15   위의 명문 가운데 〈對馬の美術〉에서는 伏願先主父母普勸道人으로 되어 있으나 이는 代願先主父母普勸道人 戒眞이 맞다고 본다. 그리고 代願先 다음의 글자는 主인지 확실하지 않다. 『對馬の美術』(西日本文化協會, 1978), pp.54-57.

16   기존 판독문에서는 何라고 판독하였으나 판독할 수 없었다.

17   기존 판독문에서는 台로 판독하였으나 판독하지 않았다.

18   기존 판독문에서는 恒으로 판독하였으나 판독하지 못했다.

19   기존 판독문에서는 每로 판독하였으나 판독하지 못했다.

20   기존 판독문에서는 尙으로 판독하였으나 판독하지 못했다.

도/판/목/록

1-1 건칠약사여래좌상, 통일신라~고려, 92.5cm, 경북 봉화 청량사

1-2 일체여래전신사리보협진언, 고려 1239년, 66×54.5cm, 경북 봉화 청량사

1-3-① 목조관음보살좌상, 고려, 118cm, 경북 안동 보광사

1-3-② 목조관음보살좌상, 고려 1199년, 106cm, 경북 안동 봉정사

1-4-① 목조아미타여래좌상, 고려, 120.5cm, 충남 서산 개심사

1-4-② 목조아미타여래좌상 봉함목과 묵서

1-5 목조아미타여래좌상, 고려, 115.8cm, 서울 성북 개운사

1-6-① 금동아미타여래좌상, 고려 1302년, 87.5cm, 경북 문경 대승사

1-6-② 금동아미타여래좌상 내부, 고려, 경북 문경 대승사

1-6-③ 금동아미타여래좌상 복장물, 고려, 경북 문경 대승사

1-6-④ 금동아미타여래좌상 복장다라니, 고려, 경북 문경 대승사

1-7-① 부석사 금동관음보살좌상, 고려 1330년, 50.5cm

1-7-② 간논지 금동보살두, 17.5cm, 일본 쓰시마 간논지(『對馬の美術』西日本文化協會, 1978, 60쪽, 도-57)

1-8 금동아미타여래좌상, 고려 1346년, 69cm, 충남 서산 문수사 (현재도난)

1-9 금동약사여래좌상, 고려 1346년, 90.2cm, 충남 청양 장곡사

1-10-① 은제아미타여래삼존불상, 고려 1383년, 15.6cm, 삼성미술관 리움

1-10-② 은제관음보살좌상 내부복장물, 고려 1383년, 삼성미술관 리움

1-10-③ 은제관음보살좌상 복장물, 고려 1383년, 삼성미술관 리움

1-11 목조아미타여래좌상, 고려, 85cm, 광주 자운사

1-12-① 목조여래좌상, 고려, 106cm, 서울 은평 수국사

1-12-② 수국사 목조여래좌상 X-ray

1-12-③ 목조여래좌상 복장다라니, 고려, 서울 은평 수국사 (문화재청)

1-13 목조아미타여래좌상, 고려, 88.5cm, 경기 화성 봉림사

1-14 금동여래좌상, 고려, 22cm, 경남 통영 안정사 (문화재청)

1-15-① 금동천수관음보살좌상, 고려, 71.5cm, 서울 성북 흥천사

1-15-② 금동천수관음보살좌상, 고려, 60cm, 프랑스 파리 국립기메동양박물관 (국립문화재연구소, 『프랑스 국립기메동 양박물관소장 한국문화재』, 1999, 도15.)

1-15-③ 천수관음보살좌상 밑면, 고려, 프랑스 파리 국립기메동양박물관 (국립문화재연구소, 『프랑스 국립기메동양박물 관소장 한국문화재』, 1999, 도15-1.)

1-16-① 목조여래입상, 북송 985년, 일본 교토 세이료지 (나라국립박물관, 『聖地寧波』, 2009, 34쪽, 도-23.)

1-16-② 세이료지 목조여래입상 복장물 중 오장육부, 북송 985년 일본 교토 세이료지 (倉田文作, 『日本の美術-像內納 入品』, 1973, 도-1.)

1-16-③ 세이료지 목조여래입장 오장육부 (재현품) (나라국립박물관, 『聖地寧波』, 2009, 38쪽, 도-24-6.)

1-17-① 석조비로자나불좌상, 통일신라 766년, 106cm, 경남 산청 내원사

1-17-② 영태2년명 납석재사리호, 통일신라 766년, 부산시립박물관

1-18-① 은제합, 고려, 4.3cm, 충남 아산 온양민속박물관

1-18-② 복장만다라 (태장계), 고려, 42×39cm, 충남 아산 온양민속박물관

1-19 사저교직답호, 고려 1346년, 111×62cm, 수덕사근역성보관 (수덕사근역성보관)

1-20 차인출불공역대화수경, 고려 1346년, 38.1×38.2cm, 수덕사근역성보관 (수덕사근역성보관)

1-21-① 금동약사여래좌상 복장발원문, 고려 1346년, 1058×47.8cm, 충남 청양 장곡사

1-21-② 금동약사여래좌상 복장 한지주서봉서, 고려 1346년, 30.9cm, 충남 청양 장곡사

1-21-③ 금동약사여래좌상 복장 황초폭자, 고려 1346년, 55×39.5cm, 충남 청양 장곡사

1-22 금동여래좌상밑면, 고려, 경남 통영안정사 (문화재청)

1-23 목조관음보살좌상, 고려, 67.6cm, 국립중앙박물관 (국립중앙박물관편, 『국립중앙박물관소장 불교조각 조사보고』, 2014.8, 도1-1.)

1-24-① 금동여래좌상과 복장물, 고려, 경남 통영 안정사 (문화재청)

1-24-② 입물색기, 고려 1346년, 35.1×35.9cm, 수덕사근역성보관 (수덕사근역성보관)

1-25-① 목합, 고려, 경남 통영 안정사 (문화재청)

1-25-② 목합(전체, 상면), 고려, 수덕사근역성보관 (수덕사근역성보관)

1-26 후령, 고려, 경남 통영 안정사 (문화재청)

1-27 후령통, 조선, 1490년 경남 합천 해인사 목조비로자나불좌상

1-28 후령통, 조선, 충북 보은 법주사 (문화재청)

1-29-① 광주 신룡리 오층석탑 사리장엄구, 고려, 국립광주박물관 (국립중앙박물관, 『佛舍利莊嚴』, 1991, 77쪽, 광주 신룡리 48)

1-29-② 문경 봉서리탑 출토 사리구, 고려, 국립중앙박물관 (국립중앙박물관, 『佛舍利莊嚴』, 1991, 79쪽, 문경 봉서리 51)

1-30 목조아미타여래좌상 복장 시주자물목, 조선, 광주 자운사 수덕사근역성보관 (『至心歸命禮─한국의 불복장』, 2004, 105쪽, 도판 ①.)

1-31 목조석가여래좌상 복장 동경, 조선후기, 충남 공주 동학사

1-32 건칠관음보살좌상 복장발원문, 조선 1395년, 경북 영덕 장륙사

1-33 복장단 의식 전경, 수원 봉녕사 (경암스님 제공)

2-1 목조아미타여래좌상, 고려, 115.8cm, 서울 성북 개운사

2-2 중간대사 발원문, 고려 1274년, 53.5×54.5cm, 불교중앙박물관 (문화재청)

2-3 최춘 발원문, 고려 1322년, 56×54cm, 불교중앙박물관 (문화재청)

2-4 천정 혜흥 발원문, 고려 1322년, 36.5×272cm, 불교중앙박물관 (문화재청)

2-5 여지도서 아주현

2-6 주성미타조성입안발원문, 고려 1301년, 93×34.5cm, 충남 아산 온양민속박물관

2-7 법영 발원문, 고려 1301년, 106×25cm, 충남 아산 온양민속박물관

2-8 창녕군부인 장씨 발원문, 고려 1302년 125.8×19.5cm, 충남 아산 온양민속박물관

2-9 김도 발원문, 고려 1302년, 41.5×44cm, 충남 아산 온양민속박물관

2-10 영가군부인 김씨 발원문, 고려, 42.5×47.5cm, 충남 아산 온양민속박물관

2-11 유시우 묵서, 고려, 39×39.5cm, 충남 아산 온양민속박물관

2-12 고몽경 묵서, 고려, 27.6×14.5cm, 충남 아산 온양민속박물관

2-13 자색 저고리, 고려, 110cm, 충남 아산 온양민속박물관 (온양민속박물관, 『1302년 아미타불복장물의 조사연구』, 계몽사, 1991, 사진 16.)

2-14 흰 저고리(中衣), 고려, 110cm, 충남 아산 온양민속박물관 (온양민속박물관, 『1302년 아미타불복장물의 조사연구』, 계몽사, 1991, 사진 17.)

2-15 초적삼(上衣), 고려, 56cm, 충남 아산 온양민속박물관 (온양민속박물관, 『1302년 아미타불복장물의 조사연구』, 계몽사, 1991, 사진 18.)

2-16 남색주머니, 고려 7.5×21cm, 충남 아산 온양민속박물관 (온양민속박물관, 『1302년 아미타불복장물의 조사연구』, 계몽사, 1991, 사진 20.)

2-17 귀주머니, 고려, 23.8cm, 충남 아산 온양민속박물관

2-18 금박라(金箔羅), 고려, 29×97.8cm, 충남 아산 온양민속박물관

2-19 소라(素羅), 고려, 35×56cm, 충남 아산 온양민속박물관 (온양민속박물관, 『1302년 아미타불복장물의 조사연구』, 계몽사, 1991, 사진 32.)

2-20 태장계 인본만다라, 고려, 41×41.5cm, 충남 아산 온양민속박물관

2-21 금강계 인본만다라, 고려 1301년, 42×39cm, 충남 아산 온양민속박물관

2-22 일체여래비밀전신보협인다라니, 고려 1292년, 37.5×38cm, 충남 아산 온양민속박물관

2-23 천수관음 주성원문, 고려 1322년 (온양민속박물관, 『1302년 아미타불복장물의 조사연구』, 계몽사, 1991, 333쪽, 사진 1.)

2-24-① 천수관음 주성원문 발원자, 고려 1322년 (온양민속박물관, 『1302년 아미타불복장물의 조사연구』, 계몽사, 1991, 333쪽 사진 2.)

2-25 부석사 금동관음보살좌상, 고려 1330년, 50.5cm

2-26 관음주성결연문, 고려 1330년 (『對馬の美術』, 西日本文化協會, 1978, 도-48.)

2-27 금동약사여래좌상, 고려 1346년, 90.2cm, 충남 청양 장곡사

2-28 장곡사 금동약사여래좌상 복장 번, (앞면과 뒤면), 고려

2-29 장곡사 금동약사여래좌상 복장 주머니, 고려

2-30 성불원문, 고려 1346년, 1058×47.8cm, 충남 청양 장곡사

2-31-①② 한지주서봉서(1면, 2면), 고려 1346년, 30.9cm, 충남 청양 장곡사

2-32-① 지정 6년명 묵서 소색초, 고려 1346년, 18×7.3cm, 충남 청양 장곡사

2-32-② 지정 6년명 모시 소색저포, 고려 1346년 15.9×13cm, 충남 청양 장곡사

2-33 녹색운조문사, 고려, 11.7×15.7cm, 충남 청양 장곡사

2-34 녹색만자용문능, 고려, 13.5×22.7cm, 충남 청양 장곡사

2-35 청색견, 고려, 충남 청양 장곡사

2-36 청색연화조문릉, 고려, 7.6×6.5cm, 충남 청양 장곡사

2-37 황초폭자, 고려 1346년, 55×39.5cm, 충남 청양 장곡사

2-38 성불원문 세부(발원자 기재방식), 충남 청양 장곡사

2-39 성불원문, 충남 청양 장곡사

2-40 성불원문 세부(가족단위 발원), 충남 청양 장곡사

2-41 성불원문 세부(대원 비얀티무르 장수 발원), 충남 청양 장곡사

2-42 금동아미타여래좌상, 고려 1346년, 69cm, 충남 서산 문수사 (현재도난)

2-43 전인혁 발원문, 고려 1346년, 54.7×50.7cm, 수덕사근역성보관 (수덕사근역성보관)

2-44 미타복장입물색기, 고려 1346년, 35.1×35.9cm, 수덕사근역성보관 (수덕사근역성보관)

2-45 미타복장동원문, 고려 1346년, 수덕사근역성보관 (수덕사근역성보관)

2-46 미타복장발원문, 고려 1346년, 520×50cm, 수덕사근역성보관 (수덕사근역성보관)

2-47 아청색주, 고려, 84.5×46cm, 수덕사근역성보관 (수덕사근역성보관)

2-48 만초용문라, 고려 28×56.1, 수덕사근역성보관 (수덕사근역성보관)

2-49 황색사엽과용문사, 고려 87.7×3.4cm/30.6×4.5cm, 수덕사근역성보관 (수덕사근역성보관)

2-50 충전용지, 고려, 35.3×34.2cm, 수덕사근역성보관 (수덕사근역성보관)

2-51 봉잠지대, 고려, 9.7×4.9cm, 수덕사근역성보관 (수덕사근역성보관)

2-52 연화판 다라니, 고려 37.5×33cm, 수덕사근역성보관 (수덕사근역성보관)

2-53 불정방무구광명다라니, 고려, 52.4×29.8cm, 수덕사근역성보관 (수덕사근역성보관)

2-54 사저교직답호, 고려, 111cm, 수덕사근역성보관 (수덕사근역성보관, 『至心歸命禮─한국의 불복장』, 2004, 34~35쪽.)

2-55 은제아미타여래삼존불상, 고려 1383년, 15.6cm, 삼성미술관 리움

2-56 대덕동발원문, 고려 1383년, 33.9×35cm, 삼성미술관 리움

3-1 장곡사 금동약사여래좌상 성불원문, 고려 1346년, 1058×47.8cm, 충남 청양 장곡사

❖ 복장물 목록표의 사진

1. 개운사 목조아매타여래좌상 (문화재청)
2. 온양민속박물관 소장 복장물 (온양민속박물관)
3. 1322년 천수관음보살좌상 (온양민속박물관, 『130년 아미타블복장물 조사연구』, 계몽사, 1991)
4. 부석사 금동관음보살좌상 (『對馬の美術』, 西日本文化協會, 1978)
5. 장곡사 금동약사여래좌상 (장곡사)
6. 문수사 금동아미타여래좌상 (수덕사 근역성보관)
7. 리움 소장 은제아미타여래삼존좌상 (삼성미술관 리움)
8. 안동 보광사 목조관음보살좌상 (문화재청)
9. 통영 안정사 금동여래좌상 (문화재청)
10. 청량사 건칠약사여래좌상 (청량사)

참/고/문/헌

◆ 사료

『高麗史』

『高麗史節要』

『東國李相國集』

『牧隱集』

『東文選』

『太祖實錄』

『太宗實錄』

『文宗實錄』

『世祖實錄』

『成宗實錄』

『邑誌』7 (아시아 문화사 영인, 1984)

『輿地圖書』

『元史』

『氏族源流』(보경문화사 영인본, 2002.)

『韓國金石全文』

『교감역주 역대고승비문』(이지관, 가산문고, 2000.)

『충렬공김방경자료집성』(충렬공김방경기념사업회, 2012.)

『고려묘지명집성』(김용선편저, 한림대학교 출판부, 2001.)

◆ 보고서·자료집

국립중앙박물관편, 『국립중앙박물관 소장 불교조각 조사보고』, 국립중앙박물관
2014.

동아대학교박물관·송광사성보박물관, 『순천 송광사 관음보살좌상 복장물』, 2012.

동학사·공주시·(재)불교문화재연구소, 『동학사 대웅전 삼세불상』, 2012.

(재)불교문화재연구소 편, 『불복장의식 현황조사보고서』, 대한불교조계종 총무원 문화부·불교문화재연구소, 2012.

온양민속박물관, 『1302년 아미타불복장물의 조사연구』, 계몽사, 1991.

허흥식 외, 『高麗의 佛腹藏과 染織』, 계몽사, 1999.

전통불복장 및 점안의식보존회·불교문화재연구소, 『전통 불복장의식 및 점안의식』, 2014.

◆ 도록

국립중앙박물관, 『佛舍利莊嚴』, 1991.

월정사성보박물관, 『월정사성보박물관 도록』, 2002.

수덕사근역성보관, 『지심귀명례-한국의 불복장』, 2004.

국립중앙박물관 편, 『북녘의 문화유산』, 도서출판 삼인, 2006.

법보종찰 해인사·문화재청, 『海印寺 대적광전·법보전 비로자나불 복장유물 조사보고서』, 2008.

한국전통문화학교 전통문화연수원, 『天聖山 觀音寺 木造觀音菩薩坐像』, 2010.

국립대구박물관, 『흑석사 목조아미타여래좌상 불복장』, 2013.

◆ 단행본

구산우, 『고려전기 향촌지배체제 연구』, 혜안, 2003.

권희경, 『고려사경의 연구』, 미진사, 1986.

권희경, 『고려의 사경』, 글고운, 2006.

김당택, 『원간섭하 고려정치사』, 일조각, 1998.

김리나, 정은우 외,『한국불교미술사』, 미진사, 2011

김호성,『천수경의 새로운 연구』, 민족사, 2006.

박용운,『고려시대 관직·관계연구』, 고려대학교 출판부, 1997.

손병규,『호적: 1606~1923』, 휴머니스트, 2007.

이종봉,『한국중세도량형제연구』, 혜안, 2001.

정은우,『고려후기 불교조각 연구』, 문예출판사, 2007.

정은우,『고려후기 불교조각 연구』, 문예출판사, 2004.

채웅석,『고려시대 국가와 지방사회』, 서울대학교 출판부, 2000.

최성은,『고려후기 불교조각사 연구』, 일조각, 2011.

태경,『조상경』, 운주사, 2006.

허흥식,『한국의 고문서』, 민음사, 1988.

황인규,『고려후기·조선초 불교사 연구』, 혜안, 2003.

◆ 논문

김경란,「조선후기 호적대장의 여성호칭 규정과 성격-단성호적을 중심으로」
　　　　『역사와 현실』48, 2003.

김광철,「14세기 초 원의 정국동향과 충선왕의 토번유배」『한국중세사연구』3,
　　　　1996.

김광철,「고려 충숙왕 12년의 개혁안과 그 성격」『고고역사학지』5·6, 1989.

김광철,「홍자번연구」『경남사학』창간호, 1984.

김순아,「동국대학교박물관 소장 은제사리합. 팔엽연화형 받침 고찰」『불교미
　　　　술』20, 2009.

김아네스,「김아네스,「고려전기의 외명부」『역사와 경계』87호, 부산경남사학
　　　　회, 2013.

김추연,「한국 탑내 봉안 불상 연구」『미술사연구』30, 미술사연구회, 2016.

나정숙,『고려시대 정토신앙 연구』, 숙명여자대학교대학원 사학과 박사학위논
　　　　문, 2010.

남권희, 「12세기 간행의 불교자료의 연구」 『서지학연구』 17호, 한국서지학회, 1999. 6.

남권희, 「고려시대 『밀교대장』 권9의 서지적 연구」 『서지학연구』 58호, 한국서지학회, 2014.

남권희, 「봉화 청량사 건칠약사여래좌상의 陀羅尼와 典籍資料」 『미술사연구』 32, 2017.

文明大, 「高麗 13世紀 彫刻樣式과 開運寺藏 鷲峰寺木阿彌陀佛像의 研究」 『講座美術史』, 1996. 12.

문명대, 「수국사 고려(1239년) 목아미타불좌상의 연구」 『미술사학연구』 255호, 한국미술사학회, 2007.

민영규, 「장곡사 고려철불 복장유물」 『인문과학』 14·15, 연세대학교 인문과학연구소, 1966.

박준호, 「수결(화압)의 개념에 대한 연구」 『고문서연구』 20, 2002.

배대온, 「우리말 '召史'에 대하여」 『배달말』 35, 2004.

손영문, 「고려중·후기 경북 북부지역의 원찰과 원불의 조성」 『한국중세사연구』 35, 한국중세사학회, 2013.

송일기, 「개운사 아미타불 복장본 『화엄경』 연구」 『서지학연구』 47, 한국서지학회, 2010.

송일기, 「광주 자운사 목조아미타불좌상의 복장전적고」 『서지학보』 28, 한국서지학회, 2004.

송일기, 「수국사 복조아미타불좌상의 복장전적 연구」 『서지학연구』 58, 한국서지학회, 2014.

신은제, 「장곡사 금동약사여래좌상의 복장 발원문과 발원자들」 『미술사연구』 29, 2015.

심연옥, 「장곡사 금동약사여래좌상 복장유물의 직물분석과 제작의미」 『미술사연구』 29, 2015.

이분희, 「광주 자운사 목조아미타불좌상」 『성보』 6호, 대한불교조계종 성보보존위원회, 2004.

이선용, 「佛腹藏物 구성형식에 관한 연구」 『미술사학연구』 261, 한국미술사학회, 2009.

이선용, 「우리나라 불복장의 특징」 『미술사학연구』 289, 한국미술사학회, 2016. 3.

이승혜, 「고려시대 불복장의 형성과 의미」 『미술사학연구』 285, 한국미술사학회, 2015.

이승혜, 「불상의 성물 봉안」 『정신문화연구』 38, 2015.

이승희, 『고려후기 정토불교회화의 연구-천태·화엄신앙의 요소를 중심으로』, 홍익대학교 미술사학과 박사학위논문, 2011.

이용윤, 「고려후기 불화복장 연구」 『미술사학연구』 289, 한국미술사학회, 2016. 3.

이은창, 「長谷寺의 金銅藥師坐像 腹藏佛經」 『考古美術』 3권 11호(통권 28호), 1962. 12.

이은창, 「청양 장곡사 철조 여래상 복장 중수기」 『고고미술』 2권 10호(통권 15호), 1961. 10.

이은창 「長谷寺의 鐵造 如來坐像 調査報告」 『歷史敎育』 7, 역사교육연구회, 1963. 6.

정은우, 「1383년명 은제아미타여래삼존좌상 발원문의 검토와 의의」 『이화사학연구』 43, 2011.

정은우, 「1383년명 은제아미타여래삼존좌상과 복장물」 『삼성미술관 LEEUM 연구논문집』 6호, 2011.

정은우, 「고려시대 불복장의 특징과 형성 배경」 『미술사학연구』 286, 한국미술사학회, 2015. 6.

정은우, 「고려시대 불복장의 특징과 형성배경」 『미술사학연구』 286, 한국미술사학회, 2015.

정은우, 「고려중기 불교조각에 보이는 북방적 요소」 『미술사학연구』 265, 2010.

정은우, 「서일본지역의 고려불상과 부석사 동조관음보살좌상」 『동악미술사학』 14호, 2013.

정은우, 「경천사지10층석탑과 삼세불회고」 『미술사연구』 19, 2005.

정은우, 「여말선초 소금동불의 유행과 제작기법의 변화」 『미술사학』 24, 2010.

정은우, 「장곡사 금동약사여래좌상과 복장유물의 내력과 특징」 『미술사연구』 29, 2015. 12.

정은우, 「고려후기 보명사 금동보살좌상과 왜구와의 관계」『미술사학』19호, 한
　　　국미술사교육학회, 2005.

정은우, 「고려중기와 남송의 보살상」『미술사 자료와 해석』일지사, 2008.

정은우, 「봉화 청량사 건칠약사여래좌상의 특징과 제작시기 검토」『미술사연
　　　구』32, 2017.

진명화, 『高麗時代 千手信仰과 佛畵의 圖像研究』, 연세대학교 한국학협동과정
　　　박사학위 논문, 2010.

차채은, 「召史의 변천에 대한 연구」『한국어학』55, 2012.

최성은, 「13세기 고려 목조아미타불상과 복장묵서명」『한국사학보』30호, 2008.

최성은, 「13세기 고려 목조아미타불상과 복장묵서명」『한국사학보』30, 2008. 2.

최성은, 「민천사 금동아미타불좌상과 고려후기 불교조각」『강좌미술사』, 2001.

최연식, 「장곡사 금동약사여래조상의 시낭내용과 제작주체: 발원문 내용의 검토
　　　를 중심으로」『미술사연구』29, 2015.

허흥식, 「14세기의 새로운 불복장 자료」『문화재』19, 문화재관리국, 1986.

◆ 日文

『對馬の美術』, 西日本文化協會, 1978.

『高麗·李朝の佛教美術展』, 山口縣立美術館, 1997.

『佐賀の信仰と美術』, 佐賀縣立美術館, 1997.

◆ 中文

위젠푸[呂建福], 『中國密教史』, 중국사회과학출판사, 1995.

전/재/논/문

본서에 기재된 내용 가운데 일부는 다음의 논문 내용을 수정하여 전재하였다.

◆ 1부
정은우 「고려시대 불복장의 특징과 형성배경」 『미술사학연구』 286호, 한국미술
　　　사학회, 2015.

◆ 2부
정은우, 「1383년명 은제아미타여래삼존좌상과 복장물」, 『삼성미술관 리움 연구
　　　논문집』 6호, 삼성미술관, 2011.
정은우, 「1383년명 은제아미타여래삼존좌상 발원문의 검토와 의의」, 『이화사학
　　　연구』 43집, 이화사학연구소, 2011.
정은우 「서일본지역의 고려불상과 부석사 동조관음보살좌상」 『동악미술사학』
　　　14호, 동악미술사학회, 2013.
정은우 「장곡사 금동약사여래좌상과 복장유물의 내력과 특징」 『미술사연구』 29
　　　호, 미술사연구회, 2015.
신은제, 「장곡사 금동약사여래좌상의 복장 발원문과 발원자들」 『미술사연구』
　　　29, 2015.

◆ 3부
신은제, 「고려후기 복장기록물의 내용과 발원자들」 『한국중세사연구』 45, 2016.

찾/아/보/기

저작권 안내문

———

미처 허가받지 못한 도판은 추후라도 성심을 다하여 허락받도록 하겠습니다.